21 世纪
经济管理新形态教材
工商管理系列

数字营销

理论、实务与案例

冯蛟　张淑萍　李国鑫◎编著

清華大学出版社

北京

内 容 简 介

本书遵循科学性、前沿性、趣味性的理念，从课程概览、环境洞察、消费竞争、战略布局、策略选择、趋势研判等维度全方位深入揭示数字营销的前沿理论、造作实务和经典案例。撰写体系突破了"网络+市场营销"的传统教材编写范式，通过文字、图片、数据、视频、音频等多元化素材集成凸显数字化教材的基本特点。通过"核心知识点""关键技能点""本章关键词""思维脉络图""营销微观察""营销微启示""营销新语录"等多样化形式设计完成开篇导读；通过"相关链接""视频链接"等不同环节设计拓展学习者的思维空间；通过"理论反思""营销实战""案例分析"等设计，全面强化学习者的知识领悟、意识拓展和思维训练。

本书配备多媒体课件及数字化全媒体资源库，既适用于经济管理类本科生和研究生教学，也适用于企业营销人员、中高层管理人员的专业培训，还可作为对数字营销感兴趣的人士的理想读物。

图书在版编目（CIP）数据

数字营销：理论、实务与案例/冯蛟，张淑萍，李国鑫编著. —北京：清华大学出版社，2023.7
（2025.1重印）
　　21世纪经济管理新形态教材. 工商管理系列
　　ISBN 978-7-302-64282-4

Ⅰ.①数… Ⅱ.①冯… ②张… ③李… Ⅲ.①网络营销－高等学校－教材 Ⅳ.①F713.365.2

中国国家版本馆 CIP 数据核字(2023)第 139111 号

责任编辑：陆浥晨
封面设计：李召霞
责任校对：王荣静
责任印制：杨 艳

出版发行：清华大学出版社
　　　　网　　　址：https://www.tup.com.cn，https://www.wqxuetang.com
　　　　地　　　址：北京清华大学学研大厦 A 座　　　　邮　　编：100084
　　　　社 总 机：010-83470000　　　　　　　　　　邮　　购：010-62786544
　　　　投稿与读者服务：010-62776969，c-service@tup.tsinghua.edu.cn
　　　　质 量 反 馈：010-62772015，zhiliang@tup.tsinghua.edu.cn
　　　　课 件 下 载：https://www.tup.com.cn，010-83470332
印 装 者：三河市天利华印刷装订有限公司
经　　销：全国新华书店
开　　本：185mm×260mm　　　　印　张：13　　　　字　数：291 千字
版　　次：2023 年 7 月第 1 版　　　　　　　　　印　次：2025 年 1 月第 2 次印刷
定　　价：39.00 元

产品编号：082893-01

目 录

第 1 章

纵览：数字营销概论

【知识目标】

1. 了解数字化时代的背景、本质和特征
2. 了解数字化时代传统企业转型之困
3. 熟悉营销 1.0 到营销 4.0 的发展史
4. 理解数字营销的内涵与理论基础

【能力目标】

1. 分析企业数字化转型的动力与阻力
2. 明确企业数字化转型的方向
3. 掌握企业数字化转型的关键

【思政目标】

感受 5G 时代企业家的家国情怀与责任担当

【章节脉络】

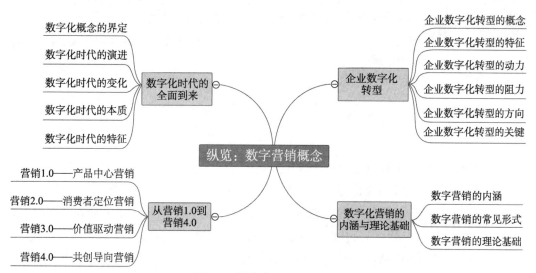

图 1-1　数字营销概论脉络图

【营销观察】

羚羊与狮子

每天早上，当非洲狮子醒来，它知道一定要比羚羊跑得快一点，否则它就会饿死；每天早上，当非洲羚羊醒来，它知道一定要比非洲狮子跑得更快，否则它就有被吃掉的可能。在这个物竞天择的时代，不管你是狮子还是羚羊，太阳升起的时候你就得开始快速奔跑。

【营销启示】

在这个迭代升级的时代，企业既面临全球技术创新加速、颠覆变革的新挑战，也面临国内经济转型升级带来的新机遇。科技改变世界。所以，企业应该加快转型升级，与互联网相向而行才是大势所趋。

【营销语录】

支付产业要加快转变发展理念，完善新发展格局支撑，优化数字化协同治理，提升数字化发展能力，提高数字化安全水平，以数字化转型推动支付产业实现更高质量、更加公平、更可持续、更为安全的发展。

——中国人民银行原副行长　范一飞

数字化转型，技术和工具是驱动要素，组织协同才是成功的关键。

——菲尼克斯数字营销负责人　钱秀娟

在今天所有巨大的不确定中，有一件事是确定无疑的，那就是数字化的趋势无法改变。数字化，以前只是让一些企业活得更好，而今天则是企业活下去的关键，人类全面进入数据时代的标志是传统行业大规模地受益于数字技术的转型升级。

——阿里巴巴集团创始人　马云

【政策瞭望】

必须坚持科技是第一生产力、人才是第一资源、创新是第一动力。

——中国共产党第二十次全国代表大会报告

互联网是一片滋生奇迹的土壤，这片土壤有着非常旺盛的生命力，它正在显著地改变整个社会的生产模式和交换方式，也在重塑人们的生活模式、消费模式、企业的经营与营销模式。这片肥沃的土壤上有着非常神奇的孕育力，不断催生了诸如谷歌、脸书、百度、阿里巴巴、腾讯、华为、京东、小米等极具鲜明时代特色的互联网企业。并且这种改变和孕育仍在不断持续，新的生活方式和商业形态也将层出不穷，迭代变革。

互联网和数字化让商业进入了全新的红利时代，在未来很长一段时间里，数字营销必将持续服务于传统企业的转型升级。用数字营销重新赋能传统企业，使传统企业在这个全新时代重新增长并盈利。换句话说，数字营销是一个强有力的工具，可以帮助企业更精准、更有效地获取用户并实现价值。在内外部环境正在发生巨大变化的当下以及未来，不懂得利用数字营销的思维、技术和工具的企业，将无法跟上时代变革的步伐，并很有可能被快速迭代的时代淘汰。

1.1　数字化时代的全面到来

2020 年 6 月第四届世界智能大会上关于《新基建需要同步建设安全基建》的议题中有这样的描述：新基建时代，万物"数字化"浪潮奔腾而来。新一代数字技术代表的新型生产力迭代发展，正在持续加速数字产业化的进程，不断催生新产业、新业态、新模式。与此同时，大数据、人工智能、物联网等数字技术与实体经济的深度融合，也在加快推动传统产业全方位、全角度、全链条的数字化重塑。数字孪生技术通过建模物理实体和业务，形成物理实体和数字孪生体之间的双向、动态映射，这将进一步变革人类数字化生存发展的环境。数字化时代正在全面到来。

1.1.1　数字化概念的界定

数字化最初是指通信和信息网络运用的数据符号，即以 0 和 1 组合的比特数据，通过计算机自动的符号处理，把文字、图像、声音等进行信息交流的概括。数字化是信息化的延续，强调的是虚拟化，即通过数字技术对人类社会的仿真。数字化与信息化最大的区别在于是否需要人工录入数据。数字化的内涵主要包括四个维度。①要素数字化，即从数据生产的层级上理解数字化。②业务数字化，即从业务创新与应用上理解数字化。③数字化转型，这是传统企业的自我救赎。④数字经济，这是数字技术成为经济转型升级的新动能。数字化强调自动化采集，且采集、呈现、分析几乎同时完成，例如利用手环记录的心跳和运动数据。从这个意义上讲，数字化是一场信息处理和数据应用的演进和革命。在数字化的世界，人、事、物都会以数据的方式存在，人与人、人与物、物与物之间的关联、互动很大程度上都会以数据智慧的形式进行连接。数字化概念的梳理见表 1-1。

数字化从形式上可以区分为信息数字化与业务数字化两大类。信息数字化是模拟形式变成数字形式的过程，而业务数字化是指利用数字技术改变商业模式，并提供创造收入和价值的新机会。业务数字化的程度与大数据、云计算、区块链、人工智能、元宇宙等新一代信息技术的发展密不可分。从技术角度来看，数字化是"无纸化"，也就是将模拟信息编码成数字格式，这一过程依赖于互联网技术。伴随着大数据、AI 及云计算等前沿技术的蓬勃发展以及在行业中的广泛应用，数字化本身也有了更深层次的含义。数字化不再是单纯利用数字技术来优化现有业务、提升公司效益，而是企业业务流程变革与再生重构的全过程。基于此，本书认为：数字化是利用数字技术来改善企业的组织流程、提高业务效率或经营效益可达的限度，并创造全新商业机会的再造过程。

表 1-1　数字化的概念梳理

代表性学者（年份）	代表性观点	资料来源
Gantner 公司 （2011）	信息数字化是模拟形式变成数字形式的过程，业务数字化是指利用数字化技术改变商业模式，并提供创造收入和价值的新机会	Gantner 公司 IT 术语库
全球数字化业务转型中心	数字化是通过连接各种技术创新。通过利用互联网、大数据、区块链、人工智能等新一代信息技术，来对企业、政府等各类主体的战略、架构、运营、管理、生产、营销等各个层面，进行系统性的、全面的变革，强调的是数字技术对整个组织的重塑，数字技术能力不再只是单纯的解决降本增效问题，而成为赋能模式创新和业务突破的核心力量	DBT 公司术语库
杨国安 （2021）	数字化是利用数字技术对各行业进行改造的过程，与"互联网化"相比，是个更大的概念	《智库革新：中国企业的数字化转型升级》
唐隆基、潘永刚 (2021)	数字化意味着将交互、通信、业务功能和商业模式转变为（更多）数字化，通常归结为 IT（Information Technology）和 OT（Operational Technology）的某种程度的集成，如全渠道客户服务、集成营销、互联网平台等	《数字化转型 2.0：数字经济时代传统企业的进化之路》
刘继承 （2021）	数字化是数据生产与存储的"二进制化"，它推动了业务创新与企业的产品和业务创新	《数字化转型 2.0：数字经济时代传统企业的进化之路》
刘涵宇 （2022）	数字化内涵可以从三层属性来理解。第一层属性是其技术属性，即利用一些特定的硬件设备，配合一些通用的标准，再通过编程的方式实现一些业务逻辑；第二层属性是其应用属性，即深入思考如何在产品和服务中体现这些功能，它们如何组合和变化才能够更好地完成任务；第三层属性是思维属性。	《数字化思维：传统企业数字化转型指南》

1.1.2　数字化时代的演进

数字化被誉为继工业革命之后的又一重大革命。从人类历史来看，能配得上"革命"一词的，其背后往往孕育了能为社会整体效率带来极大提升的关键技术，本质在于效率改进。农业革命给人类带来了先进的耕种、畜牧、养殖技术，农耕养殖取代了狩猎采集，从而使整个人类不再为了基本生存而奔波迁徙。工业革命使人类进入了电力、石油、工厂和机器时代，规模化的机器生产取代了作坊式的手工劳动，从而创造了数倍于农业社会的物质财富。当下，以大数据、云计算等为内在驱动力的数字技术，再一次为社会效率的大幅提升注入了新的活力。整体来看，人类社会发展以来与数据直接相关的革命性时代变迁演进史大致可归纳如下（如图 1-2 所示）。

1. 网络时代以前：企业内部信息数据化

在计算机技术出现之前，企业的生产活动是通过手工操作、纸笔计算完成的，信息的传递以口头交流和纸质文件的传达为主，辅以电话通信。到了 20 世纪 60 年代，价值链中的个人生产活动，从订单处理到账单支付，从计算机辅助设计到生产资料筹备，都逐渐实现了数据化。由于生产活动中的数据可以被捕捉和分析，生产活动的效率得到大幅度提高，引发了企业生产流程的标准化革命。

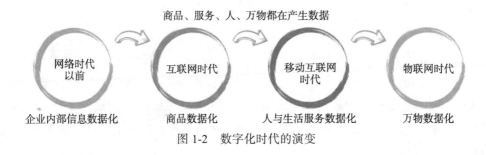

商品、服务、人、万物都在产生数据

网络时代
以前　　　互联网时代　　　移动互联网
时代　　　物联网时代

企业内部信息数据化　　商品数据化　　人与生活服务数据化　　万物数据化

图 1-2　数字化时代的演变

2. 互联网时代：商品数据化

互联网时代，又称门户时代。此时的互联网就像是一个大的"信息栏"，向人们展示天南海北的各种资讯。而互联网企业则是"搬运工"，将现实生活中的商品、信息等都转化成后台的数据、代码，然后放到网络上。短短 10 年，现实生活中几乎所有的商品都汇集成了各种数据，这使所有的商品要先转化为数据库里的数据，再进行数据化运营。

3. 移动互联网时代：人与生活服务数据化

移动互联网时代，又叫搜索/社交时代。这一时期的重要标志是：人不仅仅是数据的接收者，也开始成为数据的生产者。起初，网络上的信息大多来自人们的主动上传，人们掌握着筛选信息的主导权。如今，不仅仅是人们主动上传数据，同时各种 App（手机软件）、智能互联产品都成了信息的收集器，数据越来越丰富了，从而，完成了个人的全面数据化。与此同时，各个服务行业都涌现出了大量的 App，如医疗、家政、旅游、美容、餐饮等，人们不但在网络上购买有形的商品，连无形的服务也开始从网络上下单。在 PC（个人计算机）互联网时代，人们主要是把产品、信息、资讯往互联网上搬。在移动互联网时代，每个人手上都有一部智能手机，人与互联网、人与人在各种互动中产生了大量的数据，这大大方便了企业与消费者之间的进一步对接，企业开始为消费者提供无缝服务。数据化的触角由此延伸至人与生活的各个领域。

4. 物联网时代：万物数据化

物联网时代是万物数据化。万事万物都可以产生数据，一栋房子、一盏灯、一台空调，甚至一个凳子都可以产生数据。在未来，所有的实物都可以产生数据，并且能连接到互联网上进行互联互通。随着物联网的出现，实物产生的数据被各种新型数字化技术有效地连接起来，数据互联共享变得简单高效，成本也随之大幅下降。企业通过数据共享实现了个体生产经营活动与外部供应商、渠道和客户之间跨地域、跨时空的协调与整合。物联网技术最终将走入工厂内部，大幅改善整个社会的生产效率和生产能力，这就是数字化时代未来的发展方向。

1.1.3　数字化时代的变化

毋庸置疑，数字化时代的全面到来，必将会对客户、产业链、渠道、传播等基本的竞争要素产生巨大的影响，客户要求主导、产业链颠覆性变革、渠道多元化以及传播自媒体化正在成为数字时代企业营销的典型表现。

1. 真正以客户需求为主导

工业时代，客户和企业的信息不对称。客户处于绝对信息劣势，企业可以主导生产、渠道和传播等领域，客户只能知道企业想让客户知道的信息。数字化时代，客户获取信息的渠道更加广泛，企业期盼用广告传播来改变客户的认知越来越难。客户不再是"信息孤岛"，他们有能力通过网络连接形成联盟，从而对企业提供的商品或服务进行针对性质疑。

2. 产业链的颠覆性变革

数字化时代给产业链带来的变化既深刻而又具颠覆性。一是掌握数据资源的企业将进入所有的产业链中；二是数字技术的发展和应用会使产业链的效率大幅提高；三是产业链将从推拉式链条向以客户为中心的环状链条发展；四是产业链中的企业走向既竞争又合作的共赢关系。传统产业链上，很多企业都在尝试利用信息不对称赚取差价，数字化时代这一格局将会被彻底打破，信息透明度持续提升，消费者可以跨越层层经销商直达品牌商，产业链环节大幅缩短，产业链整体效率显著提升。

3. 渠道空间的限制突破

以互联网为核心的电商是零售商业的一次巨大变革，而现代商业似乎不像以往那么依赖实体空间，很多不再需要租金，不再需要进场费，甚至不需要现货，零成本的实时销售成为可能。很多商家开启了线上线下联动营销，这也意味着传统企业的渠道的价值发生重大改变，入口流量成为企业新的竞争焦点。

4. 传播从媒体到自媒体化

在工业时代，企业通过购买广告版面和广告时间来主导消费者的喜好，只要广告内容足够精致，广告重复的次数足够多，似乎就能在消费者心中留下深刻的印象并促成购买。而在数字化的今天，传统媒体的垄断被彻底打破，消费者逐渐从单纯的信息接受者转变为媒介信息和内容的生产者和传播者，自媒体、社交媒体等新兴媒体大行其道，全媒体时代已然到来。

1.1.4　数字化时代的本质

如前所述，与传统的工业化相比，数字化是在信息化高速发展的基础上衍生和发展起来的，是对企业业务和商业模式的系统性变革，甚至重塑。整体而言，数字化时代的内在本质主要体现在以下三个方面。

1. 数字化打通了企业信息孤岛，释放了数据价值

信息化是充分利用信息系统，将企业的生产、事务处理、现金流动、客户交互等业务过程，加工生成相关数据、信息、知识来支持业务的效率提升，更多是一种条块分割、烟囱式的应用。而数字化则是利用新一代信息与通信技术，对业务数据的实时获取、网

络协同、智能应用，打通企业数据孤岛，让数据在企业系统内自由流动，数据价值得以充分发挥。

2. 数字化以数据为主要生产要素，指导企业生产运营实践

数字化时代，数据是企业的核心生产要素。这就要求将企业中所有有价值的人、事、物尽可能形成可存储、可计算、可分析的数据、信息、知识，并和企业获取的外部数据连接在一起，并对这些数据进行实时分析、计算、应用，从而有效指导企业生产运营实践。

3. 数字化变革了企业生产关系，大幅提升了生产效率

数据作为数字化时代的核心生产要素，使传统部门内部分工转向网络协同的新型生产关系，传统层级的业务驱动转向以数据为核心的数智化驱动，生产效率得到极大提升。企业能实时洞察各类业务中的精准信息，从而做出相对最优的决策，企业资源得以合理配置。

1.1.5　数字化时代的特征

数字技术的不断发展增加了企业发展的动荡性、不确定性、复杂性和模糊性。具体而言，数字化时代的核心特征可概括为非连续性、不可预测性与非线性增长。

1. 非连续性

工业化时代，企业通过销售产品和服务将"所有权"卖给用户。但在数字化时代，企业更多地思考如何与用户有效地"黏"在一起，怎么分享更多价值，产品和服务是否能给现实和潜在用户创造价值。数字化商业范式中的数据、协同、智能等驱动因素与今天各行各业所奉行的惯例有很大不同，在数据和算法的驱动下，数字化时代的商业逻辑会发生彻底改变。不同的商业范式之间存在断点、突变和不连续性。过去的经验完全不适用。对于一家企业而言，过往的优势在今天可能变为劣势。

2. 不可预测性

数字化时代，现代企业不断创新升级，迭代的速度超乎想象，而且很多的技术具有相当程度的颠覆作用，可能会把以前的很多东西（如专利、商业模式等）推翻。世界进入数字化时代，技术赋予人类更强大的力量，各种事物之间的互联更加有效，成本更低，逻辑也更为复杂。世界变得更加开放，更加相互依存，如果不能够接纳并融入其中，而是固执地按照企业自己的价值判断去理解外界、单纯用企业自己的视角去预测未来，大概率会产生错误判断。

3. 非线性增长

在相当长的一段时间内，大多数产业的环境是相对稳定的，用线性的思维预测未来大体是准确的。但最近几年，这样的思维模式受到了全面挑战。各行各业的发展变化和竞争格局切换的速度都远超人们预期，令人猝不及防。指数型增长的思维可以对信息技术的发展速度进行较为准确的阐释。最著名的例子是"摩尔定律"[①]。摩尔发现的成倍增长模式不仅适用于集成电路，还适用于任何信息技术，包括信息技术所驱动的数字化商业模式。许多数字化平台型企业短时间内的快速迭变和迅猛增长都验证了"指数型成长"曲线的正确性，而这种突破常规的非线性增长模式在数字化时代尤为普遍。

由此可见，相比工业化时代，数字化时代为万物带来了巨大改变。这种改变具体体现在环境认知、变化规律、产品价值、市场属性、客户价值、行业特征、思维逻辑等多个维度，具体对比分析详见表 1-2。

表 1-2 数字化时代与工业时代的对比

	工业化时代	数字化时代
环境认知	可预测	不可预测
变化规律	连续性	非连续性
产品价值	交易价值	使用价值
市场属性	大众市场	人人市场
客户价值	个体价值	群体价值
行业特征	边界约束	跨界协同
思维逻辑	线性思维	非线性思维

1.2 企业数字化转型

数字化思维和技术的出现已然改变了人们的思维方式和生活方式，也为企业的经营和发展带来了新的机遇和挑战。淘宝、微信、支付宝的出现，让传统的商业、通信和金融行业面临极大挑战，以往的经营理念与经营模式已很难适应全新的竞争形势。努力实现数字化思维和技术与传统产业、行业的深入融合，推动由内而外的全方位变革，继而系统改善组织效能和运营效率，全面提升企业适应力和创新力，势在必行。

1.2.1 企业数字化转型的概念

企业数字化转型主要是指在企业发展的过程中对各种新数字技术的应用，以及这种应用所引起的工作方式、组织结构、商务模式等方面升级变化的过程。由物联网、大数据、人工智能和云计算等新兴数字技术推动的企业数字化转型是数字经济时代企业所特有的战略升级现象，大概经历了信息数字化萌芽期（1994—2002 年）、业务数字化高速发展期（2003—2012 年）和数字化转型成熟期（2013 年以来）三个阶段。

1. 信息数字化萌芽期：1994—2002 年

1994 年，中国正式接入国际互联网，进入互联网时代。该时代以互联网行业崛起为显著特征，伴随互联网用户数量的高速增长，一大批业内的先锋企业相继成立。新浪、

[①] 当价格不变时，集成电路上可容纳的元器件的数目每隔 18～24 个月便会增加一倍，性能也会提升一倍（Gordon Moore，1975）。

搜狐、网易三大门户网站先后创立，阿里巴巴、京东等电子商务网站进入初创阶段，百度、腾讯等搜索引擎和社交媒体得到空前发展。这一阶段，中国数字经济的商业模式仍较为单一，以新闻门户、邮箱业务、搜索引擎为代表业态，增值服务以信息传播和获取为中心。在萌芽期，初创企业模仿国外成功商业模式的现象极为普遍，技术创新尚未得到足够重视，流量争夺和用户积累是竞争的核心内容。2000 年前后，以科技股为代表的纳斯达克股市崩盘，全球互联网泡沫破灭，国内互联网产业也未能幸免，经历了 2～3 年的低迷阶段。期间，网易在纳斯达克的美股股价曾连续 9 个月跌破 1 美元，导致 2002 年被停牌。

2. 业务数字化高速发展期：2003—2012 年

经历短暂的低迷阶段后，中国数字经济于 2003—2012 年间步入高速增长期。随着互联网用户数量持续保持两位数增长，以网络零售为代表的电子商务首先发力，带动数字经济由萌芽期进入新的发展阶段。2003 年上半年，阿里巴巴推出个人电子商务网站"淘宝网"，以成功的本土化商业模式迫使 eBay 退出中国市场，并在此后发展为全球最大的 C2C 电子商务平台；2003 年下半年，阿里巴巴推出的支付宝业务，则逐渐成为第三方支付领域的龙头；2006 年中国网络购物总体交易额达 312 亿元，2012 年国内网络零售交易额达 1.32 亿元，期间增速一直保持在 50% 以上。2007 年，国家发布《电子商务发展"十一五"规划》，将电子商务服务业确定为国家重要的新兴产业。

同时，新兴业态不断涌现，"博客""微博"等自媒体的出现，使网民个体能够对社会经济产生前所未有的深刻影响；社交网络服务（social networking site，SNS）的普及，使人际联络方式发生重大变革，社交网络与社交关系间形成了紧密联系。2005 年，"博客"的兴起成为互联网最具革命意义的变化之一，网民得以以个人姿态深度参与到互联网中；腾讯注册用户（QQ 用户）过亿，即时聊天工具成为网民标配。2009 年，以社交网站为基础的虚拟社区游戏迅速升温，开心网、腾讯开心农场等成为大众时尚；"微博"正式上线，这种单帖字数限制在 140 字符以内的微型博客，通过即时分享的强大优势迅速传播，产生了极大的影响力。

2012 年，中国网民数量增速下降至 9.92%，结束了近十年两位数增长的态势，这也意味着业内依靠网民数量高速增长形成的发展和盈利模式将面临挑战。同时，根据中国互联网信息中心（China Internet Network Information Center，CNNIC）发布的报告，截至 2012 年年底，中国手机网民规模达到 4.2 亿，使用手机上网的网民首次超过台式电脑，表明中国数字经济发展进入新阶段。

3. 数字化转型成熟期：2013 年至今

自手机网民数量规模化以来，互联网行业迎来移动端时代，中国数字经济的基本格局已经形成，并迈入成熟期。在成熟阶段，数字经济业态主要有两大特征。第一，传统行业互联网化。以网络零售为基础，生活服务的各个方面几乎都在向线上转移，打车可以使用"曹操出行"等，叫外卖可以使用"饿了么""美团外卖"等，甚至洗衣、家政等服务也能够通过互联网芨取。第二，基于互联网的模式创新不断涌现。网络直播模式的崛起具有一定代表性，特别是 2016 年淘宝直播上线之后，网络直播模式与网购和海淘的进一步融合，使直播经济真正成为一种强有力的变现模式。目前，中国数字经济各行业所处的阶段不尽相同，工业 4.0、新零售等行业仍处于萌芽期，而在线视频、网络营销、网络购物等行业已经步入成熟期。不可否认，互联网行业仍然是数字经济最为重要的组成部分，对传统产业转型升级的推动力虽然已经显现，但仍任重而道远。

目前，学界关于企业数字化转型的概念尚未有被普遍认同的统一定义（见表 1-3）。通过对以往关于企业数字化转型概念界定的相关研究进行梳理，本书将企业数字化转型定义为：企业将数字化技术广泛应用并深度融合到其生产、管理、销售等各环节，从而助力或赋能企业研发设计、生产加工、经营管理、销售服务等业务转型升级的全过程。

表 1-3　数字化转型的概念梳理

代表性学者（年份）	代表性观点	资料来源
杨国安（2021）	数字化转型是企业尽可能地挖掘和释放数据的价值，提高经济运行整体效率的全过程	《智库革新：中国企业的转型升级》
刘继承等（2021）	数字化转型是以用户为中心、以数字化技术为手段、以价值创造为目的实现转型升级和创新发展的过程	《数字化转型 2.0：数字经济时代传统企业的进化之路》
Tony Saldanha（2021）	数字化转型指企业从第三次工业革命时代向第四次工业革命时代迈进过程中，为了维持自身竞争优势，利用数字技术对企业进行改造的全过程	《数字化转型路线图：智能商业实操手册》
点亮智库·中信联数字化转型百问联合工作组（2021）	数字化转型是顺应新一轮科技革命和产业变革趋势，也是不断深化应用云计算、大数据、物联网、人工智能、区块链等新一代信息技术，激发数据要素创新驱动潜能，打造提升信息时代生存和发展能力，加速业务优化升级和创新转型，改造提升传统动能，培育发展新动能，创造、传递并获取新价值，实现转型升级和创新发展的过程	《数字化转型百问（第一辑）》
刘继承（2021）	数字化转型是以用户为中心、以数字化技术为手段、以价值创造为目的实现转型升级和创新发展的过程	《数字化转型 2.0：数字经济时代传统企业的进化之路》

企业数字化转型并不是简单的数字技术应用，它涉及企业战略、文化、管理、研发、生产、渠道、销售等全链条的深度融合。常见的企业数字化转型升级的内容与具体措施见表 1-4。

表 1-4　企业数字化转型升级的内容与措施

数字化转型内容	具体措施
企业战略	企业数字化转型是一种社会现象，是指数字技术和相关的数字化过程，它们构成了新想法的固有部分，以及新想法的发展、扩散或同化
营销	建立数字品牌，充分认识社交网络的优势并加以利用，提升线上线下的一致性，提升用户参与度
商品和生产	商品的数字化，生产的数字化
商业模式	线上业务拓展，为使用自身产品的用户提供更多的价值，通过平台—平台合作，扩大网络效应
管理模式	从战略层面强化数字化转型的重要性，调整组织结构，注重数字平台、数字中台的建设以及数字人才的培养

资料来源：闫德利. 数字经济：开启数字化转型之路[M]. 北京：中国发展出版社，2019.

1.2.2　企业数字化转型的特征

数字化时代，企业如果不能及时、准确地掌握消费者或目标市场的需求变化，并顺势而为地迅速跟进并进行实质性改变，会很容易被市场或残酷的竞争所淘汰。因此，企业的数字化转型迫在眉睫。目前来看，很多企业，特别是传统企业，实现完全的数字化转型升级还需要很长时间。但需要明确的是，数字化转型给企业带来的预期效益不可估量。一般而言，传统企业数字化营销转型是否成功有几个关键特征，如图 1-3 所示。

图 1-3　传统企业数字化转型的特征

1. 以客户为中心的组织能力体系

以客户为中心是企业数字化转型的核心目标，旨在打造以客户为中心的多层次组织能力，包括围绕客户设计组织结构、基于客户场景的创新能力、设计满足客户体验的互动方式，并在数据、考核以及考核机制等各方面体现"客户至上"的经营理念。

2. 多元化的运营管理能力

面对日益复杂多变的内外部环境，企业需要具备敏捷、精益、智慧、柔性四种运营管理能力，这些能力背后的支撑是先进的 IT 架构以及相应的组织体系保障，简单来说包括客户互动、资源管理、智慧洞察和智能生产等。

3. 智慧大脑与 AI 加持

AI 加持下的企业运营服务中心即智慧大脑，在数据采集、数据分析、数据赋能等多个方面与传统企业都有明显差异。其以数据价值为基础，以人工智能分析为引领，搭建企业全局数据平台和智能分析系统，从而为企业运营管理的所有环节提供分析洞察，并基于分析运营结果预测未来发展。

4. 敏捷反应和迅速行动能力

数字化时代的企业需要具备敏捷的反应能力，对外把握客户和市场的迅速变化，对内满足企业管理要求。敏捷能力的实现需要业务模式与产品开发方式的共同变革，业务模式上采用"一线尖兵＋后方资源平台"的方式，产品开发方式上采用设计思维和敏捷迭代方式。

5. 从支撑型向驱动型转化的 IT 组织能力

传统的 IT 部门以项目交付为主。而数字化时代，IT 部门掌握着大量的企业经营数据，既是公司高层进行战略规划的基础，因为它能为公司研判未来发展路线提供丰富的样本；又是公司战略落地的执行者，它可以根据战略规划和数据分析制定相应的技术路线和实现手段，从而为公司冲刺业绩提供保证；还是生产效率的改良者，IT 部门能够利用数字化技术将人力资源进行系统的量化，力争精准管理、对症下药。

1.2.3　企业数字化转型的动力

企业数字化转型的根本动力在于迅速洞察并准确响应商业环境的变化。因此，业务创新、中台技术、产业互联和生态运营将成为企业数字化转型的四大核心动力。

1. 业务创新

业务创新是企业在多变的商业环境中始终保持活力和竞争力的必备能力。商业环境的变化不仅涉及企业内部，如市场份额下降、产品滞销、渠道成本提升等，还包括外部环境，比如政府政策调整、消费者需求变化、竞争对手策略改变等。这些因素都在不断逼迫企业必须具备核心业务的持续创新能力。

2. 中台技术

中台是企业能力的枢纽，可以帮助企业将各种资源转化为易于前台使用的能力，为企业进行"以用户为中心"的数字化转型服务。数据中台用技术链接大数据计算存储能力，用业务连接数据应用场景能力。大量数据从业务系统中产生，在数据中台中按照标准模型进行规范加工处理中分析并反馈给业务部门，以便他们做出决策。所以，连接是中台技术的根本能力，也是中台技术最大的价值。

3. 产业互联

消费互联网的格局和竞争态势日渐饱和，很多企业在跨过消费互联后，又在寻找下一个互联方向——产业互联，继而寻求拓展其业务边界。产业互联是促进企业内外互联互通、加强传统产业业务协作关系的关键。实现产业互联转型，需要管理者具备三种思维。一是价值驱动思维，即从价值反过来指导产业价值链问题；二是分享经济思维，即产业互联网领域需要社会化分享，才能把分享的价值放大；三是大数据思维，即将原本分散的数据集合起来，通过产业互联平台提供全产业的数据决策模型。

4. 生态运营

传统企业管理往往是专业化分工的，更多是追求效率提升以及风险管理。未来企业组织的管理将会基于连接，朝着开放、生态的方向发展。在层层价值网络中，客户将会位于价值链中心，为了创造更多的增量价值，需要数据信息的开放与共享。通过搭建生态体系，帮助企业实现自我进化。但由于涉及的行业跨度大、用户群体复杂，往往需要数字化平台赋予连接能力。

1.2.4　企业数字化转型的阻力

"穷则变，变则通，通则久"，当企业陷入困境，只有变通才能长久。在数字化时代，唯有转型才有出路，才能有一席之地。企业在数字化营销转型升级的过程中，通常会存在着以下两个方面的阻力，一方面来自企业内部，另一方面来自企业外部环境。

1. 企业内部阻力

（1）传统思维方式的桎梏

传统企业转型升级要成功，思维方式的转变和突破最重要。受传统发展思维影响，传统企业普遍存在缺乏数字化的思维，对数字化的认识太过浅薄，对云计算、大数据分析、系统集成共享、跨界协同创新等建设与服务缺乏深度认知，造成多数企业对数字化经营思维和业务存在保守的经验主义，严重依赖传统经营模式和思维，企业经营管理体系与数字化时代的需求严重脱节。

（2）创新能力相对缺乏

受思维惯性制约，传统企业内部任何形式的创新和变革都很难实施。传统企业在数字化转型升级的过程中缺失创新文化、内涵、底蕴，只注重表面上的转型升级，没有从企业战略、核心竞争力、业务着眼点等角度出发，实质性提高创新能力，从而形成独特的数字化转型升级道路。

（3）经营模式一成不变

在数字化转型升级过程中，传统企业比较容易忽视经营模式的创新与重组。数字化对传统企业的影响不仅体现在信息技术层面，还体现在经营管理方面。传统企业在以往经营管理模式下，积累了管理机构庞大臃肿、管理人员素质不一、管理方法不科学等问题，导致企业在数字化营销转型升级的过程中经常出现"掉链子"。

（4）专业技术人才匮乏

传统企业转型需要一大批既熟悉数字化技术知识，又精通企业生产经营与管理，同时富有创新精神、创新意识和创新能力的复合型人才。但在传统企业中，互联网人才极其匮乏，人才的培养周期太长，专业技术人才"请不来""留不住"，传统企业创新乏力。

（5）消费者信息获取滞后

传统企业受思维、技术、能力的限制，在信息获取、用户角色理解等方面与数字化程度高的企业存在较大的差异。传统企业信息获取滞后，用户的需求难以被发掘，客户关系难以维护，产品卖不出去，企业利润直线下降。

（6）基础设施建设失衡

大部分传统企业由于观念落后、认识不足，对硬件设施的投入力度较大，注重对互联网"端"建设投入，忽视对"云"和"网"的建设，存在盲目及浪费的现象。此外，多数传统企业内部系统尚未整合，企业内部各系统之间的数据、信息等不对称，企业系统集成能力偏低，存在"信息孤岛"。

（7）产网融合程度不高

传统企业与数字化企业互动覆盖面较低，在物料供应、产品营销、售后服务、决策、研发和生产等关键环节的融合有待进一步深化。一方面，传统企业受重资产、产能过剩和数字化经营风险制约，不敢深度推进产网融合。另一方面，传统企业，尤其是传统制造企业，资本投入较大、收益回收期较长，与互联网交易平台的生活消费产品特性有着较大的差别。这种产与网、供与需之间产品结构的不对称性，造成产网融合在互联网交易平台的网络效应难以充分发挥。

2．企业外部阻力

（1）传统市场趋于饱和

随着社会生产率的不断提升，昔日的龙头传统企业开始陷入产能过剩、收入大幅下降的行业困境。传统企业亟须借助数字化思维，避开产能过剩，提升企业效率，如依靠供给侧改革去产能、进行结构性改革，从而带动整个行业或产业升级。

（2）缺乏专业合作伙伴

数字化转型升级的过程中，因自由团队经验不足，很多企业在经营策略制定、服务对象选择及发展模式开发方面越来越趋于同质化。只有利用专业的资源、团队、数据和技术，才能在成本、效率、质量、服务上建立起品牌优势和特色。

（3）行业外强有力的竞争者

数字化时代，传统企业最直接的威胁不是来自现有的竞争对手，而是来自外部替代者。这些外部替代者以数字化的优势涉足传统行业，以低成本、便捷、高效冲击着传统企业的底线，甚至威胁到了传统企业生存的根本。

1.2.5　企业数字化转型的方向

数字经济已成为当前最具活力、最具创新力、辐射最广泛的经济形态，是国民经济的核心增长极之一。如今，数字化转型已经成为各行各业乃至整个社会发展的全新目标。总结起来，企业数字化转型升级的方向主要有以下四个方面。

1．企业底座整体向平台化发展

以云计算技术为承载，融合大数据、人工智能、区块链、数字孪生等新一代数字技术于一体的数字化新型基础设施，是当前企业数字化转型升级的平台底座和重要方向。数字基础设施一体化平台能够有效实现资源整合，实现数字化基础设施能力的组件化、模块化封装，为企业业务创新提供相对低成本、高效率的一体化服务支撑，从而满足海量多样化客户群体的个性化需求。

2．业务的解构、协同、开放成为转型焦点

在底层数字基础设施平台转型的基础上，越来越多的企业更加关注上层业务的转型。业务层面的数字化转型应围绕企业价值链开展，通过独立业务的解构拆分、跨业务单元的协同合作，最终实现覆盖合作伙伴的开放生态。对于数字化的理解不应只局限于单一业务由线下转为线上，更应理解为整体系统的协同赋能，通过全系统、全流程、全要素的数字化升级，推动业务效率不断提升。

3. 以客户为中心的数据价值化驱动运营创新

探索以客户为中心的服务运营体系建设成为企业数字化转型的核心。通过完备的数字化平台底座实现业务与技术的深度融合；有效整合多方资源；在汇聚数据、分析数据的过程中实现数据价值化。这样才能为企业内外客户提供更加精准、个性化、多元化、定制化、生态化的智能化服务。

视频链接 1-1 企业数字化转型的全球机遇

4. 价值提升成为衡量企业数字化的重要因素

所有的转型都应以效果和价值为导向。这就要求企业综合考虑成本效益等方面，判断其是否符合企业当下的综合情况，是否给业务等客户部门带来更好的满意度和业务贡献度，是否不断地为组织、客户和其他利益相关者创造价值。如何通过数字化技术开展数字化转型升级，从而带来企业经营管理整体价值的提升，已经成为衡量企业数字化转型能力的重要因素。

1.2.6 企业数字化转型的关键

随着数字化思维和技术的迭代，社会整体效率提高的速度将超乎想象，并席卷各行各业。效率提高对企业提出了更新更高的要求，那么企业如何才能设计出更智能互联的产品，如何才能设计出更高效的商业和营销模式呢？进入数字化时代，新的商业模式和营销方式层出不穷。对企业而言，这是一个非常大的挑战。在麦肯锡看来，数字化转型是一项需要组织全面动员的系统工程，是业务、组织和技术三大领域齐头并进驱动的转型之旅。

1. 业务转型

业务转型是指企业通过全价值链的数字化变革实现运营指标的提升，包括在销售和研发环节利用数字化手段增加收入，在采购、制造和支持环节利用数字化技术降低成本，在供应链、资本管理环节利用数字化方式优化现金流。成功的业务转型需要认清方向，明确愿景，制定分阶段的清晰转型路线图。同时，还要关注全价值链环节，以"净利润价值"为驱动，而不是简单地从技术应用顺推转型。

2. 技术转型

技术转型是指搭建企业数字化转型所需的工业物联网架构和技术生态系统。工业物联网架构是支撑数字化业务用例试点和推广的"骨骼"，数据架构是确保"数据—信息—洞见—行动"能够付诸实现的"血液"，而整体架构的构建需要始终以数字化转型的终极目标为导向。技术生态系统则是一个囊括外部丰富

图 1-4 数字化转型升级的关键

数字化智慧和能力的"朋友圈"，部署数字化用例、数字化技术的迭代创新以及新技术的引进，都离不开技术生态系统其他合作伙伴的支持。成功的技术转型需要健全物联网架构，创造并引领主题明确的技术合作伙伴生态圈，促进企业借力合作，取长补短，共同发展。

3. 组织转型

组织转型是指在组织架构、运行机制、人才培养和组织文化上进行深刻变革。成功的组织转型是一场自上而下推动的变革。一方面，企业高层需要明确目标，构建绩效基础架构，成为指导转型行动方向的"大脑"；提出转型举措和财务指标，这是反映转型业务影响的"眼睛"；树立全组织一致的变革管理理念和行为，成为引领组织上下变革的"心脏"。另一方面，企业需要关注团队的构建，弥补员工的能力差距，引领数字化知识学习的风气；推进数字化能力和人才梯队的建设，组成推动转型大规模推广的"肌肉"；构建敏捷型组织和团队，为又快又好实施和优化转型举措提供保障。

1.3　从营销 1.0 到营销 4.0

从营销思想进化的路径来看，营销扮演的战略功能越来越明显，逐渐发展成为企业发展战略中最重要和核心的一环。综合分析营销思想的发展历程，我们可以发现：第一，营销能帮助建立持续的客户基础，建立差异化的竞争优势，并实现盈利；第二，营销发展的过程也是客户逐渐价值前移的过程，客户从过往被作为价值捕捉、实现销售收入与利润的对象，逐渐变成最重要的资产，和企业共创价值、形成交互型的品牌，并进一步将资产数据化，企业与消费者、客户逐渐变成一个共生的整体；第三，营销与科技、数据连接越来越紧密，要求营销人不仅要懂营销，还必须懂得如何处理数据、应用数据、洞察数据，并了解如何应用新兴科技将传统营销升级。

"现代营销学之父"菲利普·科特勒把营销分为四个时代，从营销 1.0 到营销 4.0 的发展过程如图 1-5 所示。

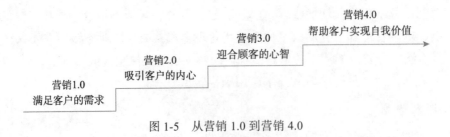

图 1-5　从营销 1.0 到营销 4.0

1.3.1　营销 1.0——产品中心营销

第一个时代就是营销 1.0，即工业化时代以产品为中心的营销时代，正如亨利·福特所言："无论你需要什么颜色的汽车，福特只有黑色的。"

营销 1.0 始于工业革命时期的生产技术开发，其目的是销售产品，即"把工厂生产的产品全部卖给有支付能力的人"。这个时代的核心是产品管理，市场仅仅是一群具有生理需求的大众买方，营销也被局限于支持生产活动的七大功能之一，其主要功能是为产品创造需求。营销 1.0 时代基本上是卖方市场时代。企业为了满足大众市场需求，尽可能地扩大规模生产标准化产品，不断降低成本以形成低价格来吸引顾客。20 世纪 60 年代杰瑞·麦卡锡（Jerry Mclarty）提出的 4P 理论被奉为 1.0 时代的圭臬：开发产品（product）、制定价格（price）、进行促销（promotion）和建立渠道（place）。简而言之，此时营销尚停留在战术阶段，它几乎不需要任何创新。

　　菲利普·科特勒（Philip Kotler）认为，即使到了 21 世纪的当下，营销 1.0 也并未绝迹，很多中国企业仍在使用。尽管很多消费者已经变得多样化和个性化，但由于中国的市场生态具有一定的复杂性与多变性，一些企业仍然将生产观念、产品观念作为市场发展的指导思想，开展营销活动也获得了成功。

相关链接 1-1　营销 1.0 的代表企业——宝洁 1.0 时代的内容营销

1.3.2　营销 2.0——消费者定位营销

　　从 20 世纪 70 年代开始，全球逐渐进入买方市场时代：产品日益丰富，信息技术的逐步普及使产品和服务信息更易为消费者所获得，市场权力经由生产商转向渠道商再转到消费者手上。营销也越发引起企业重视，逐渐从战术层面上升至战略层面。为适应市场从卖方市场开始过渡到买方市场的营销环境变化，20 世纪 80 年代初，迈克尔·波特提出五力模型，主要包括同行业内现有竞争者的竞争能力、潜在竞争者进入的能力、替代品的替代能力、供应商的讨价还价能力和购买者的讨价还价能力。此模型常被用作企业制定竞争战略时的战略分析工具。

　　信息技术和互联网催生了以消费者为导向的营销 2.0，消费者开始变得有思想、懂选择，营销的目标是满足并维护消费者，要更有效地创造需求，必须改变以产品为中心的方式，转变为以顾客为中心。这时候，更多的营销因素诞生了，比如 1990 年美国营销理论专家罗

相关链接 1-2　数码照片、纽约时代广场的屏幕、LEXUS 新汽车

伯特·劳特朋（R. F. Loustorborn）提出的以消费者需求为导向的 4C 理论，该理论强调消费者（consumer）、成本（cost）、便利性（convenience）和沟通（communication）。

　　STP 战略的出现是营销 2.0 时代的核心标志，它强调市场细分（segmenting）、目标市场（targeting）和市场定位（positioning）。事实上，这是当下营销中最常用的营销战略模式，是战略营销的核心内容。尽管以消费者为中心，2.0 时代的营销仍然是把消费者当作可以诱惑的对象，而不是和消费者真正"打成一片"。

1.3.3　营销 3.0——价值驱动营销

　　从 20 世纪 90 年代开始，计算机、互联网逐渐进入人们的生活。随着网络化的深入，人类也开始变得高度互联，信息不再是稀缺资源。消费者的消息变得异常灵通，消费者

权力得到了空前的增长，消费者的信任变得越来越难以获得。由生产商、渠道商、传统媒体所构建的垂直信息渠道遭遇前所未有的信任危机，消费者更愿意相信水平的信息渠道，即来自陌生网友的口碑传播。为了适应这些新的变化，营销者又一次开始了营销变革——更专注于人类的情感需求。新时代的营销概念也应运而生，比如情感营销、体验营销、品牌营销等。先前的以消费者为目标的传统市场定位模型已经无法继续创造需求，现在的营销者必须同时关注消费者的内心需求。

营销 3.0 时代的企业必须具备更远大的服务整个世界的使命、愿景和价值观，必须努力解决当今社会存在的各种问题。换句话说，营销 3.0 已经把营销理念提升到了一个关注人类期望、价值和精神的新高度。它认为消费者是具有独立意识和感情的完整的人，而不是以前简单的"目标人群"，"交换"与"交易"被提升成"互动"与"共鸣"，营销的价值主张从"功能与情感的差异化"被深化至"精神与价值观的相应"。因此，菲利普·科特勒把营销 3.0 称为"价值驱动的营销"。

价值驱动的营销注重营销过程的合作性、文化性和精神性，其目标是让世界变得更好，这个时代下的消费者是具有独立思想、心灵和精神的完整个体。也即，营销 3.0 不

相关链接 1-3　营销 3.0 背景下宜家体验式营销模式

仅要将品牌独特化，还要道德化，需要以战略的高度将产品整合到"使命、愿景和价值观"中去，归根结底就是"得道多助，失道寡助"。围绕这个基本观点，菲利普·科特勒提出，要向消费者营销企业的使命，即企业要开展不同寻常的业务，向员工营销企业价值观，并以讲故事的方式告知消费者品牌的正确使命。

1.3.4　营销 4.0——共创导向营销

营销 4.0 是菲利普·科特勒营销理念的最新升级，是实现自我价值的营销新理念。营销 4.0 是对新时代的营销发展状况的高度概括，也是对营销价值链的全新定义。营销 4.0 包括大数据深度应用、营销的人工智能化、工业制造的深度融合、全新的内容交互模式、人与机器的互联、机器与机器的互联等方面。随着移动互联网以及全新传播技术的出现，客户更容易接触所需要的产品和服务，也更容易同与自己有相同需求的人进行交流，于是出现了社交媒体，形成了客户社群。

相关链接 1-4　市场营销发展历程

企业将营销的重心转移到如何与消费者积极互动、尊重消费者作为"主体"的价值观，让消费者更多地参与到营销价值的创造中来。而在客户与客户、客户与企业不断交流的过程中，大量的消费者行为、轨迹都留有痕迹，产生了大量的行为数据，我们将其称为"消费者比特化"。这些行为数据的背后实际上代表着无数与客户接触的连接点。如何洞察与满足这些连接点所代表的需求，帮助客户实现自我价值，就是营销 4.0 所需要面对和解决的问题，它是以价值观、连接、大数据、社区、新一代分析技术为基础造就的。

值得注意的是，营销 1.0 和 2.0 并没有完全失去作用，营销依然需要确定 STP 战略、制定 4P 策略。在新时代的背景和现实下，营销也在进行新的革命。营销 1.0 到营销 4.0 的综合比较，如表 1-5 所示。

视频链接 1-2　服务产业升级

表 1-5　从营销 1.0 到营销 4.0

	1.0 时代 产品中心营销	2.0 时代 顾客定位营销	3.0 时代 价值驱动营销	4.0 时代 共创导向营销
目标	销售产品	满足并维护消费者	让世界变得更好	自我价值的实现
推动力	工业革命	信息技术	新浪潮科技	社群、大数据、连接、分析技术、价值观
企业看待市场方式	具有生理需要的大众买方	有思想和选择能力的聪明消费者	具有独立思想、心灵和精神的完整个体	消费者和客户是企业参与的主体
主要营销概念	产品开发	差异化	价值	社群、大数据
企业营销方针	产品细化	企业和产品定位	企业使命、愿景和价值观	全面的数字技术 + 社群构建能力
价值主张	功能性	功能性和情感化	功能性、情感化和精神化	共创、自我价值实现
与消费者互动情况	一对多交易	一对一关系	多对多合作	网络性参与和整合

资料来源：菲利普·科特勒等. 营销革命 4.0[M]. 北京：机械工业出版社，2017.

1.4　数字化营销的内涵与理论基础

信息技术和数字技术驱动的数字化时代，企业所面临的内外部环境发生了史无前例的巨大变化。相对于现实生活空间，数字化虚拟场景也正在以前所未有的速度成为企业现代营销的主战场。本节，我们将从内涵、常见形式、理论基础等方面对数字营销进行全面介绍。

1.4.1　数字营销的内涵

随着数字科技在传统传播技术的基础上创造出庞大的数字媒体渠道，消费者的生活方式也随之发生巨大变化，这个社会和众多企业由此进入"数字化生存"（尼古拉斯·尼葛洛庞帝，1996）的全新阶段。在这样的时代背景下，传统的营销模式已明显跟不上时代的步伐，数字营销应运而生，快速发展并逐渐走向成熟。

关于数字营销的定义，国内外专家学者以及企业界有不同的理解，尚未达成一个统一的定义。从表 1-6 中学者们提出的数字营销概念可以看出，数字营销是一个随着实践和认知变化不断进行修正完善的概念。人们对数字营销的理解最初偏重于在线营销渠道，后来拓展为利用数字技术进行市场调查与研究、建立顾客关系与保持顾客价值、宣传品牌、进行营销手段以持续提升业绩的综合型概念。显然，数字营销不仅改变了消费环境，还改变了消费行为甚至是消费心理。

通过对上述概念的理解，本书认为，数字营销是指以计算机信息网络技术为基础，通过现代电子手段和通信网络技术，有效地调动企业资源开展市场营销活动，以实现企业产品和服务有效销售的一系列的企业活动过程。

表 1-6　数字营销的概念梳理

代表性学者（年份）	代　表　观　点	资　料　来　源
美国营销学会（2007）	利用数字技术开展的一种整合、定向和衡量的传播，以获取和留住客户，同时和他们建立更深层次的关系	
菲利普·科特勒	营销4.0，指的是在新的数字时代，连接使消费者发生了巨大的变化。消费者掌握了巨大的力量，可以和企业共创内容，共创产品，企业在发展的过程中要重视和消费者之间的互动，通过社群让消费者参与到营销过程中来，通过大数据让企业增强应对的敏捷性，通过价值观做到以人为本的营销理念的升级	《营销革命4.0：从传统到数字》
南京大学奥美创意研究院《数字营销》杂志社	从营销渠道来讲，数字营销将基于互联网的网络营销，基于手机设备和移动互联网的无线营销，以及基于数字广告牌、IPTV和游戏等新的数字媒体的营销方式都纳入进来；从营销理念上讲，它追求互动营销、分众营销、精准营销、整合营销等营销理念，追求营销的及时性和成本的有效性，以及在网络及其他数字化世界中的品牌建设	《2015年中国数字营销白皮书》
阳翼（2019）	基于大数据的营销创新之道，服务个性化、产品定制化、制造智能化，现代营销方式的改变为企业营销注入新活力，人工智能驱动的营销创新，包括产品定价、渠道、广告等全方位创新模式，助力企业广告投放更加智能精准	《数字营销（第2版）》
曹虎、王赛等（2019）	数字营销策略不是微信、微博等营销工具的组合和叠加，而是在理解本质的基础上融会贯通地使用	《数字时代的营销战略》
曾巧（2021）	数字营销是指利用数字化技术，对传统营销活动进行数字化改造的全过程	《共生：中国数字营销猛进史》

1.4.2　数字营销的常见形式

从企业的视角来看，数字营销是其使用数字传播媒介或渠道来推广产品和服务的实践活动，其本质在于以一种及时、精准和高效的方式与消费者进行沟通。数字营销的形式应该包含且不限于一切能够与消费者进行有效沟通并有助于企业实现价值的数字技术支撑下的营销实践。数字营销的常见形式如表1-7所示。

表 1-7　数字营销的常见形式

名称	概　　念	特　　点
社会化媒体营销	以互动为基础，允许个人或组织生产和交换内容，并能够建立、扩大和巩固关系网络的一种网络社会组织形态	平台化，社交媒体是信息发布与传播的基础 全民化，社交媒体是一种生活方式 一体化，社交媒体平台内部实现信息发布与传递 分散化，无主流，平等的网络信息传递机会 动态化，信息传播的动态性和快速衰减性
微博营销	基于微博这一新媒体平台的营销，是与微博新媒体特点紧密联系，并与其他媒体有效整合的营销方式	立体化、低成本、便捷性、信息发布便捷、互动性强

续表

名称	概　念	特　点
微信营销	主要表现为基于手机或者平板电脑中的移动客户端进行的区域定位营销，商家通过微信平台，结合微信会员卡展示商家微官网、微会员、微推送、微支付	低廉的营销成本、强大的支持后台、精准的营销定位、信息交流的互动性、信息传播的有效性
SNS 营销	社会性网络服务：专指旨在帮助人们建立社会性网络的互联网应用服务 社会性网络软件：是一个采用分布式技术构建的下一代基于个人的网络基础软件 社交网站：是指个人之间的关系网络	传播速度快、范围广、影响力比较大、互动性、体验性强、营销成本低、精准营销、真实营销
移动营销	指基于无线移动智能终端，利用移动网络而展开的各种形式的营销活动，包括二维码营销、LBS 营销、微电影营销、虚拟游戏营销、搜索引擎营销、电子商务营销	浏览人群年轻化、互动性强、投放更精准

1.4.3　数字营销的理论基础

人类传播史上先后经历了五次革命——语言传播、书写传播、印刷传播、电子传播、互动传播（以互联网为主体、以多媒体为辅助的多种功能的信息传播）。每一次传播革命都对社会进步具有重大的推动作用，将人类带进一个新的境界、新的时代。纵观营销发展史，以数字技术为核心驱动力的数字营销实践同样离不开营销思维认识和营销理论创新的牵引和驱动。基于此，本书尝试基于整合营销理论、长尾理论和精准营销理论阐释数字营销实践背后的理论演进。

1. 整合营销理论

整合营销理论由美国营销学者唐·舒尔茨于 1995 年提出。该理论是一种对各种营销工具和手段的系统化结合，强调根据环境进行即时性的动态修正，以使在整合营销传播中，消费者处于核心地位，其核心工作是培养真正的"消费者价值观"，与那些最有价值的消费者保持长期的紧密联系。整合营销以各种传播媒介的整合运用作为手段进行传播。凡是能够将品牌、产品类别和任何与市场相关的信息传递给消费者或潜在消费者的过程与经验，均被视为可以利用的传播媒介。概括而言，整合营销具有以下特征。

第一，以整合为中心。以消费者为中心并把企业所有资源综合利用，实现企业的一体化营销。整合既包括企业营销过程、营销方式以及营销管理等方面的整合，也包括对企业内外的商流、物流及信息流的整合。

第二，讲求系统化管理。整体配置企业所有资源，企业中各层次、各部门和各岗位，与总公司、子公司、产品供应商、经销商及相关合作伙伴协调行动，形成竞争优势。

第三，强调协调与统一。企业营销活动的协调性，不仅是企业内部各环节、各部门的协调一致，也强调企业与外部环境协调一致，共同努力以实现整合营销。

整合营销的模式包括以下四个方面。

第一，产品和服务必须以顾客为中心。由于互联网具有良好的互动性和引导性，用户通过互联网络在企业的引导下对产品或服务进行选择或提出具体要求，企业可以根据顾客的选择和要求及时进行生产并提供及时服务，企业的产品和服务必须给顾客带来价值和回报，否则企业的利润难以实现。

第二，以顾客能接受的成本定价。价格是"4P"中直接影响利润的因素之一，是企业盈利的重要手段。传统的定价方式主要是以生产成本为基准来制定商品的价格。但是，在网络环境下，企业与顾客的合作更为紧密，顾客的中心地位和选择权要求新型的价格制定方法，要求产品的价格水平是顾客能够接受的，要求企业对顾客的需求以及对价格的认同，并依据该成本来组织生产和销售。

第三，产品的分销以方便顾客为主。网络营销是一对一的分销渠道，是跨时空进行销售的，顾客可以随时随地利用互联网订货和购买产品，顾客可以足不出户得到产品。互联网和现代物流体系形成了良好的直销渠道。如亚马逊书城公司可以在 3 天之内将顾客所购书籍送达，并可以通过遍布世界的连锁组织方便地退货。

第四，将强势营销转变为加强与顾客沟通和联系的营销。传统的促销是企业为主体，通过一定的媒体或工具对顾客进行强制式灌输，从而影响顾客对公司和产品的认知度和接受度。顾客是被动接受的，企业与顾客的沟通和联系是单向的。互联网上的营销是一对一和交互式的，更能了解顾客和需求，更易引起顾客的认同，其沟通方式的特点是双向的和低成本的。

2. 长尾理论

长尾理论由美国学者克里斯·安德森在 2004 年提出，安德森认为，世界文化经济的核心正发生转变，从主流产品和市场逐渐转向大量利基产品和市场，在满足一定条件的聚合作用下，可能在尾部形成一个与热门市场相抗衡的利基产品市场。长尾理论是网络时代兴起的一种新理论，由于成本和效率的因素，当商品储存、流通、展示的场地和渠道足够宽广，商品生产成本急剧下降以至于个人都可以进行生产，并且商品的销售成本急剧降低时，以往看似需求极低的产品也可能产生巨大的市场。

（1）长尾理论的基本原理

第一，规模化定制。借助先进技术和网络便捷性，为部分用户提供个性化产品或服务，以大量生产低成本产品的方式为小批量客户提供量身定做的定制化产品。

视频链接 1-3　TED 长尾理论

第二，个性化需求。进入移动互联网时代，商家和消费者之间的距离被进一步拉近，相关产品品类越来越丰富，消费者更加关注和重视个性化需求。

第三，新经济思想。长尾理论作为新出现的经济理论，并不是对既有理论的全面否定和颠覆，而是对"二八规律"的补充；长尾市场不是规模经济，而是范围经济。

（2）应用长尾理论的原则

第一，"尾巴"必须足够长，让用户需求的所有东西都能获得，即要有足够的供应产品的数量聚合。虽然"尾巴"证明了非热门产品仍有生存能力，但仍需要数量的积累。没有一个巨大的数量积累，就不能形成范围经济，长尾也将不存在。比如，对于网上图书零售、音乐下载的网站，如果没有一个足够大的产品目录就不可能有自己的长尾经济。亚马逊能操纵长尾，是因为它能比零售店聚合更多的产品，构成了图书信息的长尾，由此也为用户提供了更多选择的机会，满足不同用户的购买需求，这称之为供应的聚合。

第二，"尾巴"的摩擦效应很低。一般的经济规律是"物以稀为贵"，但是长尾产品不仅价格不能升高，甚至价格减半。这种降价是有基础的，不是盲目的降价，需要保证长尾产品在流通过程中"摩擦"的成本降低。亚马逊的价格之所以能比线下销售商低，是因为它的库存成本和渠道成本几乎为零。同时，它缩短了供应环节，跨越了供应链中的分销，直接从生产商到客户手中，从而降低了传递的成本。iTurns 则是将整张 CD 的销售变为单曲销售，节省了 CD 的生产成本，同时，数字音乐适合网上直接传递，也大大降低了传递的成本，使每首单曲的价格能降 20～99 美分，从而赢得了市场份额。

第三，头尾相连实现需求聚合。长尾经济的形成，并不只是在于让非热门产品的数量多于热门产品数量的总和，而关键是将在尾巴中的产品与那些在头部的产品之间建立了关联。也就是说仅有简单的聚合是不够的，必须通过其他的技术来实现产品之间的关联，提高产品被潜在客户发现的机会。亚马逊正是利用协同过滤系统，当顾客主动"暴露"了自己的需求后，进行关联推荐，即通过研究顾客的浏览行为和购买行为来对其他顾客进行指导，使非热销产品与热销产品之间建立了联系，利用推荐让潜在的客户满足了他们的需求，从而也带动对长尾商品的需求。

3. 精准营销理论

美国学者杰夫·萨宾和格莱士·布雷巴克于 2004 年提出了精准营销理论，他们认为精准营销是为了提高营销成功率，促进销售业绩，通过细分客户群选取目标客户群，然后向选定的目标客户或者潜在目标客户提供一些基础服务或者信息，从而影响客户的购买意向和购买决策，实现企业产品或服务与用户需求的匹配。与传统营销方式相比较，精准营销的营销成本较低，效率也较高。精准营销是通过现代信息技术手段实现的个性化营销活动，通过市场定量分析的手段、个性化沟通技术（数据库、客户关系管理系统、现代物流等）实现企业对效益最大化的追求。总体而言，完整的精准营销体系应该由以下子系统构成。

（1）精准的市场定位体系

市场的区分和定位是现代营销活动中关键的一环。只有对市场进行准确区分，才能保证有效的市场、产品和品牌定位。精准营销通过对消费者的消费行为的精准衡量和分析，并建立相应的数据体系，通过数据分析进行客户优选，并通过市场测试、验证来区分所做定位是否准确有效。对一个大规模上市的产品投入很少的测试费用就可以达到上千万元投入的效果。

（2）与顾客建立个性传播沟通体系

从精准营销的字面上大家就可以看到它采用的不是大众传播，它要求的是精准。精准营销有邮件、网络邮件、直返式广告、电话、短信、网络推广等传播形式。这些方式是对传统大众广告的改良，精准营销理念下的广告模式主要是宣传一个活动，让感兴趣的人参与。其设计核心在于活动诱因的设计，原则是让精准定位的人群对广告感兴趣，设计这部分人群感兴趣的活动、感兴趣的东西，达到让他们参与的目的，实现一对一的沟通。

（3）适合一对一分销的集成销售组织

传统营销关心的是市场份额，而精准营销关心的是客户价值和增值。精准营销颠覆了传统的框架式营销组织架构和渠道限制，摆脱了传统营销体系对渠道及营销层级框架组织的过分依赖。精准营销的销售组织包括两个核心组成部分，一个是全面可靠的物流配送及结算系统，另一个是顾客个性沟通的主渠道（也即呼叫中心）。便捷快速的物流配送体系和可靠的结算体系是制约精准营销的关键因素；呼叫中心是通过网络技术和电话建立起来的实现和顾客一对一沟通的平台，它的主要职能是处理客户订单、解答客户问题、通过客户关怀来维系客户关系。

（4）提供个性化的产品

只有针对不同的消费者、不同的消费需求，设计、制造、提供个性化的产品和服务，才能精准地满足市场需求，个性化的产品和服务在某种程度上就是定制。而对于其他标

相关链接1-5 疫情期间，为消费者提供"云旅游"产品

准化程度不高、客户需求更加复杂，既要通过大规模生产实现成本最优，又要适应日益差异化的客户需求，就必须有选择地满足能够实现规模和差异化均衡的客户需求。通过精准定位、精准沟通找到并"唤醒"大量的差异化的需求，通过个性化设计、制造或提供产品和服务，才能最大程度地满足有效需求，获得理想的经济效益。

（5）顾客增值服务体系

精准营销最后一环就是售后客户保留和增值服务。对于任何一个企业来说，完美的质量和服务只有在售后阶段才能实现。同时，营销界通常认为，忠诚顾客带来的利润远远高于新顾客。只有通过精准的顾客服务体系，才能留住老顾客，吸引新顾客，达到顾客的链式反应。实现精准营销的核心在于其独特的客户关系管理系统精准营销通过完善的 CRM 可以做到：深度开发目标客户，支持公司发展战略，实现会员信息的管理与应用，建立客户为中心的集中式营销管理平台，实现业务与管理规范化，效益最大化。

【本章小结】

数字化时代呈现出的非连续性、不可预测和非线性增长等特征，使现代企业面临的客户需求、产业链结构、渠道空间和传播载体发生了巨大改变，基于技术赋能和数据连接的数字化转型迫在眉睫。企业的数字化转型既会面临来自业务创新、中台技术、产业互联和生态运营维度的创新驱动，也会受到内外部各种力量的阻碍，但围绕业务底座平台化、协同开放、数据价值化的未来方向不会发生改变，围绕业务、技术和组织层面的深度转型是关键之举。回顾营销发展史，从营销 1.0 到营销 4.0 的发展历程清晰地折射

出技术、数据和连接在未来营销模式升级中的重要作用。数字营销就是在整合营销理论、长尾理论、精准营销理论等理论发展和逐步演化中诞生的全新营销概念，引领了营销发展的最新趋势。

【参考文献】

[1]　菲利普·科特勒. 营销革命 3.0：从价值到价值观的营销（轻携版）[M]. 北京：机械工业出版社，2019.

[2]　杨艳. 网络营销与实务[M]. 上海：知识产权出版社，2015.

[3]　王维. 网络营销[M]. 北京：中国财富出版社，2012.

[4]　陈向军. 网络营销与策划[M]. 北京：高等教育出版社，2011.

[5]　朱瑞庭. 网络营销[M]. 北京：高等教育出版社，2009.

[6]　阳翼. 数字营销（第 2 版）[M]. 北京：中国人民大学出版社，2019.

[7]　陈永芳. 精准营销[M]. 北京：中国财富出版社，2015.

[8]　杰夫·萨宾，格莱士·布雷巴克. 精确营销[M]. 北京：高等教育出版社，2008.

[9]　鲍舟波. 未来已来：数字化时代的商业模式创新[M]. 北京：中信出版社，2018. 35-57.

[10]　付晓岩. 银行数字化转型[M]. 北京：机械工业出版社，2020.

[11]　马化腾等. 数字经济：中国创新增长新动能[M]. 北京：中信出版社，2017.

[12]　刘险峰. 多方发力夯实数字经济发展基石[N]. 经济日报，2020.

[13]　闫德利. 数字经济：开启数字化转型之路[M]. 北京：中国发展出版社，2019.

【理论反思】

1. 数字化时代演进过程、本质和特征分别是什么？

2. 数字化时代，影响企业转型的关键要素有哪些？

3. 企业数字化转型的动力、阻力分别是什么？

4. 什么是数字营销？数字营销产生的背景是什么？

5. 从营销 1.0 到营销 4.0，不同阶段的关键特征分别是什么？

6. 如何理解数字营销的理论基础？

【能力训练】

1. 马云说："如果说过去 20 年互联网'从无到有'，那么未来 30 年，互联网将'从有到无'，这个'无'是无处不在的'无'，没有人能够离开网络而存在。那么人类与其担心不如担当。"请针对这段话分小组进行讨论，谈谈企业该如何去担当？

2. 苹果 CEO 库克表示，他不担心机器会像人一样思考，相反，他更担心人像机器一样思考，因此"人应该避免思维僵化，始终具有创新的意识"，面对互联网的飞速发展，企业在营销的过程中应如何保持创新性？试结合实践，谈谈你的看法。

5G 时代下任正非的家国情怀与责任担当

企业家微访谈：互联网时代的营销变革——黄小勇中幻场景化应用技术有限公司总裁

实训目的：建立学生对数字化时代企业转型关键要素的把握。

1. 找出数字化时代企业转型的关键要素。

2. 确定互联网时代传统企业营销转型升级的原因。

3. 分析传统企业转型升级的动力、阻力。

实训地点：选取当地一家食品加工企业。

实训方式：参观＋调研＋访谈。

银泰新零售的数字化成长逻辑

自学自测

扫描此码

第 2 章

洞察：营销环境变革

【知识目标】

1. 了解数字营销环境的概念和特点
2. 了解数字营销环境变化的主要表现
3. 理解数字化时代技术改变的动因
4. 理解数字化时代思维特点的变化
5. 掌握数字化时代用户的行为模式

【能力目标】

1. 分析数字化时代各种政策变化对企业营销的影响
2. 明确数字化时代消费者思维变革的主要表现形式
3. 探索数字化时代营销环境变革中企业的应对策略

【思政目标】

体会国家强企业才能强的完整内涵

【章节脉络】

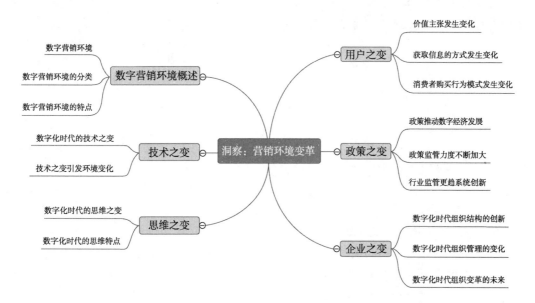

图 2-1　营销环境变革脉络图

【营销观察】

兔子"吃"狼的故事

寒冷的冬天，一只饥饿的狼发现了一只野兔，便不停地追赶。兔子走投无路，情急之中钻进了一个树洞。狼哪肯放过就要到手的美味，便死死守住洞口。夜深了，狼冷得直发抖，但为了吃到野兔，狼怎么也不愿离开。第二天早上，野兔从树洞里探出头来，发现狼已经冻死了。野兔大摇大摆地走出洞口，踏过狼的尸体扬长而去。

【营销启示】

未来已来，在开放平台之上，即使具有先天优势也要学会因势而变、因时而变、因事而变。在数字化转型的浪潮中，面临已然变化的环境，企业经营好比逆水行舟，不进则退，唯有以变应变，才能更好地生存和发展。

【营销语录】

数字时代的信息爆炸和"万物皆媒"正在重塑信息内容生态并带来新的治理需求，即将网民的心声、政府的关切、平台的责任、社会的参与整合成同频共振的有机生态，形成良性的传播互动，发展向善的网络文化，营造清朗的网络空间。

——腾讯公司创始人　马化腾

互联网时代的营销主角离不开"流量"二字，同时，技术的进步和消费趋势的演变也为数字营销带来了更多的机遇与可能。

——2020 年中国数字营销峰会

将来大数据比石油还贵，大数据就像今天的石油、土地一样，是消费资料，云计算是消费力，互联网是消费关系，得数据者得天下。

——阿里巴巴集团创始人　马云

【政策瞭望】

强化企业科技创新主体地位，发挥科技型骨干企业引领支撑作用，营造有利于科技型中小微企业成长的良好环境，推动创新链、产业链、资金链人才链深度融合。

——中国共产党第二十次全国人民代表大会报告

数字化时代，技术的变革正在全面重塑人们的思维方式和行为方式。对于企业而言，日益复杂的产业格局、不断涌动的商业模式、更加激烈的竞争，正在以不可阻挡的态势推动着企业的全面数字化转型变革。当前，传统企业进行数字化转型升级已经成为了一个必然趋势，以信息化、数字化、智能化为基础的新的发展模式对于企业来说，已经成为其在激烈的市场竞争中站稳脚跟、立于不败之地的必然选项。

2.1　数字营销环境概述

企业开展市场营销活动会受到多种因素的制约和影响，尤其是在互联网时代，企业必须要顺应内部条件和外部环境的变化，充分利用市场机会，竭力规避可能出现的威胁，趋利避害，选择最佳路径以谋求企业营销目标的顺利实现。

2.1.1　数字营销环境

环境是指事物外界的情况和条件。营销环境是一个综合的概念，由营销以外的那些能够影响与目标顾客建立与维持成功关系的营销管理能力的参与者和各种力量所组成，受到多方面的因素共同影响。

当前企业面对的环境发生了变化，数字化正在不断地覆盖现代社会的每个角落，新思维、新技术、新模式层出不穷。信息交换、客户互动以及数据存储等方面的快速迭变对传统的商业环境造成了新的冲击，我们可以将其总结为"三化"，即信息交换数字化、客户互动数字化、数据存储数字化（如图 2-2 所示）。

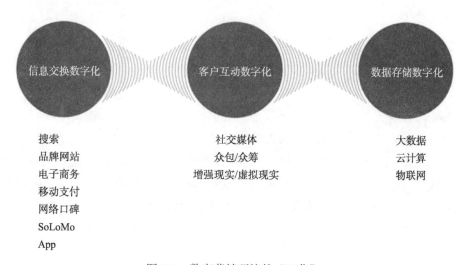

图 2-2　数字营销环境的"三化"

数字营销环境是传统营销环境在数字化时代下的新型表现形式。本书将数字营销环境界定为对企业的生存和发展产生影响的各种外部条件，即与企业利用数字化手段开展营销活动有关联的因素的集合。随着社会的发展，特别是网络技术在营销中的运用，营销环境更加变化多端。数字营销环境也正是新时期信息化技术发展与传统营销手段结合后形成的，其目的是应对数字营销环境下消费者行为呈现出的显著差异。

2.1.2　数字营销环境的分类

我们可以采取多样化的视角，对数字营销环境进行分类。

根据企业营销活动影响时间的长短，可将数字营销环境分为长期营销环境与短期营销环境。具体而言，长期营销环境的影响持续时间较长，短期营销环境的影响持续时间则相对短暂。

根据企业营销活动受制于营销环境的紧密程度，可将数字营销环境分为微观营销环境和宏观营销环境。具体而言，微观营销环境是与企业营销活动紧密相关的，且直接作用于企业营销活动的各种力量，包括与企业经营活动有密切关系的供应商、中间商、顾客、竞争者和社会公众等，即企业市场营销的直接环境，又称微观环境。宏观营销环境是与企业不存在直接的经济联系，但可能给企业带来市场营销机会或潜在威胁的主要社会力量，如人口、经济、自然、科技、政治、法律以及社会文化等因素，即企业市场营销的间接环境。这两种环境之间不是并列关系，而是包容和从属的关系。微观环境要受宏观环境的制约，宏观环境则需要借助于微观环境发挥作用。

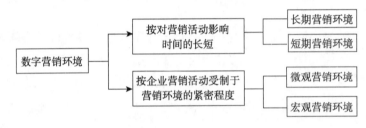

图 2-3 数字营销环境分类

2.1.3 数字营销环境的特点

在营销环境瞬息万变的今天，不管消费者群体、媒介环境与营销技术如何"创变"，关注消费者的需求转变，优化消费者的营销体验，始终都是数字营销的终极追求。面对更加细分的产业、更加激烈的同质化竞争、更加挑剔的广告主与受众，进入行业发展"深水区"的数字营销产业，势必将在机遇与挑战中砥砺前行。因此，了解数字化营销环境的特点对于企业的变革和发展至关重要。本书认为，相较传统营销环境，数字营销环境的新特征主要体现在国际通用标准日趋重要、不可控因素有所改变以及顾客影响力不断提升等方面。

1. 国际通用标准日趋重要

当今世界经济的发展已经进入一个新的时代。数字营销在全球商品和服务流通中所扮演的角色越来越重要，是当前世界贸易中增长速度最快的领域。由于数字营销会直接面对世界各地的在线顾客，因此它必须遵循世界上普遍认可的国际惯例，不能只根据企业面向本土市场的方法行事。所以，熟悉国际惯例、遵循通行的国际标准，就成了一项迎接数字营销挑战时必须考虑的重要工作。在当今社会，质量已成为各类经营实体参与全球竞争必须重视的要素之一，相对优质的顾客往往对质量的期望十分严格。只有理解并掌握国际通用标准，企业才能打造出被外部市场所接受与认可的商品。

相关链接 2-1 全球航空公司如何拥抱数字化转型

2. 不可控因素有所改变

一般认为，政治、法律、文化等因素属于不可控制因素，是企业凭借自己的力量无法改变的。但是，早在 20 世纪 80 年代中期，"大市场营销"理论的提出就从一定程度上突破了这一判断。"大市场营销"理论将有关权力与公共关系纳入 4P 营销战略，使这些因素成为有条件的可控制的要素。数字营销的产生改变了企业与企业、企业与消费者的关系，迅速提升了消费者地位，引发了企业间竞争格局的重大变化，在相当程度上改变了传统营销的环境结构。传统市场营销中的某些不可控因素，一旦进入数字化时代，就在一定意义上具备了所谓可控因素的属性。随着数字化程度的不断加深，传统环境力量对企业营销的影响就会明显减弱。

3. 顾客影响力不断提升

数字营销条件下，作为一个整体的宏观环境要素对市场营销的影响减少了，然而，微观环境要素中的顾客影响力却迅速增大。在线购物顾客相对较高的支付能力与企业进行数字营销所具有的比较优势，会使在线用户成为世界企业竞相满足的重点，其结果就是用于满足顾客需要的商品更加充裕、质量更加优良，顾客的挑选余地越来越大。企业要保持技术的优势和生产率的领先地位将变得更为困难，企业利润的增加难以再由生产力来提高，而主要靠提高服务质量与塑造企业形象来获得。这就启示企业要将顾客摆在更加重要的战略地位上，通过多种渠道倾听顾客的声音。

视频链接 2-1　营销环境分析

2.2　技　术　之　变

随着信息技术的全面进步，我们进入了一个互联网、云计算、大数据、物联网、感知技术、触摸技术和人工智能等数字技术综合应用创新的时代，一个人与技术共同进化的一个时代，也是以数字化驱动实体经济与虚拟经济高度融合的新时代。数字化技术正向人类生活的各个领域全面推进与渗透。从传统制造业，到更广阔的行业领域，数字化技术赋能千行百业加速迈向灵活、高效、高质量、可持续进步的时代，经济进步新活力不断释放。

2.2.1　数字化时代的技术之变

数字化时代几乎所有业务都将运行在技术底座之上，其发展和创新都离不开技术的支撑，技术已成为业务创新和发展的核心动力。

1. 各项新技术的不断发展

互联网时代的新技术包括云技术、物联网、大数据、人工智能、增强现实技术、虚拟现实技术、移动支付、区块链等技术。

（1）云技术

云技术是指在广域网或局域网内将硬件、软件、网络等系列资源统一起来，实现数据的计算、储存、处理和共享的一种托管技术。最简单的云计算技术在网络服务中已经随处可见，例如搜寻引擎、网络信箱等，使用者只要输入简单指令即能得到大量信息。未来如手机、GPS 等行动装置都可以透过云计算技术发展出更多的应用服务。云技术不完全局限于互联网之中，它提供了一种思维模式和营销模式，在线上可以搜集客户的行为喜好，洞察其购买需求，在适当的时候给予他最想要的东西。云营销就是以云技术为主要媒介，通过网络把多个成本较低的计算实体整合成一个具有强大营销能力的系统云平台。其核心理念在于不断提高"云"的覆盖能力，以及"云"之间的逻辑计算能力，从而达到系统营销的结果。云营销能够减少用户的经济负担，最终使用户只要在家里，一台计算机终端，就可以得到近乎无限数量的优质商品，享受"营销云"带来的强大经济利益。

相关链接 2-2　中国登山测量队"测量珠峰"全程直播，开启云登峰时代

（2）物联网

物联网是指通过各种信息传感设备，实时采集任何需要监控、连接、互动的物体或过程等需要的信息，与互联网结合形成的一个巨大网络。其目的是实现人及所有物品与网络的连接，方便识别、管理和控制。

物联网的范畴覆盖了从传感器、控制器到云计算的各种应用，包括产品服务智能家居、交通物流、环境保护、公共安全、智能消防、工业监测、个人健康等领域。其核心在于物与物、人与物之间的信息交互，基本特征可概括为整体感知、可靠传输和智能处理。物联网设备数量的增加，有效地帮助企业打开了"数据之门"，从而获取更多一手的消费者数据，也帮助企业打通了设备间的传输壁垒，方便打造更多的产品应用场景。

相关链接 2-3　"小米"家居物联网

（3）大数据

关于大数据，麦肯锡全球研究所给出的定义是：一种规模大到在获取、存储、管理、分析方面大大超出了传统数据库软件工具能力范围的数据集合，具有海量的数据规模、快速的数据流转、多样的数据类型和价值密度低四大特征。大数据对企业的价值体现在三个方面，一是对大量消费者提供产品或服务的企业可以利用大数据进行精准营销，二是中小微企业可以利用大数据做服务转型，

相关链接 2-4　阿里巴巴的大数据营销

三是互联网压力之下的传统企业可以充分利用大数据进行转型。

（4）人工智能

人工智能是研究、开发用于模拟、延伸和扩展人的智能的理论、方法、技术及应用系统的一门新兴技术科学。美国斯坦福大学人工智能研究中心尼尔逊教授对人工智能这样定义，"人工智能是关于知识的学科——怎样表示知识以及怎样获得知识并使用知识的科学"。美国麻省理工学院的温斯顿教授认为，"人工智能就是研究如何使计算机去做过去只有人才能做的智能工作"。这些定义反映了人工智能学科的基本思想和基本内容。人工智能是计算机科学的一个分支，它企图了解智能的实质，并生产出一种新的能以人类智能相似的方式做出反应的智能机器，该领域的研究包括机器人、语言识别、图

像识别、自然语言处理和专家系统等。

一场由人工智能赋能的数字营销变革悄然兴起，在营销领域，利用智能技术可以让人从庞杂的选词流量匹配中解放出来，从智能感知到理解、决策，再到优化流量的分配，智能技术大幅提升了用户体验。利用人工智能技术，营销人员将加快实现一对一营销活动的自动化，不仅使营销内容更有针对性，而且使沟通的时机、频率和渠道都更具针对性。

相关链接 2-5　AI 实时翻译

（5）增强现实技术

增强现实（augmented reality，AR）技术，是一种实时计算摄影机影像的位置及角度并加上相应图像，将真实世界信息和虚拟世界信息"无缝"集成的新技术。它把原本在现实世界的一定时间空间范围内很难体验到的实体信息（视觉信息、声音、味道、触觉等），通过模拟仿真后再叠加，即可将虚拟的信息应用到真实世界，被人类感官所感知，从而达到超越现实的感官体验。这种技术的目标是在屏幕上把虚拟世界套在现实世界并进行互动。随着随身电子产品运算能力的提升，AR 技术可广泛应用到军事、医疗、建筑、教育、工程、影视、娱乐等领域，同时为企业同消费者的营销互动带来更多的可能。

（6）虚拟现实技术

虚拟现实（virtual reality，VR）技术是一种可以创建和体验虚拟世界的计算系统，它由计算机生成，通过视、听、触、嗅等作用于用户，为用户产生身临其境的感觉的交互式视景仿真。随着虚拟现实技术的不断完善，它受到越来越多人的认可，用户可以在虚拟现实世界体验到最真实的感受，其模拟环境的真实性让人难辨真假，有种身临其境的感觉。与传

相关链接 2-6　虚拟现实体验

统技术相比，虚拟现实具有一切人类所拥有的感知功能，它也具有超强的仿真系统，真正实现了人机交互，使人在操作过程中，可以随意操作并且得到环境最真实的反馈。随着 VR 技术的发展，企业营销也可以用虚拟现实产品展示系统来进行，它能够消除企业与消费者之间的沟通障碍，从而显著提升销售效果。

（7）移动支付

移动支付是指使用普通或智能手机完成支付或者确认支付，而不是用现金、银行卡或者支票支付。买家可以使用移动手机购买一系列的服务、数字产品或者商品等。移动支付是第三方支付的衍生品。第三方支付是指，在使用第三方支付平台的交易中，买方选购商品后，使用第三方平台提供的账户进行货款支付，由第三方通知卖家货款到达并进行发货；买方检验物品后，就通知付款给卖家，第三方再将款项转至卖家账户。移动支付具有时空限制小、方便管理、隐私度较高、综合度较高等特点。随着线下移动支付的快速普及、线上线下的融合发展，"移动支付＋营销"赋予了商户全新的营销体验。移动支付已经成为营销切入点，使门店更轻松地拉新、蓄流，帮助门店突破传统的经营瓶颈。

（8）区块链

互联网高速发展使信息传输系统变得高效可靠，创造出与互联网相匹配的价值传输

网络。区块链的诞生正是人类构建价值传输网络的开始。狭义来讲，区块链是一种按照时间顺序将数据区块以顺序相连的方式组合成的一种链式数据结构，并以密码学方式保证的不可篡改和不可伪造的分布式账本。广义来讲，区块链技术是利用块链式数据结构

相关链接 2-7　移动支付应用场景举例

来验证与存储数据、利用分布式节点共识算法来生成和更新数据、利用密码学的方式保证数据传输和访问的安全、利用由自动化脚本代码组成的智能合约来编程和操作数据的一种全新的分布式基础架构与计算方式。

　　一般说来，区块链系统由数据层、网络层、共识层、激励层、合约层和应用层组成。其中，数据层封装了底层数据区块以及相关的数据加密和时间戳等基础数据和基本算法；网络层则包括分布式组网机制、数据传播机制和数据验证机制等；共识层主要封装

相关链接 2-8　区块链技术在传递信息的同时实现信任互联

网络节点的各类共识算法；激励层将经济因素集成到区块链技术体系中来，主要包括经济激励的发行机制和分配机制等；合约层主要封装各类脚本、算法和智能合约，是区块链可编程特性的基础；应用层则封装了区块链的各种应用场景和案例。

　　目前，区块链技术已广泛应用于金融、保险、营销、公益、公共服务、物流等领域。从企业数据管理的视角来看，区块链技术可以提高数据质量并促进数据访问。从以消费者为中心的视角来看，区块链技术有潜力通过增强数据和信息的透明度以及改善隐私和安全性来实质性地改变消费关系。消费者可以通过真实且经过验证的产品或服务评论来回应商家的营销活动。区块链技术还允许企业采用创新形式的消费者忠诚度计划来创造附加价值。

2. 新技术体系的逐渐形成

　　技术的发展不是孤立的，新技术体系是通过持续交叉融合来推动形成的。本书认为，新技术体系体现为新技术的融合发展与创新，可以用"四个新"来概括，即新基础、新智能、新体验和新应用。

　　从新基础角度看，以量子计算、5G 和 AI 芯片为代表的新基础迅速发展，标志着计算正在进入异构时代。2020 年 9 月阿里云推出的异构计算平台，提供了 GPU 和 FPGA 等异构实例，可以大幅降低 AI 的应用成本以及提供高性能计算。

　　从新智能层面看，以在线计算、大数据处理和大规模机器学习为代表的新智能与应用场景的匹配更多地体现了大数据的价值。大数据处理技术的方向是复杂、实时、智能与低成本。比如"11·11"电商大脑为消费者的个性化推荐，正是这样的大数据技术在起支撑作用。

　　从新体验角度看，机器智能、人机自然交互、无人驾驶、VR/AR 等技术无所不在。

视频链接 2-2　云计算是什么？

以阿里发布的天猫精灵智能音箱为例，目标就是抢占智能交互的新入口。语音识别技术未来还需要不断迭代，在识别方言和多语言方面的能力还有待提高，在降噪技术、远场语音识别、语义理解和多轮对话管理方面的技

术有待完善。

从新应用角度看，未来购物的场景从头至尾都有新技术的身影。从身份识别到个性化推荐搜索、AR/VR 购物、购买服装时的虚拟试衣间，再到 VR 支付、仓储、物流、客户服务，都是新技术在支撑。比如，菜鸟机器人仓库已经落地，今后还逐步会有更新升级。

2.2.2　技术之变引发环境变化

数字技术的普及给各行各业带来了很大的变化，大数据、区块链、人工智能、虚拟现实、增强现实等信息技术不断渗透到各个行业，成为激发转型的新动能，推动实体零售由销售商品向引导生产和创新生活方式转变。随着大量数字技术的不断涌现和创新，整个商业环境出现了巨大的颠覆。这种颠覆主要体现在三个方面。

1. 重塑消费行业

通信技术每次质的飞跃都能催生一批新的消费"独角兽"企业。数字化时代的到来更是从生产端、产品端、供应链端、场景端、营销端等环境重塑消费行业。

在生产端，很多新技术的应用将极大地提高企业的生产效率、降低生产成本。从智能家居、健康管理、智能交通、智慧农业到工业互联网、智能物流等领域，以 5G 为代表的数字技术将催生众多产业并赋予其全新能力，进而促进社会效率的大幅提高。

在产品端，技术进步推动信息产品和服务不断创新，它重塑新产品，让消费者接触到更丰富、更高科技的应用产品。

在供应链端，随着物流追踪技术的新变化，高速低延时的网络传输技术，让整个物流运作链条的各个环节的信息传递更快速，信息参数可以让物流动态更精准。

在场景端，各种沉浸式和交互式新技术对体验的不断提升，将充分释放在线游戏、增强现实、虚拟现实和新媒体市场的内容消费潜力，甚至颠覆传统传媒及娱乐格局。

在营销端，信息传递方式从"图片 + 文字"迅速向全面视频化过渡，电商直播的走红，商家借助直播、短视频等形式，用更直观、互动性更强的方式唤起消费者的购物欲望。

与此同时，消费者的新需求随着科技进步将不断被满足，产品颠覆式的创新可以使原本已经成熟的品类重新焕发活力，创造新的市场空间。

2. 颠覆竞争格局

随着数字技术的普及，很多行业会出现新一轮的洗牌，市场竞争会越来越激烈，主要体现在应用场景、人才及配套资源竞争两个方面。这种竞争压力恰恰也是产业活力的体现，更多的相关方参与进来，能够让技术和应用发展得更好。

以零售业为例，面对现代商业发展中遇到的发展瓶颈，越来越多的线上线下零售企业加入到探索"新零售"的大潮中，探索与消费者新的连接场景。新零售不仅让线上巨头"下网"，也让实体零售企业也在这一风潮中纷纷"变身"，永辉的超级物种、新华的都海物会、大润发的优鲜、世纪联华的鲸选等相继出炉。

新零售竞争格局正在变化，体现在新业态的共赢和彼此对资源的竞争上。阿里旗下"淘鲜达"生态的成员逐渐扩大，预示着"店仓＋O2O 辐射"商业模式和消费者的成熟，行业存在巨大市场。在资源竞争上，主流企业在门店与储备门店资源、供应链深度、零售运营方面有很大的优势，未来或在市场增长中获益。

3. 扩充技术体系

大数据、人工智能、云计算等新兴科技的发展和应用，为精细化运营提供了良好的技术支撑，数据挖掘与行为分析等新的营销手段，为精细化运营奠定了基础。数字技术正在为企业客户的追踪提供依据。例如，对于餐饮店铺而言，可以通过 Wi-Fi 探针抓取顾客的行动轨迹数据，这些数据可以作为其 CRM 建设的重要基础。同时这些数据还可以评测团购效果，如果通过团购产生的新客户没有二次消费，就可以认为该团购的效果不佳。

目前企业之间的竞争将不再仅停留于冲量和效益，而是更加注重在大数据、云计算等数字技术方面赛跑。能够玩转数字技术的企业，也将能够抢占市场先机，获得更加有利的发展空间和机会。企业可以通过产品、小程序、App、门店等成为触达消费者的触点，通过这些触点达到精准营销，通过数字技术快速响应市场机会和威胁。

相关链接 2-9　新技术的五大关键词和四"新"体系

2.3　思　维　之　变

随着信息社会的到来，从传统媒体到微博、微信、长视频，再到今天的短视频，营销环境发生了前所未有的改变。这种改变让营销人员告别了原有熟悉的营销环境，直接进入了信息化营销时代。在信息化时代，传统的思维模式已经跟不上时代的变迁，需要新的思维引领行业的发展。数字环境下的思维是指在移动互联网、大数据、云计算等技术不断发展的背景下，对市场、用户、产品和企业价值链，乃至对整个商业生态进行重新审视的思考方式。互联网思维是一种思维纬度，更是一种革命式的商业逻辑。

2.3.1　数字化时代的思维之变

随着数字时代的来临，人类的思维方式也将产生巨大的改变。因此，我们必须转变以往传统的思维模式，以适应这场急速的变革。本节就数字时代下的用户思维、大数据思维、跨界思维、迭代思维、极致思维、简约思维、平台思维、社会化思维、流量思维、免费思维和连接思维进行重点介绍。

1. 用户思维：得用户者得天下

用户思维是互联网思维的核心。用户思维是指站在用户角度思考，使用用户的语言表述用户关注的点，以帮助用户思考和判断，从而让用户能快速获取自己所需的过程。在互联网蓬勃发展的今天，用户思维格外重要，因为消费者通过互联网搜索掌握了更多的产品、价格、品牌方面的信息。消费者在掌握这些信息之后，有能力分辨出更好的产品。如果不通过用户思维满足消费者需求，以用户为中心，做到全程用户体验至上，把产品和服务做到极致，把用户体验做到极致，超越用户预期，企业很难在数字营销中立于不败之地。

关于把握用户思维，应当从以下四个维度入手。

第一，准确定位自己的用户。要划分好目标群体，对目标群体进行画像。具体来说，就是把使用或购买产品的人群通过大数据等技术找出来，打上标记，由此形成用户画像。

第二，实现人与人之间更好的连接。要充分了解自己的用户，就要到用户中去，和他们聊天、沟通，看看他们真正关心什么，对于产品和服务的看法是什么，以及他们是如何描述产品的。

第三，增强用户对产品的黏性。产品为用户而生，依存于产品的核心价值，传统意义上的单纯吆喝早已不再适用，用自己的语言描述卖点已经成为过去式，取而代之的是告诉他们产品对于他们来说的价值点或者倾诉得到产品之后能收获的利益，只有这样，才能走进用户的内心。

第四，利用"场景化"培养用户使用习惯。如果企业员工只是坐在办公室当中设计产品，自己却不怎么使用，那是非常容易出问题的。企业不光要经常使用自己的产品，还要到各种各样真实的场景中去使用产品。

相关链接 2-10　用户思维：互联网营销思维的核心

2. 大数据思维：在大数据指引下高速、精确地决策

互联网思维下通过数据挖掘与分析将提高企业的核心竞争力。数据就是资源，提炼出的信息就是商业价值所在。然而，大数据并不在"大"，而在于"有用"。大数据思维首先就是要能够充分理解数据的价值，并且知道如何利用大数据为企业经营决策提供依据，即通过数据处理创造商业价值。大数据思维的核心就是通过数据处理创造商业价值。大数据时代带给我们的是一种全新的思维方式，具体可以从以下三个方面进行分析。①从样本思维转向总体思维；②重视数据的可能性，弱化精确性；③关注数据的相关性，而非因果关系。

相关链接 2-11　Google——运用大数据思维解决"拼写检查纠错"

有了大数据的思维，企业就可以借助大数据来确定营销方向和策略。有两种方式可供选择：第一，可从一些大企业买数据，如 BAT（Baidu、Alibaba、Tencent 的简称）这样的互联网巨头，他们掌握了非常多的数据。各行各业的中小企业，都可能从中发掘出对自己有价值的数据。从第三方购买不但节省了自己开发大数据的成本，也能借第三方的数据分析方式等为自己所用。第二，实现内外部的数据共享。中小企业自身不会产生太多的数据，量上很难达到规模，这使企业在确定或调整自己发展方向时缺少了重要的量化依据。对于这种情况，中小企业可以抱团取暖，上下游企业或同一行业的企业联合起来共同开发，充分分享自己的数据，可以促进参与企业的共同发展。

3. 跨界思维：跨界整合，模式创新

跨界思维是指一种多角度、多视野地看待问题和提出解决方案的思维方式。从最开始的苹果跨界进入手机行业颠覆诺基亚，微信跨界进入通信领域颠覆运营商的语音和短信业务，到现在如火如荼的互联网金融颠覆传统银行的巨大影响，都让人们领略到了跨界思维的巨大革命力量。随着互联网和新科技的发展，很多产业的边界变得模糊，所以企业应该学会利用互联网思维，大胆开展颠覆式创新。跨界无处不在，它正在飞速改变着现代大产业的格局。任何个人、企业都应当学会用跨界思维去看待和理解问题，找到创新的灵感。

对于跨界思维营销，需要的是打破传统的营销思维模式，避免单独作战，寻求非业内的合作伙伴，发挥不同类别品牌的协同效应，基于用户体验的互补，进而实现多个品牌从不同角度诠释同一个用户特征。跨界的深层次原因在于，当一个品牌符号需要更全面、深入地满足其目标消费人群的心理需求时，就需要为品牌添加更多的文化元素和品牌意义。其主要目的在于让原本毫不相干的元素，相互渗透、相互融会，给品牌一种立体感和纵深感，从而丰富品牌的既有内涵，让品牌更具人性化特征，更有亲和力，更容易让目标人群对品牌产生认同感和归属感。

相关链接 2-12　滴滴的跨界思维

4. 迭代思维：精益创业，快速迭代

在互联网的大环境下，迭代不限于产品的开发，还是一种思维方式。根据消费者需求的变化进行快速迭代。只有快速地对消费者需求做出反应，产品才更容易贴近消费者。在迭代思维中，需要掌握两个法则。一是小处着眼，微创新。要长久持续而快速地在产品、体验方面进行改进，持续改进多了，就促进了创新，甚至产生颠覆性的创新。二是快速反应，快行动。快是互联网产品的发展根基，产品开发要快，发展用户要快，这样才可以立足于市场，赢得竞争。两个法则互为依存，微创新是快的内在表现形式，快是微创新的外在结果。

运用迭代思维首先要选择好迭代的起点。例如，在开发 App 的时候，最重要的是在确定价值性和可行性之后迅速投入开发，并在最短的时间内上线第一版；积极收集和处理用户的反馈，在用户反馈的信息上评估这些信息，并选择合适的信息对 App 进行改进，然后迅速上线改进版；再重复这一过程，每一次改进之前都要考虑方向的正确性，只有保证方向正确才有继续的价值。

相关链接 2-13　苹果、百度的迭代思维

5. 极致思维：把产品和服务做到极致

极致思维是关于产品和服务体验的一种思维方式，要求产品经理能够把产品和服务做到极致，把用户体验做到极致，甚至超越用户的预期。极致思维的两个法则是抓准需求和极致体验。前者要求营销者找到用户工作和生活中的需求，给用户带来有新意的感觉。后者是指产品周边的体验及服务，也需要做到极致，就像"海底捞"一样以服务出名，给用户带来绝对的消费体验。

6. 简约思维：专注，少即是多

简约思维是对品牌和产品规划的理解，定位力求简单，设计上简洁简约，专注某个点，少即是多，避免复杂的功能影响用户体验，短时间内抓住用户的心。简约思维提供的产品方案是最为简化的，却能够解决用户期待解决的所有问题，而且操作步骤极为简单，这样的产品对于用户来说无疑具有很强的吸引力。

相关链接 2-14　华为把产品和用户做到极致

如何正确把握简约思维？首先，简约不等于简单。它包括三个要素：看起来简洁、用起来简化、说起来简单。看起来简洁就是指"一目了然"，一看便知所有的内容；用起来简化就是指"一键到底"，一键直达需要的功能，找到想要的界面；说起来简单就是指企业提供的产品和服务，必须能够快速被客户看到价值，并能用简单的语言来描述进而传播。

其次，专注于用户的核心痛点。例如企业的广告就需要集中力量将一个重点清楚地打入消费者心中，突破人们痛恨复杂的心理屏障。

相关链接 2-15　颠覆认知的设计——苹果手机"少即是多"

最后，学会做"减法"，包括两个方面：外在部分，外观要足够简洁；内在部分，操作流程要足够简化。

7. 平台思维：开放共享，打造多方共赢的生态圈

平台思维是对商业模式、组织模式的理解。互联网的平台思维就是开放、共享、共赢的思维。打造多方共赢生态圈，不具备这种能力的企业要善于利用现有生态圈。让企业成为员工的平台，企业内部打造"平台型组织"可以概括为商业模式平台化、市场营销平台化、人才管理平台化。

在互联网时代，对于平台型企业，应该如何构建自己的平台生态圈呢？

第一，找到价值点，实现立足。把握诸多价值链有共性的一个环节，做到相对高效，为一个或多个价值链提供更多价值，就可以以此为基础，建立一个平台。

第二，建立核心优势，扩展平台。在平台的基础上，建立起如技术、品牌、管理系统、数据、用户习惯等自己容易复制、别人很难超越、边际成本极低或几乎为零的无形资产优势，才能增加平台的可扩展性。在网络效应的推动之下，将平台迅速做大，以实现更大的平台价值。

第三，衍生更多服务，构建生态圈。在建立起来的一个平台上，为价值链上的更多环节，构建更多高效的辅助服务，能增强平台的黏性和竞争壁垒，最终可形成平台生态圈。

第四，平台战略升级，巩固生态圈。平台生态系统的价值随着产业的发展而变化。将平台生态系统的功能向未来更有价值的价值链环节进行战略性转移和倾斜，是保持和增强平台生态系统基业长青的关键。

相关链接 2-16　如何卖儿童鞋

8. 社会化思维：利用社会化媒体和网络布局营销

所谓社会化思维，是指组织利用社会化工具、社会化媒体和社会化网络，重塑企业和用户的沟通关系，以及组织管理和商业运作模式的思维方式。企业所面对的员工和用户都是以"网"的形式存在，沟通和交流更加便捷。学会利用社会化思维可以更好地做好营销，比如小米公司，善于用社区聚集产品的使用者，迅速获得了成长。

相关链接 2-17 社会化思维遵循的四大原则

企业可以充分利用社会化思维去为把握时代的机遇创造可能。首先，在产品设计中增加社会化属性。以用户的角度和方式迭代优化产品形成社会化网络，有利于实现用户价值。其次，与用户建立更加紧密的关系。社会化媒体重视的是关系，传播只是对用户关系的一种利用，企业入驻社会化媒体，应该清楚关系的意义，以诚恳和热情与粉丝建立关系。最后，利用社会化媒体实现口碑营销。随着社交网络的发展，人与人之间通过网络的联系越来越紧密，信息通过社交网络在朋友等熟人之间的传播效率也越来越高。

9. 流量思维：流量就是王道

互联网经济的核心是流量经济，有了流量便有了一切。流量是商业模式得以改进的基础，缺乏流量基础则一切无从谈起。流量思维是对业务运营的理解，流量是互联网公司的生命之源，流量代表的是大用户量和优秀的服务，更是用户习惯。它需要长期的运营，需要对用户行为习惯深耕细作，日积月累。

在互联网的世界里，掌握流量才能掌握用户，同样也才能获得其他更有利的资源。现今互联网的使用形式越来越多样化，流量的体现形式也越来越多样化。互联网的创新精神让这个行业每隔一段时间就有新的流量资源被开发出来。互联网企业需要流量，但

相关链接 2-18 流量思维发展的三个阶段

是更需要流量的转化，如果流量维持多，但是用户留存低，则依然是失败的流量。正确的思路是，不但要提升产品的质量和客户服务，而且要实现真实流量的转化和长期运维。

10. 免费思维：免费是为了更好地收费

免费思维是前端绑定后端的产品或服务来进行获客。前端的产品或服务是免费的，后端的是付费的，从而达成最终的转化，以实现利益最大化。免费思维类似于传统商业行为中的捆绑销售，核心是让顾客充分占便宜，以此吸引大量的客流，通过延长利润链条，实现后端盈利。

"免费思维"并不等于"免费经济"，它并没有改变商业变现追名逐利的实质。"免费"可以作为一种手段尽可能多地吸引用户，建立起用户平台，并在此基础上不断推出

相关链接 2-19 奇虎 360 的免费思维

增值类服务；也可以成为第三方广告营销的入口，通过向用户推荐广告或植入广告等方式向第三方收取费用。无论采用哪种方式，"免费"的最终目的都是"收费"，而且还能更好地实现收费。

11. 连接思维：把一切人、商品、货币、信息都连接起来

"连接思维"已经渗透到了社会的各行各业中，也演变出了各种新型的产品、服务和商业模式。由于网络基础设备日趋完备，手机、平板电脑等移动终端设备逐渐普及，以及移动互联网生态不断完善，人们可以方便地通过移动终端随时随地根据自己的需要连接相应信息、商品和其他人。

一是人与人之间的连接。在"互联网 + "时代，人们甚至不再需要坐在电脑前进行互通交流，而可以借助移动设备，通过微信、QQ 等随时随地与其他人聊天、视频，发送语音信息、图片、文字等，甚至还能实现多人同时连接互动。

二是人与商品之间的连接。在"互联网 + "时代，网络能够将五花八门、样式繁多的各地商品呈现在人们眼前，使购物时的选择更加丰富，减少了大量的路途成本。而且网上购物的体验更加完善、程序更加简单，使随时随地购物成了可能。

三是人与货币之间的连接。在"互联网 + "时代，人们的消费方式也变得更加便捷，移动支付开始逐渐取代现金支付和信用卡支付等，让消费不再受到现金的约束，可以在线下更加方便地完成小额支付，也可以在线上轻松完成远距离支付。

四是人与信息之间的连接。随着"互联网 + "时代的来临，信息的传播更加及时、开放，人们可以通过多种渠道在第一时间获取最新的信息，并且还有用户直接通过论坛、微博、微信等将自己的所见所闻公布于众，从而出现了人人都可以成为"自媒体"的情况。

相关链接 2-20 今日头条唤醒老用户的三种思维方式

2.3.2 数字化时代的思维特点

数字技术的发展以及数字化时代的到来，引发了人类思维方式的巨大变化。思维之变使得数字化时代的思维具有了四大特点。

1. 注重共享性

互联网在物理和网络层面实现了共享和互联互通，具有大平台、多角度、多维度的特点，这使互联网思维能站在更高的层次看待遇到的问题，不但扩展了视野，还丰富了思维层次。通过互联网思维使相关信息更加翔实，做出的决策更加准确。在企业管理工作中，互联网思维的运用为经营者和管理者提供了新的方向和巨大的帮助。

2. 强调高效率

互联网在物理层面上实现了主体与主体、主体和客体间的零距离交流，使人与人之间的沟通更加直观和多样。由于沟通时间和资源成本的节约会产生更多的溢出效应，这就产生了更多、更好、更深的交际和交往形式，进而形成了互联网思维开放性、高效率的基本特点。

相关链接 2-21 中国电信：定向流量逻辑思维玩赚数字营销

3. 追求准确性

在互联网中原本传统社会私密、模糊的事物正逐步清晰、明朗起来，这有利于个体

选择更加简单、直接、清晰的方式进行沟通和交流。互联网思维有效化解了传统思维中信息不全面、不对称的问题，提高了思考、沟通、交流的质量和效率。

4. 具有成长性

视频链接2-3 创业思维

互联网的发展是以资源共享作为前提，因此互联网思维具有高效率交换、信息互补和范围更广的优势，这造就了互联网思维持续完善和不断成长的基本特点，这一点与传统思维方式和方法有着本质的差异。

2.4 用 户 之 变

数字化时代的新商业文明，要回到所有市场的终点，就是用户和人。早期互联网公司关注流量，现在互联网的从业者更关注用户与消费者。所谓用户，即使用或享用自媒体提供的环境满足自己的需求，并在过程中具有改进与完善环境作用的受众。用户也是某一种技术、产品、服务的使用者，用户思维表现在价值链各个环节中"以用户为中心"，说出用户想听到的话，提供用户期待的产品和服务，做出用户所期待的事，其目的是为用户创造参与感、归属感和成就感，借此培育用户对品牌和企业的好感度、美誉度和忠诚度。移动互联网时代，用户之变主要表现为价值主张发生变化、获取信息的方式发生变化和消费者购买行为模式发生变化。

2.4.1 价值主张发生变化

消费者的价值主张发生了变化。他们购买那些能够给自己带来个性化生活、实现心理自主的服务，也开始购买能够创造自己、了解自己、成为自己的商品。过去消费者购买产品，仅仅是因为产品具有满足消费者某种需求的功能，现在的消费者认为所购买产品的功能仅仅是最基本属性，消费者更多的是选择这个产品带来的情感和精神方面的享受，以及在购买这个产品的过程中，消费者所获得的某种服务。

随着数字化时代的来临，对于产品、服务的相关信息，用户获取的渠道不断增加，这就为其创造了比较、评估、选择的空间。只有产品在诸多方面消除了其质疑，消费者才会进行购买，若是存在疑问，其往往会要求更加周到的服务以保证自己的权益。

2.4.2 获取信息的方式发生变化

消费者获取信息的方式发生了变化。原来的消费者得到的信息，大多通过企业的单向广告宣传获得，以介绍产品的品质和功能为主。互联网与移动应用改变了人们的生活、工作、娱乐、学习的方式，特别是多屏时代的到来，使接触时间成为最大的变化。现在的消费者除了企业的宣传之外，更多通过分享到朋友圈里面的其他人对某个产品功能的评价来了解产品信息。

互联网颠覆了传统信息传播机制。互联网时代，信息传播的主导权不再由大众媒体和传统权威机构掌控，而是转向了消费者。消费者不再完全被动地接收信息，而是主动检索和搜集信息，从而拥有了更多话语权。

信息传播主导权让渡给消费者，这是商业社会的巨大变革。商业社会的运作很大程度上取决于信息传播。消费者之所以购买某件商品，取决于消费者是否获知这一产品，是否认同和信任这一产品。从消费者获知信息到信任产品的每一环节都是信息传播的结果。因此，当信息传播的主导权和话语权从传统权威让渡给消费者后，许多传统法则和品牌思维都将被颠覆。

2.4.3　消费者购买行为模式发生变化

传统的购买模式是 AIDMA（attention 引起注意，interest 引起兴趣，desire 唤起欲望，memory 留下记忆，action 购买行动），企业主通过电视、广播、报纸、杂志来宣传其产品，通过反复不断地播放广告，引起消费者的注意，进而激发其兴趣和购买欲望，让消费者记住产品，产生购买行为。在卖方主导的时代，由于信息的严重不对称性，广告商利用强大的媒体力量广泛散布产品信息，消费者缺乏方便快捷的反馈渠道，只能被动地接受。互联网使消费者的购买模式发生了很大的变化（见图 2-4），主要模式有以下两种。

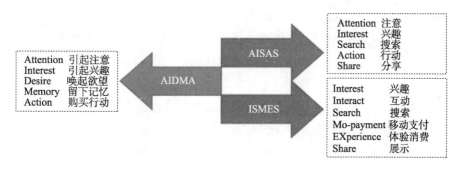

图 2-4　消费者行为转变：从 AIDMA 到 AISAS 和 ISMES

1. 传统互联网时期购买行为模式

当互联网作为一种全新的媒体到来时，电视、广播、报纸、杂志被冠上"传统"媒体的标签。交互式的新媒体正在改变消费者的行为习惯，一种全新的消费者行为模式——AISAS（attention 引起注意，interest 引起兴趣，search 进行搜索，action 购买行动，share 分享）应运而生。AISAS 模式一般被用于消费者行为分析，强调各个环节的切入，紧扣用户体验。相对于传统的 AIDMA 模式，AISAS 加入了互联网的典型特点——search（搜索）和 share（分享），消费者不再被动接受产品信息，而是去主动搜寻。此外，随着社区、论坛、BBS、QQ、微博、SNS 等社交媒体的出现，消费者不单单只是信息的接受者，还可以作为信息发布者，将购物经历与体验发布到网上与其他消费者进行交流，为其他消费者的购买决策提供参考。从 AIDMA 到 AISAS，人们可以明显地感受到消费模式受到市场变化的影响，从曾经被动地接受信息转变为现在积极主动地搜寻和反馈信息。

2. 移动媒体时期购买行为模式

随着通信技术的发展，智能终端的出现使 PC 桌面上的应用基本上都移植到了手机上，移动互联网开始全面介入人们的生活，虚拟和现实、线上和线下之间的界限变得不再那么明显，人们生活方式发生了翻天覆地的变化。移动互联网时代的消费者会根据自己的兴趣（interest）关注品牌的官方账号并与之进行互动（interact），通过智能手机的定位功能搜索（search）附近产品的信息，进行移动支付（mo-payment），再到实体店体验消费（experience），最后在社交媒体上展示（show）自己的消费体验，简称 ISMES。

（1）兴趣与互动

移动互联网时代，消费者不再是被广告首先吸引注意力，而是会根据自己的兴趣去主动使用媒体，构建属于自己的个性化的信息平台。而且随着移动社交媒体的出现，各大企业纷纷推出微信公众号、官方微博等，消费者会主动关注自己感兴趣的企业账号并与之互动。

（2）搜索

移动互联网环境下的搜索主要是指基于位置的搜索（location based services，LBS）。

视频链接 2-4　支付变革

由于智能移动终端可定位的特性，一些企业相继开发出关于 LBS 的应用 App，如美团、高德地图等，消费者可以根据需求搜索附近的各类消费信息服务，通过移动支付完成交易，最后凭借消费序列号或手机二维码去实体店进行消费体验。

（3）移动支付

移动支付是指交易双方为了某种货物或者服务，以移动终端设备为载体，通过移动通信网络实现的商业交易。移动智能终端可以是手机、平板电脑等。随着移动互联网的发展、移动支付技术的不断完善，消费者在进行消费的时候不必再使用现金或刷银行卡，只需扫描商家二维码就能完成交易。

（4）体验消费

移动互联网时代的体验具有两层含义。一层是指线上支付、线下体验，即选择线上支付并通过重新定义消费序列号在线下体验和消费；另一层是线下体验、线上支付，即消费者在实体店中挑选自己感兴趣的东西，打开相关软件，通过扫描、语言等方式了解该产品在各大网站上的价格，如果发现在网上商城购买更具优势，便可以立即在手机上下单购买。

（5）展示

相关链接 2-22　C 端用户消费行为的改变

社交媒体的兴起及移动智能终端的便捷性使消费者乐于展示、分享自己的体验，这种展示往往比商家的直接宣传更具说服力，更会引起其他消费者的兴趣，成为新消费的源头。

2.5　政　策　之　变

随着互联网＋、分享经济等新经济形态的不断涌现，网络直播、物联网、AI、VR、AR、5G 等新技术及其应用得到迅猛发展。同时，网络强国战略、"互联网＋"行动计划、大数据战略得到深入贯彻实施，移动互联网发展的政策法规相继出台，政策监管力度不断加大，形式也不断创新。

2.5.1　政策推动数字经济发展

近年来，国家高度重视数字经济的发展，出台了一系列支持政策（如表 2-1 所示），充分发挥数字技术在促进制造业、农业、能源、环保等产业转型方面的巨大作用，数字

表 2-1　2015—2022 年中国数字经济发展相关政策或行动

时　　间	发文部门	政策名称	主　要　内　容
2015 年 4 月	国务院	《关于积极推进"互联网＋"行动的指导意见》	提出推动互联网由消费领域向生产领域拓展，加速提升产业发展水平，构筑经济社会发展新优势和新动能
2015 年 12 月	工信部国标委	《国家智能制造标准体系建设指南（2015 版）》	提出了智能制造标准体系总体框架，其中包括"智能装备""智能工厂""智能服务""工业软件和大数据""工业互联网"5 类关键技术标准
2016 年 5 月	国务院	《关于深化制造业与互联网融合发展的指导意见》	指出制造业是"互联网＋"的主战场，以建设制造业与互联网融合"双创"平台为抓手，围绕制造业与互联网融合关键环节，实现从工业大国向工业强国迈进
2017 年 11 月	中办国办	《推进互联网协议第六版（Ipv6）规模部署行动计划》	基于 Ipv6 的下一代互联网将高效支撑移动互联网、物联网、工业互联网、云计算、大数据、人工智能等新兴领域快速发展，不断催生新技术新业态
2017 年 11 月	国务院	《关于深化"互联网+先进制造业"发展工业互联网的指导意见》	提出以全面支撑制造强国和网络强国建设为目标，并进一步提出 2025 年、2035 年和本世纪中叶三阶段发展目标，确定 7 项主要任务
2018 年 2 月	工信部	《国家制造强国建设领导小组关于设立工业互联网专项工作组通知》	为加快推进工业互联网创新发展，加强对有关工作的统筹规划和政策协调，设立专项工作组统筹协调工业互联网全局工作
2019 年 11 月	工信部	《"5G＋工业互联网"512 工程推进方案》	方案提出提升网络关键技术产业能力、加强创新应用和提升资源供给能力是 2020 年之前工业互联网的关键发展重点
2020 年 3 月	工信部	《工业和信息化部办公厅关于推动工业互联网加快发展的通知》	明确提出加快新型基础设施建设、加快拓展融合创新应用、加快健全安全保障体系、加快壮大创新发展动能、加快完善产业生态布局、加大政策支持力度等 6 个方面 20 项具体举措
2020 年 7 月	国家发改委等	《关于支持新业态新模式健康发展 激活消费市场带动扩大就业的意见》	支持 15 种新业态新模式发展，包括在线教育、互联网医疗、线上办公、数字化治理、产业平台化发展、传统企业数字化转型、"虚拟"产业园和产业集群、"无人经济"、培育新个体经济支持自主就业、发展微经济鼓励"副业创新"、探索多点执业、共享生活、共享生产、生产资料共享及数据要素流通

续表

时　间	发文部门	政　策　名　称	主　要　内　容
2020年9月	国务院	《关于以新业态新模式引领新型消费加快发展的意见》	经过3～5年努力，促进新型消费发展的体制机制和政策体系更加完善，到2025年，培育形成一批新型消费示范城市和领先企业，实物商品网上零售额占社会消费品零售总额比重显著提高，"互联网+服务"等消费新业态新模式得到普及并趋于成熟
2020年10月	工信部	《"工业互联网＋安全生产"行动计划（2021—2023年）》	到2023年年底，工业互联网与安全生产协同推进发展格局基本形成，工业企业本质安全水平明显增强。一批重点行业工业互联网安全生产监管平台建成运行，"工业互联网＋安全生产"快速感知、实时监测、超前预警、联动处置、系统评估等新型能力体系基本形成，数字化管理、网络化协同、智能化管控水平明显提升
2020年12月	工信部	《工业互联网创新发展行动计划（2021—2023年）》	到2023年，工业互联网新型基础设施建设量质并进，新模式、新业态大范围推广，产业综合实力显著提升
2021年3月	国务院	《中华人民共和国国民经济和社会发展第十四个五年规划纲要》	实施"上云用数赋智"行动，推动数据赋能全产业链协同转型。在重点行业和区域建设若干国际水准的工业互联网平台和数字化转型促进中心，深化研发设计、生产制造、经营管理、市场服务等环节的数字化应用，培育发展个性定制、柔性制造等新模式，加快产业园区数字化改造
2021年8月	江苏省政府	《江苏省"十四五"数字政府建设规划》	到2025年，基本建成基于数字和网络空间的唯实领先的数字政府，适应在率先实现社会主义现代化上走在前列要求，"用数据服务、用数据治理、用数据决策、用数据创新"形成常态，政府效能显著提升，数字化、智能化、一体化水平位居全国前列
2021年11月	工信部	《工业互联网综合标准化体系建设指南（2021版）》	到2023年，工业互联网标准体系持续完善。制定术语定义、通用需求、供应链/产业链、人才等基础共性标准15项以上，"5G+工业互联网"、信息模型、工业大数据、安全防护等关键技术标准40项以上，面向汽车、电子信息和钢铁等重点行业领域的应用标准25项以上，推动标准优先在重点行业和领域率先应用，引导企业在研发、生产、管理等环节对标达标。到2025年，制定工业互联网关键技术、产品、管理及应用等标准100项以上，建成统一、融合、开放的工业互联网标准体系，形成标准广泛应用、与国际先进水平保持同步发展的良好局面
2022年1月	国务院	《"十四五"数字经济发展规划》	建设可靠、灵活、安全的工业互联网基础设施，支撑制造资源的泛在连接、弹性供给和高效配置。加强面向多元化应用场景的技术融合和产品创新，提升产业链关键环节竞争力，完善工业互联网等重点产业供应链体系
2022年3月	国务院	《2022年政府工作报告》	加快发展工业互联网，培育壮大集成电路、人工智能等数字产业，提升关键软硬件技术创新和供给能力。完善数字经济治理，培育数据要素市场，释放数据要素潜力，提高应用能力，更好赋能经济发展、丰富人民生活

技术在医疗、教育、交通、能源、政务等领域的应用场景不断丰富。政策突出线上线下协同发展，并对传统行业进行数字化改造。这些政策都与新发展理念的内在要求高度契合，是驱动经济社会高质量发展的新动能。习近平总书记强调，要抓住产业数字化、数

字产业化赋予的机遇，加快 5G 网络、数据中心等新型基础设施建设，抓紧布局数字经济、生命健康、新材料等战略性新兴产业、未来产业。这体现出国家从政策层面对数字经济发展的支持。

为了发展数字经济，国家出台了大量新政策，催生了大规模个性化定制、网络协同制造、服务型制造、智能化生产等一系列新模式、新业态，有利于推动产能优化、存量盘活、绿色生产，创造更多新兴经济增长点。这些措施也加速了各领域的大众创业、万众创新，进一步丰富了数字经济的发展动能。

数字经济的发展为数字营销的发展奠定了丰厚的产业基础，各地出台的相关政策也为技术的进步提供了制度保障，这些都为数字营销提供了充分的发展基础。

2.5.2　政策监管力度不断加大

随着信息时代资源的共享以及快速传递，互联网极大提高了各个领域人员的工作效率，但也产生了信息泄露、黑客袭击、病毒传播等网络安全问题，严重危害了国家安全和公共利益，这些问题受到了党和国家的重点关注。

没有网络安全就没有国家安全，没有信息化就没有现代化。国家相继出台了《网络安全法》《国家网络空间安全战略》等政策法规，网络安全获得了快速发展的强劲动力。政策监管力度的加大约束了企业行为，给所有企业划定了一条不可逾越的红线。未来互联网企业可以通过包括大数据、云计算、智能、移动、社交、共享等新技术为企业和员工赋能，提升研发、供应链和销售等各环节效率，实现数字化转型，提高企业经济效益。同时，企业也应当遵守法律法规，注意用户隐私保护，维护信息安全和国家安全。

2.5.3　行业监管更趋系统创新

随着互联网与其他行业的不断融合发展，互联网行业业务类型繁多，新业态新模式不断涌现，推动着"互联网 +"领域监管政策的创新。未来行业监管创新将集中于三个方向。第一，构建多层次、全流程的监管体系。建立事前的算法审计制度，建设可在网络营销活动过程中动态监测、实时监管有关不正当竞争行为的大数据平台，进一步完善事后的法规监管体系。第二，设法提高算法透明度。引导企业基于诚信原则，积极披露算法策略和规则，使算法更加具有可解释性。第三，构建多元协同的新型治理机制。在政府强监管之外，给消费者和企业提供共同参与算法治理的渠道，同时建立相对完善的行业自律、社会监督、消费者联合维权等机制，提高治理效率，降低消极影响，扩大受益面。

随着互联网行业政策监管的不断完善，政府强化事中事后监管，积极创建了公平竞争市场，为互联网行业创新发展提供了良好的政策环境。面对变化的政策环境，互联网企业也要保持高度的政治敏感性，主动把握行业趋势，提升我国互联网行业的国际竞争力。

相关链接 2-23：蚂蚁集团上市按下暂停键，背后真相浮出水面

2.6　企　业　之　变

面对互联网的应用场景，传统企业的经营活动和产品生命周期发生了变化，势必需要对企业生产、交易、融资、流通等方面进行更深层次的系统性改造。只有借助互联网技术和思维重构企业的公司治理和组织架构、改造和创新生产经营和融资模式、内外部协同方式、应用管理方式与服务模式，企业才能真正打通消费者跟生产之间的价值链条，实现人与物、物与物之间的互联互通。

2.6.1　数字化时代组织结构的创新

从市场调研到产品规划，从产品设计到销售活动，整个流程的营销事务都需要多人、多部门紧密协同工作，这种紧密的协同关系就形成了组织。数字化时代，消费者与消费者、消费者与组织之间的关系空前紧密，这就对传统商业形态中生产驱动的组织结构产生了冲击，数字化时代下的组织结构开始变得截然不同。

1. 互联网协同

协同即是多人协作共同完成一项工作。传统的工作协同必须基于同一个组织范围内，组织和成员、成员和成员之间，有着稳定的从属关系、上下级关系和共事关系，因此可以基于规章制度、权力责任和纪律协同配合。在传统社会，无组织就必然没有协同，组织是传统协同的基础。但在互联网时代，大众参与正在成为创造和创新的重要源泉。协同有时以一种不见面的方式展开，协同的双方不再需要面对面讨论行动方向，转而利用移动互联网同步项目进展情况。项目组成员可能不再是一起共事的同事，而可能是组织之外的陌生人，他们拥有共同的愿景，共享参与各方的信息。

2. 众包模式

众包这一概念是由美国《连线》杂志的记者杰夫·豪（Jeff Howe）在 2006 年 6 月提出的。它指的是一个公司或机构把过去由员工执行的工作任务，以自由自愿的形式外包给非特定的（而且通常是大型的）大众网络的做法。众包的任务通常是由个人来承担，但如果涉及需要多人协作完成的任务，也可以依靠开源的个体生产的形式出现。虽然"众包"概念提出的时间不长，但其所描述的商业实践，却早已存在。互联网的出现导致大众沟通成本大幅降低，这是使现代意义上的众包活动成为可能的直接原因。

众包有以下四个特点。

第一，众包模式可以将用户纳入产品的生产过程，提高生产效率。例如生产一件 T 恤，社区用户全程参与 T 恤的设计、改进和评价筛选。应用众包模式后，企业能以较低的价格获得多样的设计，这样就大大缩短了生产 T 恤的时间，同时也降低了 T 恤的设计成本。

第二，众包蕴含着"携手用户协同创新"的理念。它基于知识生产形成了一个创意经济体系。在一个全方位开放的价值网络中，知识可以自由地流转，可以直接在客户需求的引导下完成商品化。

第三，众包是基于一个知识网络体系的服务体系，是知识的外包，是新的利益网络的集结。这种网络与制造业时代企业或行业的专属网络不同，它是多元交叉的，具有高增值的特点。建立在互联网社区之上的商业价值网络触发点来自市场或者终端。

第四，众包降低了生产和营销的成本。互联网的普及以及廉价的工具让知识的获取更加容易，大众群体因为互联网，吸收到更多的知识。互联网的存在使产品的发布成本近似为零，零营销成本的网络口碑成为一种市场推广战略，远胜于销售战略。

2.6.2　数字化时代组织管理的变化

进入数字化时代，企业组织管理正在逐步发生变化。这种变化体现在组织管理的核心命题与组织中人力资源管理的价值上。

1. 组织管理的核心命题发生变化

在信息技术高速发展的今天，企业的组织管理也在面临着一些改变，组织管理关注的核心可以概括为四对关系：个人与目标、个人与组织、组织与环境、组织与变化。

（1）个人与目标

过去，组织管理强调个人的目标要服从组织目标，每个人的目标都应是组织目标的一部分。随着信息技术的发展，"人"的能动性日益提升，管理上也更加强调"人"的全面发展，个人目标与组织目标实现了和谐共生。

（2）个人与组织

过去，"人服从于组织"是组织管理的核心观点。随着信息技术的高速发展，我们已经进入知识经济时代。以知识能力为代表的个人素质在提升组织绩效中发挥日益重要的作用，高素质的个体对组织的影响力必须引起重视。

（3）组织与环境

过去，我们通常认为企业所处的内外部环境相对稳定。企业往往可以在这种环境中保持相对稳定的经营战略。随着技术的不断进步与企业经营实践的不断创新，组织往往面临着高度不确定性的内外部环境，这就要求企业保持高度的环境敏锐性，根据不同的内外部环境及时改变自身战略。

（4）组织与变化

传统观点认为，企业可以通过不断调整适应内外部环境的变化。但是，随着内外部环境变化速度的迅速提升，变化本身对组织绩效的提升有时甚至会超越组织本身创造的绩效。因此，组织需要动态适应变化，不断探求变化中的机遇，争取抓住发展机遇，不断实现突破。

综合以上差异变化，不难看出，传统组织的特征是结构固化，拥有相对稳定的组织环境；而新型组织的特征是持续变化，具有更多可能性与动态的组织环境。二者有着不同的风险，传统组织管理的风险主要体现为僵化、固化，这会导致所谓的"大企业病"，组织内部成员依赖性强，不愿意改变。新型组织管理的风险则体现为混乱，以及由此带来的组织成员的安全感缺失，这可能会导致组织内部出现焦虑与压力，并因此失控，甚至影响组织绩效的获得。

2. 组织中人力资源管理的价值发生变化

从组织效率的视角看，伴随着组织正在发生的变化，组织如何应对环境的不确定性成为管理的核心命题。组织所发生的这些变化，使组织中的人力资源管理价值也随之发生改变。对员工来说，在新型组织中，员工对岗位角色和自我成长的认识、个人晋升模式、人才流动方式等都与传统组织完全不同。对组织本身来说，在网状与扁平化的组织结构中，如何实现员工升迁与发展、事业平台与个体价值的融合，如何平衡动态组织环境与员工之间的契约关系，如何解决固化的角色设计与柔性化管理特征及边界融合之间的矛盾，如何产出评价机制以及新的激励机制设计，如何让员工和组织都具有面向未来的创造力，都是今天人力资源管理需要面对的问题。

今天的企业战略需要面对环境持续变化做出动态选择，同时也是一个共享生态价值创造的过程。人力资源管理与战略的高度契合，对人力资源提出了新的要求，尤其需要组织成员的技能、行为与文化满足支撑企业发展的战略选择。

相关链接 2-24　京东的组织变革

在组织管理过程中，人力资源管理具有不同的角色。从制定战略的维度看，要承担制定、管理人力资源战略的角色；从推动转型的维度看，要承担推动企业管理转型和推动变化的角色；从机制管理的维度看，要承担管理组织机制机构的角色；从员工管理的维度看，要承担管理员工贡献程度的角色。

2.6.3　数字化时代组织变革的未来

数字化时代，企业必须打破传统科层制的组织结构，真正打通企业内部的产销环境，实现一体化的运营。现在很多企业也在积极探索实行自组织化，将整个组织变成一个网状结构，从过去的串联到现在串联跟并联交织在一起。这种组织结构能与消费者紧密联系到一起，因为每个节点都能直接触摸到消费者的需求，而不是原来的只有销售部门能与消费者对接。组织内部也从部门化走向项目化运作，企业的结构从过去的五级或七级压缩到两级或三级。总部就分成项目组，跟底下的各个项目组直接打通。组织方式也将有所创新，很多企业开始实行经营型组织变革与组织进化，以客户价值、市场价值和企业的经营活力为目标进行组织变革。

【本章小结】

数字化时代的营销环境变革表现为技术、思维、用户、政策和企业组织等方面的综合变革。数字营销环境一般被定义为企业利用数字化手段开展营销活动的有关联的因素的集合。数字营销环境按对营销活动影响的时间长短可分为长期及短期环境；按企业营销活动受制于营销环境的紧密程度可分为微观营销环境和宏观营销环境。本书认为，较之传统的营销环境，数字营销环境具有国际通用标准日趋重要、不可控因素有所变化与顾客影响力不断提升三大变化。具体而言，技术之变指各项新技术的不断发展与新技术体系的不断形成，引发了一系列的营销环境改变，具体体现在重塑消费行业、颠覆竞争格局与扩充技术体系三个方面。数字时代思维之变体现在用户思维、大数据思维、跨界思维、迭代思维、极致思维、简约思维、平台思维、社会化思维、流量思维、免费思维与连接思维。数字化时代，用户之变体现在用户的价值主张、获取信息的方式、行为模式等都发生了变化。政策之变主要包括政策推动数字经济发展，监管力度不断加大与行业监管更具系统性和创新性。企业之变包括组织结构和组织管理创新。只有综合分析上述维度，我们才能准确掌握数字营销环境变革的核心框架。

【参考文献】

[1] 曹虎，等. 数字时代的营销战略[M]. 北京：机械工业出版社，2017.

[2] 赵大伟. 互联网思维|独孤九剑[M]. 北京：机械工业出版社，2014.

[3] 谢导. 互联网营销：理念的颠覆与蜕变[M]. 北京：机械工业出版社，2016.

[4] 刘芸畅. 新媒体营销＋互联网时代的娱乐营销解密[M]. 北京：中国文史出版社，2015.

[5] 丁士安. 移动营销：移动互联网时代，这么营销就对了[M]. 北京：人民邮电出版社，2016.

[6] 马继华. 颠覆式营销——把脉移动互联网时代[M]. 北京：人民邮电出版社，2015.

[7] 徐欢生. 云战略——传统企业如何借助互联网转型[M]. 北京：机械工业出版社，2015.

[8] 黄国华，王强. 众包与威客[M]. 北京：中国人民大学出版社，2015.

[9] 戚聿东，肖旭. 数字经济时代的企业管理变革[J]. 管理世界，2020，36（6）.

【理论反思】

1. 什么是数字营销环境？如何进行分类？

2. 数字化时代的营销环境变革主要体现在哪些维度？

3. 哪些维度体现了数字化时代的思维之变？这种思维之变有哪些特点？

4. 数字化时代的消费者购买行为模式发生了什么转变？

5. 政策之变给企业面临的宏观市场环境带来了哪些具体变化？

6. 面对数字营销环境的变化，企业组织管理产生了怎样的变化？

新加坡学者回击西方记者污蔑中国

1. 一些西方国家对中国的偏见主要体现在哪几方面？这些偏见会如何影响我国企业面对的海外营商环境？

2. 搜集相关案例，探讨中国企业应当如何应对全球化进程中因偏见带来的商业威胁？

3. 数字经济时代，西方国家对中国的认识呈现出怎样的变化趋势？请搜集相关资料进行概括。

企业家微访谈：银川新华百货商店股份有限公司董事长曲奎

1. 2019 年的新冠病毒肺炎疫情对银川新华百货的外部营销环境的影响体现在哪些方面？

2. 银川新华百货采取了哪些手段应对疫情的影响？积累了哪些经验教训？

3. 后疫情时代，消费者的消费习惯可能发生哪些变化？传统零售行业该如何应对？

实训目的：建立学生对网络趋势变化的具体理解。

1. 找出影响企业网络营销的相关环境因素。

2. 确定各影响因素的重要程度。

3. 评价企业网络营销环境及提出对策。

实训地点：选取当地网络营销最为先进、营销体系最为完整的代表性企业。

实训方式：参观＋调研＋访谈。

阿里巴巴商业模式 20 年发展演进

1. 在不同的发展阶段，阿里巴巴分别面临着怎样的外部营销环境？

2. 在阿里巴巴发展的各个阶段，经营思维发生了怎样的改变？是什么推动了这些改变？

3. 如何理解阿里巴巴的数字经济生态链？各项技术分别在其中扮演了怎样的角色？

自学自测　扫描此码

第 **3** 章

转型：消费竞争升级

【知识目标】

1. 了解消费升级的内涵、特征
2. 了解竞争升级的概念、内容
3. 理解消费升级的意义、方向
4. 理解竞争升级的方式、手段
5. 掌握消费升级与竞争升级的分析方法

【能力目标】

1. 分析消费升级后的应对策略，能够独立分析相关企业案例
2. 明确竞争升级后的应对策略，能够透过竞争升级观察动因
3. 探索消费升级、竞争升级之后企业的应对策略

【思政目标】

感受一汽红旗品牌背后体现的中国制造精神

【章节脉络】

图 3-1　消费竞争升级脉络图

【营销观察】

两家小店

　　有两家卖粥的小店：左边小店和右边小店。每天两家店的顾客相差不多，但晚上结算的时候，左边小店总是比右边小店多出百十元，天天如此。为了弄清究竟的年轻人走进了右边小店，服务员微笑着把他迎进去，给他盛好一碗粥，并问道："加不加鸡蛋？"年轻人说："加。"于是服务员给他加了一个鸡蛋。每进来一个顾客，服务员都要问一句：

"加不加鸡蛋？"有说加的，也有说不加的，大概各占一半。

年轻人又走进左边小店。服务员同样微笑着把他迎进去，给他盛好一碗粥，并问道："加一个鸡蛋，还是加两个鸡蛋？"他笑了，说："加一个。"再进来一个顾客，服务员又问一句："加一个鸡蛋还是加两个鸡蛋？"爱吃鸡蛋的就要求加两个，不爱吃的就要求加一个，也有要求不加的，但是很少。一天下来，左边小店就要比右边小店多卖出不少鸡蛋。

【营销启示】

处于竞争地位的两家小店，只是因为服务员对顾客的询问方式略微不同而收益不同。在营销领域中，竞争是普遍存在的，消费者的消费心理与行为会随企业竞争方式的不同而发生变化。因此，企业应学会洞察消费行为，从而调整竞争策略。

【营销语录】

消费从注重量的满足转向注重质的提升、由实物型向服务型转变，这正是消费升级最为显著的特征之一。

——中国宏观经济研究院社会发展研究所副所长　常兴华

人口红利时代已经基本过去，下一步要抓住消费升级这个优势。

——腾讯创始人　马化腾

在一个快速变化的市场里，不断有新的机会出来，不断会有新的竞争加入，也不断会有创新出来。

——百度创始人　李彦宏

【政策瞭望】

我们要坚持以推动高质量发展为主题，把实施扩大内需战略同深化供给侧结构性改革有机结合起来，增强国内大循环内生动力和可靠性，提升国际循环质量和水平，加快建设现代化经济体系，着力提高全要素生产率，着力提升产业链供应链韧性和安全水平，着力推进城乡融合和区域协调发展，推动经济实现质的有效提升和量的合理增长。

——中国共产党第二十次全国代表大会报告

中国企业先后经历了产品主权时代、渠道主权时代、品牌和渠道双驱动时代。目前，正在进入消费竞争全面升级的全新时代。在这个时代里，消费者的生活品质和生活方式发生了翻天覆地的变化，企业的竞争思维和竞争策略也在随之调整。数字化时代，消费者掌握了更多的信息渠道，有了更加丰富的主动选择，越来越追求个性化消费，居民新消费需求和新技术革命也不断催生出全新的消费业态和消费模式。消费升级的直接结果是引起企业商业模式和竞争策略的相机抉择，造成企业在流量、入口、内容、运营、平台、生态等方面竞争的日益白热化。

3.1　消　费　升　级

消费是最终需求，直接关系国民经济的韧性。以数字化为代表的新技术、新思维、新理念正在全面重塑消费者的生活体验，人们对全新的生活产生渴望，消费内容不断优化，由此出现了消费升级。以消费升级刺激经济发展模式转变来畅通经济大循环，增强消费对经济发展的基础性效力，已成为实现经济高质量发展的"助推器"。

本书认为，当前的消费升级主要体现在四个方面：一是消费观念正在从"越便宜越好"转变为"满足自身情感需求的消费"，表现为消费观念升级；二是消费者决策的路径和时间发生改变，极大地颠覆了传统的终端购买行为，表现为消费行为升级；三是当前的消费内容均呈现出由生存型消费向发展型和享受型消费升级的态势，表现为消费结构升级；四是消费场景正在由传统的实体店铺转向可以在跨越时空的任何场景，表现为消费场景升级。

3.1.1　消费观念升级

随着我国居民人均可支配收入的提升和网络消费群体的行为改变，国内消费需求出现较多新变化。文化、娱乐、体育、健康等新消费需求爆发，不同年龄层消费者也呈现出多元、细分的消费诉求。需求升级的背后，是消费者日渐多元化且趋于成熟的消费观，重要表现之一则是消费观念的升级。

1. 消费观念的内涵

消费是一种有目的、有意义的行为和过程，而消费观念是直接支配和调节这一行为的观念、意识，是对人们的消费心理的客观描述。国内外学者也从不同的角度对消费观念进行了界定，如表 3-1 所示。本书认为，消费观念的形成既是民族文化长期积淀的结果，又是社会现实的直接反映，它是一个反映消费者行为内在特征的心理因素。消费观念的形成和变革是与一定社会生产力的发展水平及社会、文化的发展水平相适应的。随着生活质量的提高，人们消费观念正在发生潜移默化的转变。经济发展和社会进步使人们逐渐摒弃了自给自足、万事不求人等传统消费观念，取而代之的是量入为出、节约时间、注重消费效益、注重从消费中获得更多的精神满足等新型消费观念。

表 3-1　消费观念的概念梳理

代表学者 （年份）	代 表 观 点	资 料 来 源
尹世杰 （1995）	消费是一种有目的、有意义的行为和过程，直接支配和调节这一行为的观念、意识，就称为消费观念或消费意识	尹世杰. 关于消费文化的几点思考[J]. 消费经济，1995(4)：1-5.
杨魁，董雅丽 （2003）	消费观念等同于消费价值观，是消费群体对消费对象整体化的价值取向或评价，并决定了消费行为的大方向	杨魁，董雅丽. 消费主义文化的符号化解读[J]. 现代传播，2003(1)：131-133.

续表

代表学者（年份）	代　表　观　点	资 料 来 源
Holbrook（2006）	强调消费观念的个体差异，认为消费观念即消费者在某种特定情境中形成的主观的个人偏好	Morris B. Holbrook. Consumption experience, customer value, and subjective personal introspection: An illustrative photographic essay[J]. 2006, 59(6): 714-725.
董雅丽，贾景（2011）	消费观念是消费的指导思想、价值取向和消费目标追求，是消费文化的核心部分，并划分为消费观、消费态度、消费意向三个层次	董雅丽，贾景. 消费观念与消费行为关系的实证研究[J]. 商业时代，2011(6)：19-20.
石嫣等（2016）	消费观念是人们对待其可支配收入的指导思想以及对商品价值追求的取向	石嫣，宗雷，任丽平. 医学生消费观念及消费行为的调查研究[J]. 中国社会医学杂志，2016, 33(6)：536-539.
刘鑫（2018）	消费观念是消费者在消费活动过程中对消费对象和消费方式的总体判断和价值取向	刘鑫. 大学生消费观念的实证研究[D]. 南京：南京师范大学，2018.
陈然（2019）	消费观念是指导人们进行消费活动和消费选择的消费意向，主导人们的消费方式	陈然. 新消费时代下新消费观念对消费行为的研究[D]. 武汉：湖北工业大学，2019.

2. 消费观念的类型与特征

消费者奉行什么样的消费观念，直接决定了其消费行为的具体表现形式，消费观念对企业营销具有重大意义。因此，本书借鉴消费者认知方式和消费动机两个维度，将消费观念划分为经济型、社会型、内享型与炫耀型四种，如表 3-2 所示。

表 3-2　消费观念的分类

消费动机	认知方式	
	场独立性	场依存性
功利主义	经济型消费观念	社会型消费观念
享乐主义	内享型消费观念	炫耀型消费观念

（1）经济型消费观念

经济型消费观念，即独立型认知的消费者在持有功利主义动机时所形成的消费观念，其核心在于用经济的方法实现自身目标。这是我国比较传统的消费观念。直到现在，很多人仍然保留着这种观念，并在家庭教育过程中逐渐传递给子女。经济型消费者以自身的切实需求为出发点，认为消费应该主要用于满足衣食住行等基本需求，并且在消费中要量入为出，适度合理。他们以认知为内在线索中心，不太容易受外部信息影响，具有较强的存钱意识，他们认为收入中总要有一部分存储起来，从而为将来做打算，所以不乐于接纳社会中出现的新型产品或消费潮流。

（2）社会型消费观念

社会型消费观念，即互依型认知的消费者在持有功利主义动机时的消费观念，其核心在于用经济的方法追随社会潮流。该观念认为，作为社会网络之一，个体需要建立社会关系并寻求社会认同，而消费就是一种很好的表达方式。社会型消费者会积极采纳他人意见并关注外部消费潮流的变化，当发现自己的消费方式与参考群体不相符时，就会主动加以调整。然而，社会型消费观念同时具备理性认知的特征，消费者与之参照的群体具有较强的现实性，对外部潮流的追随也具有选择性。对于社会中的一些新型消费，他们会比较其投入产出比，只有觉得物有所值时才会去尝试和改变，典型的如养生保健、教育培训、旅游等能实现自我提升的消费。

（3）内享型消费观念

内享型消费观念，即独立型认知的消费者持有享乐主义动机时的消费观念，其核心在于追求消费中自身的愉悦感。内享型消费观念较主观且个性化，其重点在于寻求消费中的享受和乐趣，而不是某种任务的完成。因此，消费者在购买时主要考虑是否能彰显自己生活品位与个性的产品。由于把消费作为享受生活的方式，内享型消费者往往比较注重产品的内在品质，喜欢上档次的产品，对产品的价格等则不甚在意。此类消费往往相对比较高端，消费者能够深入理解品牌内涵及象征意义，往往可以通过产品消费实现自我认同。因此，内享型消费者通常也会是品牌的忠诚顾客，他们喜欢经典的东西，不会轻易改变自己的选择。

（4）炫耀型消费观念

炫耀型消费观念，即互依型认知的消费者持有享乐主义动机时的消费观念，其核心在于追求产品的符号意义以显示社会关系。炫耀型消费更加聚焦并且强调消费者出于认知互依而更加重视对外效应，即将炫耀消费作为外在展示的效果和功能，消费时要讲排场才能够得到他人的认可和尊重。因此，他们对于那些使用时能够被直接观察到的产品尤为在意，典型的如汽车、服装、运动装备等外显型产品。同时，炫耀型消费观念十分注重产品的象征意义，如对使用者财富、身份及地位的象征，为此人们愿意购买高价产品。

3. 消费观念的变迁

消费观念的变迁是人们在社会化过程中的产物，会受到特定社会和时代背景的影响。随着数字化时代的到来，科技与网络正潜移默化地改变着人们原有的生活方式，同时也带来消费观念的不断升级革新。过去以衣食住行为基础的温饱型消费需求正在被社会生产力的发展彻底解放开来，享受型消费、娱乐型消费、品质消费观念以及多样化的消费习惯逐渐在消费市场的演变中确定了消费者的主体地位。消费渠道也比以往有着更多的选择，从传统的线下为主变成了线下线上深度融合的趋势，并催生了一大批新业态。消费观念变迁的特点主要体现在从单一到多元、从有形到无形和从重视商品本身到重视使用体验三个方面。

（1）从单一到多元

消费升级后，消费环境、消费观念和消费者的消费能力，都呈现出从原有的单一状态向多元化倾向转变，从以往单纯强调价格，到开始注重产品品质、效率和体验。用户越来越注重时间、时尚等精神层面的享受。特别是年轻用户，为了追求个性化、娱乐化，往往热衷于有创意、有趣的消费，VR购物、内容电商和网红电商等新型购物形式广受欢迎，如图3-2所示。

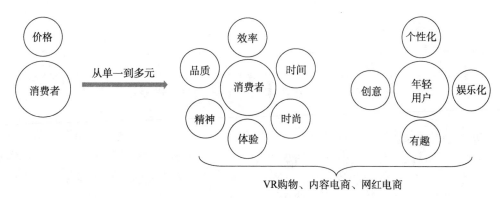

图 3-2　消费观念从单一到多元

（2）从有形到无形

消费往往倾向于有形的产品。但是，随着消费观念的变化，在保证物质消费的同时，相当一部分消费者开始追求个性化和品质化，越来越注重在精神层面、知识层面、健康层面的消费。受到移动互联网的影响，消费者更加注重与众不同的消费体验。消费者的物质消费是有限的，但精神消费是无限的，满足消费者对无形产品的需求，将成为企业未来营销新的商业机会。

相关链接 3-1　新青年的电商偏好

（3）从重视商品本身到重视使用体验

传统交易时代是买与卖的关系，商业的整个重心是商品。移动互联网时代，消费者更注重用户体验和情感的交流。除打造优质商品外，提升用户消费感受也成为

相关链接 3-2　中国大健康产业数据分析

相关链接 3-3　"老年版"App 兴起，适老化改造提要，老年人加快融入数字时代

了企业的业务改进方向。商家开始在线下为用户提供丰富的场景化服务，例如在线上探索形式多样的消费形式，借助大数据、人工智能等数字技术，为企业和消费者之间建立一种精准对接的关系。

4. 消费观念升级的方向

一方面，随着经济发展和人民收入水平逐渐提高，家庭更关注子女生活质量，力求为其提供丰厚的物质生活保障。这使部分年轻人缺乏勤俭节约意识，面对喜欢的东西往往会缺少考虑而冲动消费。另一方面，年轻人更加果断，预防不确定性和储蓄的动力减小。随着国家社会保障水平的提高，义务教育不断普及、医保制度不断完善，未来的教育、医疗不确定性逐渐降低。此外，一些城市房价上涨的幅度远高于居民可支配收入的上涨幅度，年轻人的刚性支出增加。

本书认为，消费观念的升级方向主要集中在品质生活、互动体验、个性定制、便捷高效和绿色健康五个方面。

（1）品质生活

在中国经济发展进入新常态的大背景下，人们的消费需求开始从模仿型铺张式消费向多样化理性消费转变。无论是刚需、非刚需，还是基础生活、品质生活，消费主体越来越重视对美好和品质生活的追求。

（2）互动体验

随着技术和产品的迭代与演进，消费场景中的互动体验也日新月异，实体、虚拟、虚实结合等互动方式不断涌现，呈现出跨界融合化、业态边界模糊化和人工智能化等新趋势，给人们的互动体验过程带来更为丰富、立体和享受的空间及氛围。

（3）个性定制

由于受到审美喜好、教育文化、身份场合、生活习惯等因素的影响，人们越来越注重个人价值和自我内涵，消费需求出现了更多差异，于是个性化、定制成为人们的实际需求和市场中的新现象，潮牌、轻奢、设计师品牌、私人定制等开始满足了不同人群的个性定制需求。

（4）便捷高效

便捷和高效是每个时代的一致追求，供给侧和需求侧同样需要便捷高效的有力支撑，高铁、共享单车、外卖、移动应用、手机支付、智能家居等的发展，都在不同程度地提升社会生活的效率，给人们的消费创造了更加便捷的环境。

相关链接3-4　人民财评："双11"折射观念新转变

（5）绿色健康

绿色健康正在成为人们的一种生活方式，从低碳出行，到有机食品，再到运动健身，无不折射出人们绿色环保、健康养生的生活志趣。

3.1.2　消费行为升级

中国正在加快步入新的消费时代，尤其是移动互联网、5G、宽带、人工智能等的普及，人们在消费行为、支付方式等方面都有了很大的改变。数字化消费者决策模式与传统消费者决策模式形成鲜明的对比，消费者决策的路径和时间的影响权重大相径庭，极大地改变了传统的终端购买行为。例如，消费者的网上购买行为和移动购买行为对传统商业渠道、实体零售店形成了挑战。

1. 消费行为的内涵

消费行为是消费者寻找、购买、使用和评价用以满足需求的商品和劳务所表现出的一切活动。消费行为是一门整合的学科，涉及社会学、心理学、经济学以及营销学等多个层面的知识。许多学者从不同的角度对消费行为的概念进行表述，如表3-3所示。本书认为，消费行为是指消费者的需求心理、购买动机、消费意愿等方面心理的与现实表现的总和，其最主要的行为表现是购买行为。

表3-3　消费行为的概念梳理

代表学者（年份）	代表观点	资料来源
Williams 等（1988）	一切与消费者购买产品或劳务有关的活动、意见和影响，即是消费行为	Williams, et al. Research methods and the new media[M]. New York: The Free Press, 1998.
Engel（1995）	消费行为不仅包括购买、使用商品和服务过程中的行为，还应涵盖这些行为发生前后的相关行为决策	Engel Eduardo.Consumer protection policies and rational behavior[J]. Revista de Analisis Economico, 1995, 10(2): 183-202.

续表

代表学者 （年份）	代　表　观　点	资料来源
龚振 （2015）	消费行为是公众生活、社会发展过程中存在的极为普遍的一种活动	龚振. 消费者行为学[M]. 北京：高等教育出版社，2015.
林建煌 （2016）	消费者行为是指探讨消费者如何制定和执行其有关产品与服务的取得、消费与处置决策的过程，以及研究有哪些因素会影响这些相关的决策	林建煌.消费者行为学[M]. 北京：北京大学出版社，2016.
张香兰 （2017）	消费行为是一个持续过程，涉及的对象为个体消费行为或者群体消费行为，不仅是指消费者购买行为发生的那一瞬间，还包括消费者为满足自身需求和欲望而搜集相关信息、获取认知、做出选择决策、购买消费、使用及评价产品等过程	张香兰. 消费者行为学[M]. 北京：清华大学出版社，2017.
书胜 （2021）	消费行为作为一种显性的外在表现，会受到一定的心理因素的影响，长此以往，形成一定的规律，并且具有普遍性，比如二八定律、二选一定律和伯内特定律	书胜.消费行为心理学[M]. 北京：中国纺织出版社有限公司，2021.

根据上述对消费行为的定义，我们可以总结出以下影响消费行为的因素。

①消费者的需要。包括生理的、社会的和心理的需要。消费者的需要是购买的直接动因。

②可支配收入水平和商品价格水平。一般来说，消费总额和可支配收入水平是向同一方向变化的，但就某一具体商品来说，可支配收入水平的提高并不一定意味着消费量的增加。

③商品本身特征及商品外部特征。商品本身的特征包括性能、质量、外形、包装等，而商品的外部特征包括商品商店的位置、服务态度等购买条件。

④社会环境。消费者的需要，尤其是社会、心理的需要，往往受社会环境的影响较为深刻。

（1）消费行为的类型

①根据消费者购买时的冲动状态划分，可分为理性消费与感性消费。一般而言，理性消费往往在购买高风险、高价格的商品时接近理性消费状态。一般情况下不存在绝对理性的消费者，消费者的购买决策往往会受到购买时自身或商家带来的情感体验的影响。

②根据消费者购买时的参与度划分，可分为低参与度消费与高参与度消费。低参与度消费包括两个过程，即产生需求和做出决定。大部分日常用品的消费过程属于此类消费行为。高参与度消费包括四个过程，即产生需求、搜集信息、综合评判与做出决定，消费者在购买高档耐用品时往往会经历此过程。

③根据消费者购买的产品类型划分，可分为实用型消费与享乐型消费。实用型消费的消费对象往往用于满足人的物质需要，而享乐型消费在满足物质需要的同时，往往会兼顾给消费者带来精神上的满足。

④根据消费者购买行为的复杂程度和所购产品的差异程度划分，可分为复杂的、减少失调感的、寻求多样化的和习惯性的购买行为。

复杂的购买行为。如果消费者属于高度参与，并且了解现有各品牌、品种和规格之间具有的显著差异，则会产生复杂的购买行为。复杂的购买行为指消费者购买决策过程完整，要经历大量的信息收集、全面的产品评估、慎重的购买决策和认真的购后评价等各个阶段。对于复杂的购买行为，营销者应制定策略帮助购买者掌握产品知识，运用各种途径宣传本品牌的优点，影响最终购买决定，简化购买决策过程。

减少失调感的购买行为。减少失调感的购买行为是指消费者并不广泛收集产品信息，并不精心挑选品牌，购买决策过程迅速而简单，但是在购买以后会认为自己所买产品具有某些缺陷或其他同类产品有更多的优点，进而产生失调感，怀疑原先购买决策的正确性。

对于这类购买行为，营销者要提供完善的售后服务，通过各种途径经常提供有利于本企业的产品的信息，使顾客相信自己的购买决定是正确的。

寻求多样化的购买行为是指消费者购买产品有很大的随意性，并不深入收集信息和评估比较就决定购买某一品牌，在消费时才加以评估，但是在下次购买时又转换其他品牌。转换的原因往往是厌倦原口味或想试试新口味。

对于寻求多样性的购买行为，市场领导者和挑战者的营销策略是不同的。市场领导者力图通过占有货架、避免脱销和提醒购买的广告来鼓励消费者形成习惯性购买行为。而挑战者则以较低的价格、折扣、赠券、免费赠送样品和强调试用新品牌的广告来鼓励消费者改变原习惯性购买行为。

习惯性的购买行为是指消费者并未深入收集信息和评估品牌，他们往往只是习惯于购买自己熟悉的品牌，在购买后可能评价也可能不评价此类产品。针对习惯性购买行为，主要营销策略是利用价格与销售促进吸引消费者试用，开展大量重复性广告加深消费者印象，形成品牌忠诚度。

（2）消费行为的模式

国内外许多学者、专家对消费者行为模式进行了大量的研究，并提出了一些具有代表性的模式，用以揭示消费者购买行为中的某些共性或规律。其中尤以恩格尔-科拉特-布莱克威尔（Engel-Kollat-Blackwell，EKB）模式和霍华德-谢思（Howard-Sheth）模式最为著名。以下是几种消费行为模式的具体介绍。

①刺激—有机体—反应模式。刺激—有机体—反应模式的理论基础来自于刺激—有机体—反应模型，即 SOR 模型，是描述消费者行为的基础模型之一。雷诺兹于 1974 年根据心理学概念提出了 SOR 理论，其中 S（stimulus）表示消费者反应的刺激，O（organism）表示有机体或反应的主体，R（response）表示刺激所引起的反应。在 SOR 理论视角下，消费者行为经历了外部因素情境、内部心理状态、行为反应三个阶段。其中，外部商业环境因素主要有商业信息、传播媒介、商标、包装、价格、广告、对比、位置、距离等；内部心理状态则包括消费者本身的消费意愿，如预防性储备心理动机等心理活动；消费者反应（consumer reaction）是指消费过程中消费者对来自商业环境和个体自身的各种刺激所形成的心理活动及行为表现。

②科特勒模式。科特勒模式说明消费者购买行为的反应不仅受营销的影响，还受外部因素影响。不同特征的消费者，会产生不同的心理活动过程，通过消费者的决策过程，导致了一定的购买决定，最终形成了消费者对产品、品牌、经销商、购买时机、购买数

量的选择。

③尼科西亚模式。该模式有四大部分组成，第一部分，从信息源到消费者态度，包括企业和消费者两方面的态度；第二部分，消费者对商品进行调查和评价，并且形成购买动机的输出；第三部分，消费者采取有效的决策行为；第四部分，消费者购买行动的结果被大脑记忆、贮存起来，供消费者以后的购买参考或反馈给企业。

④恩格尔—科拉特—布莱克威尔模式。该模式分为四部分，即中枢控制系统、信息加工、决策过程与环境。外界信息在有形和无形因素的作用下，输入中枢控制系统，引发大脑发现、注意、理解、记忆等处理过程，大脑会对存储的个人经验、评价标准、态度、个性等进行过滤加工，构成信息处理程序，并在内心进行研究评估选择，产生决策方案。在整个决策研究评估选择过程中，同样要受到环境因素，如收入、文化、家庭、社会阶层等影响。

⑤霍华德—谢思模式。该模式把消费者购买行为从四大因素去考虑，即刺激或投入因素（输入变量）、外在因素、内在因素（内在过程）、反映或者产出因素。

⑥霍金斯模式。该模式被称为将心理学与营销策略整合的最佳典范，它为我们描述消费者特点提供了一个基本结构与过程或概念性模型，也反映了今天人们对消费者心理与行为性质的信念和认识。消费者在内外因素影响下形成自我概念（形象）和生活方式，然后消费者的自我概念和生活方式导致一致的需要与欲望产生，这些需要与欲望大部分要求以消费行为（获得产品）来满足与体验。同时，这些也会影响今后的消费心理与行为，特别是对自我概念和生活方式的调节与变化。

2. 消费行为升级的特征

（1）需求层次：由物质向情感

随着人均收入和消费水平的提高，衣、食等一般性需求在总需求中的比重将进一些下降，住、行以及健康、教育、娱乐、文化、信息等发展类需求将大幅度增长。在对同类产品的属性要求上，消费者情感需求的比重在增加。消费者在注重产品质量的同时更加注重情感的愉悦和满足。越来越多的消费者开始关注"自我"的实现，即消费者越来越重视自身能力、气质、性格等个性特征的自我评价和修养。在现实生活中，"自我"以潜在、稳定的形式渗透到消费行为活动中。"自我"使消费者从"自我"的象征性意义的角度来认识自己已拥有的产品或想要得到的产品，这种影响甚至延伸到他们的工作选择上。

（2）满足方式：从被动到主动参与

在需求满足的方式上，消费者已经不再满足于被动地接受企业的诱导和操纵，而是主动地参与产品的设计与制造，要求作为参与者，与企业一起按照其新的生活意识和消费需求，开发出能与他们产生共鸣的"生活共感型"产品，开拓与共同创造新的生活价值观和生活方式的"生活共创型"市场。

具体表现在消费者从被动接受厂商的诱导、拉动，发展到对产品外观要求个性化，再发展到对产品功能提出个性化的要求，进而直接发挥自身的想象力和创造力，参与产品的设计、制造和再加工。同时，消费者对产品运送的方式、时间也都有了自己的要求。

但这种主动性到目前为止还只是局部的，并不是所有消费者都有兴趣参与，更不是所有事情都乐意参与，但参与感肯定能提高消费者的"自我"，进而增进其与参与品牌间的情感共鸣。正是根据这种满足方式的变化，越来越多的产品开始在产品设计阶段，即发布产品概念时，允许消费者在基本配置的基础上加入个性化因素。这就为如何平衡产品的新奇性、防止被模仿和增强消费者参与度带来了新的挑战。

（3）价值目标：从结果到过程

从购买行为的价值目标看，消费者正从注重产品本身逐渐转移到产品接受时的感受。消费者不仅仅关注得到怎样的产品，还将更加关注在哪里得到、如何得到产品。换句话说，现代消费者不仅重视结果，还要享受过程。例如，消费者愿意花更多的钱在星巴克体验惬意喝咖啡从而得到情感满足，其有别于在家或者办公室的功能性效用。另外，由消费者参与、互动的服务正日益受到欢迎，例如，过去的观光旅游逐渐转变为体验旅游。对于品牌，过去的消费者可能更重视品牌本身的外显功能，如地位与财富的象征，而现在的消费者更重视品牌所带来的个性价值。品牌更多地承担了消费者自我概念的实现，突出了品牌承载消费者自我价值观的功能。

（4）环境关注：从掠夺到可持续性

大量购买、大量消费带来的掠夺性资源开发正在损害消费者的利益，空气污染、水体污染、交通堵塞逐步侵蚀着人们由物质丰富带来的幸福感。于是，随着物质生活的满足，现代消费者比以往任何时候都珍惜自身的生存环境，对自然环境的关注也越来越高。反对资源的掠夺性开发和使用，主动把个人消费需求和消费行为纳入环境保护的规范之中。

3. 消费者行为升级的方向

随着互联网技术的发展和数字化时代的到来，消费者的需求发生了很大的变化。在新一轮消费升级中，消费者行为的变化体现在以下五个方面。

（1）从选择产品到选择品牌的变化

以前用户购买手机，往往专注于硬件配置，将硬件好"跑分"高作为自己选择手机的标准。而如今的用户已经从单纯选择手机产品转移到了选择手机品牌上，很多昔日手机行业的霸主风光不再，而注重多样化发展、打造跨界品牌的厂商却占据了一定的市场份额。这个变化在所有消费领域都日趋明显。例如，以前我们购买皮鞋的时候最关心它的材质，反复验看，甚至借助嗅觉分辨，而今天我们购买皮鞋更关注品牌。

（2）从品牌发散到品牌聚焦的变化

品牌发散初级阶段，同一个行业的同一个品类会涌现出很多同质化的产品，但是它们都有着各自的品牌名称，用户会在很多的品牌中去比较然后做出自己的选择。这个阶段因为没有行业的领导品牌，消费者眼中的产品差异度不大，企业促销活动效果非常明显。而如今促销效果逐渐变得不可预测，因为用户的需求已经从品牌发散向品牌聚焦进化了，他们会在自己喜欢和认同的三五个品牌中进行选择。

（3）回归产品本身的品质，更关注产品的核心价值

之前很多所谓的品牌通过投放大量的广告去提升品牌知名度，导致用户对产品品质

的辨别能力变差，选择较为被动。随着用户认知的提升和市场教育的加强，越来越多的用户开始关注产品本身的品质，比如购买食品开始追求安全、健康，开始减少食用鸡精、味精等调味品的购买。

（4）重视体系化的信息，忽视碎片化的信息

互联网的快速发展和硬件设备的快速更新，用户每天面临的信息量越来越大，导致他们不再对大量的信息感兴趣，甚至开始反感。于是，用户开始过滤和忽视这些碎片化的信息，主动寻求体系化和知识化的信息，这就是未来信息的分化，有体系、有内容的信息会受到追捧，而碎片化、无效化的信息会被用户无视甚至屏蔽。

（5）购买的渠道进一步向线上集中

目前消费者越来越习惯于线上购买自己需要的商品，这是一种先进工具带来的必然改变，也是购物方式的一次必然性升级。未来线上购买的体量还会进一步扩大，甚至抢占线下渠道的份额。

面对消费者行为已经发生的这五个巨大变化，企业应该如何去应对危机和把握机会？消费行为会有哪些变化？怎样满足消费者的新需求？企业怎样才能更好地利用互联网时代带来的机遇？这些问题的回答，对我们洞悉消费行为升级的方向具有高度的重要性和必要性。

4. 消费行为升级的变化趋势

（1）注重自我

中国消费者的消费行为往往被限定在不同的群体中。人们的社会身份和自我认同相对固化，很少超越自我所属的"既定范围"。例如，时装、护肤品或化妆品等产品，属于女性专属的消费范畴；旅行、时尚则是年轻人才会考虑的消费项目。一旦有任何其他群体的消费者超越自己的既定范围消费，就会让社会主流觉得不合时宜。而如今，随着中国社会开放程度逐渐提高，文化日渐多元化，人们的心态也越来越包容，消费者行为也悄然发生着改变。"放飞自我""随心所欲""我的青春我做主"等广告词反映出了中国人向往做自己、敢于彰显自己的喜好、突破原有刻板印象和所属既定消费界限的趋势。

（2）自我享乐

随着中国经济的发展，社会文明程度的提高和人们认识的改变，单身状态已经普遍存在于各个年龄层的中国消费者之中，越来越多的人开始独自享受生活中的诸多乐趣，而无须有人陪伴。以前的吃火锅、看电影、旅行等许多消费活动，必须要结伴才能进行，如果独自行动，会给大多数人以"孤僻""怪异"的印象。而如今独自行动不再被视为一种孤僻的行为，而逐渐被社会所接纳。一种"单人的自我享乐模式"及其带来的全新生活方式正式开启。

（3）绿色消费

绿色消费观的核心理念是"健康、快乐、品质、环保、可持续"，倡导消费者在与自然协调发展的基础上，以健康和可持续的方式生活和消费。随着中国消费者生活质量、素质和环保意识的提高，绿色、健康、可持续的消费观已深入人心。过去的中国消费者一度将铺张与奢华视为引领潮流的消费行为，对健康与环保的关注程度相对较低。而如

今，健康、绿色、不浪费的消费主张已成为大多数中国消费者的不二之选。

（4）兴趣多样

兴趣爱好可以刺激消费者对商品的重复购买或长期使用，从而形成特定消费习惯和偏好。在经济和网络都不发达的年代，中国消费者接触潮流风尚的机会相对少，投放在兴趣爱好上的时间和金钱也不多。因此，兴趣在生活中的重要性偏低，种类也较为单一。而现在，随着媒体的高度发达、物质的极大丰富，以及人们对生活质量要求的提高，爱好不仅仅是中国消费者茶余饭后的消遣，也成了他们陶冶情操和享受生活不可或缺的部分，甚至可以发展为"专业级人士"。

（5）智慧生活

伴随着技术革命与数字化浪潮，智能化设备与服务开始进入日常生活的方方面面，诸如家居、出行、健康、美妆、养宠物等消费活动和生活方式，都在逐步推广智能化设计和功能。现在越来越多的智能产品走进了千家万户。

3.1.3　消费结构升级

相关链接 3-5　阿里巴巴 G-Aliba 消费者行为模型，全息大数据营销研究探索

改革开放 40 多年来，我国居民基本型消费占总消费支出的比重不断下降，发展型和享受型消费比重则不断提高，消费结构升级明显。消费结构升级将助推制造业转型发展。进入服务型消费社会，企业不仅要专注产品生产，更要专注满足消费者的服务需求，推动企业从以生产产品为主向"制造＋服务"的转型升级。

1. 消费结构的内涵

消费结构是指一定时间内劳动者所消费的各种消费资料与劳务消费的比例关系。消费结构升级一般具有两种表现形式：一种是消费类型的结构升级，即居民的消费结构由生存型向发展型和享受型转变，各类消费品占总消费的比例发生变化；另一种是消费品质的结构升级，主要表现为消费者追逐更高品质的商品和服务，品牌性消费逐渐扩大。

2. 消费结构升级的内容

随着新消费时代的到来，新消费人群将拥有更为强大的消费力，从而推动发展形成潜力巨大的新兴市场。传统的消费模式已无法满足这些新消费用户群体的需求，高品质商品和服务的有效供给仍不足。新的消费模式不断冲击着传统的消费模式，消费结构也在不断升级，具体包括消费类别结构的升级、消费品质结构的升级、消费品牌结构的升级。

（1）消费类别结构的升级——高端化、智能化

国家统计局将居民消费划分为食品烟酒、衣着、居住、生活用品和服务、交通通信、教育文化娱乐、医疗保健、其他用品及服务等八大类。各类消费占总消费比例的变化常被用来刻画消费结构升级。衡量居民消费结构升级最常用的指标是恩格尔系数，即食品支出占总消费的比重，恩格尔系数越低表明消费结构越合理。近年来我国居民消费结构升级的主要方向是从食品、衣着、家庭耐用品等商品的需求转为医疗保健、交通、通信、

娱乐、文化、教育等商品的需求。国家统计局对八大类消费还进行了细分，即每一消费大类内部也存在结构升级。比如，食品消费结构升级表现在两个方面：一是乳制品、畜牧产品、水产品、水果蔬菜等消费所占比重提高，粮食类所占比重降低；二是有机、营养、绿色和无公害食品占比上升。

（2）消费品质结构的升级

消费者追逐更高品质的商品是居民消费结构升级的重要体现。随着收入水平的上升，居民生活水平日益提高，消费者并不满足于低质低价的商品，进而追逐高品质的商品和服务。

消费结构升级还表现为综合化、智能化和创新化的消费品支出比重上升。在快节奏、智能化的生活和工作中，多功能、综合化的产品比单一性能产品更受消费者喜欢。比如，只能用于打电话、发短信的手机被智能型手机取代；单一功能的微波炉、烤箱、爆米花机被多功能微波炉取代；综合性的吃喝玩乐型商场比单一性的购物中心更受欢迎；"咖啡店+书店"的一体化商店受到更多人喜爱。模仿型排浪式消费阶段已基本结束，个性化、多样化消费渐渐成为主流，层出不穷的发明创造支撑新型产品和服务取代落后的产品。例如飞机、火车、汽车取代了马车，电话取代了明信片，洗衣机取代了搓衣板，电子书挤占了纸质图书等。

（3）消费品牌结构的升级

消费品牌结构升级包含两层含义：一是大众消费由基础功能性需求向品牌性需求转变。随着零售方式的多样化，品牌成为一个企业产品和服务的品质保证；二是随着消费者对产品和服务质量要求提高、个性化和人性化要求增强、售后服务要求提升、创新性要求提高，消费者的品牌意识逐渐苏醒，不仅关注消费品种类，更关注消费品质量和品牌。

3. 消费结构升级的方向

消费社会中，企业虽然拥有更多实现跨越式发展的机遇，却难以稳居市场优势地位。这就要求企业进行创新，进行颠覆商业生态系统的重构。重构对于很多企业来说不容易。然而，在竞争日益激烈的互联网商业时代，企业不去重构的话，可能会面临更大的风险。同时，企业只有重新思考经济新常态下的消费者逻辑，准确把握消费市场的发展取向，才能真正实现有价值的重构，获得消费者的认可。总体来看，新常态下的商业逻辑重构的方向主要包括以下几个方面。

（1）品牌价值的重构

互联网自媒体的不断涌现和发展成熟，将人们带入了一个社会化媒体时代。人人都是自媒体，消费者不再是单纯的被动接受者，而是积极参与信息内容的生产和传播，从而使以往主要依靠媒介渠道的信息传播方式转变为以人为中心的传播。消费者彼此之间有更多的信任，也更容易相互影响。因此，品牌应该深刻理解消费者，着力解决在价值创造、社会互动等方面的诉求。企业要学会认真倾听消费者的声音，与他们既进行持续的交流、沟通，及时响应他们的各种需求，并为消费者提供参与品牌价值创造的机会。也就是说，在社会化消费时代，消费者拥有了对品牌进行定义的权利，可以与企业共同创造品牌价值。

（2）产品生命周期重构

随着社会整体收入水平的不断提高，我国进入了一个追求快时尚消费的阶段，每个消费者都希望在穿衣打扮或其他消费方面与别人不同，从而彰显自身的个性特点。因此，品牌和产品也必须通过快速、持续的更新迭代，满足消费者快时尚的需求。随着"85后""90后""00后"年轻一代成为消费的主体，快时尚的消费趋势将越发凸显，企业必须深刻认识到消费者的这一变化，重构以往的产品创新逻辑，将关注点更多地放在年轻人喜欢的炫酷时尚元素上。同时，在发布一款新产品时，还要准备好两到三款更新产品，并在适当的时机推向市场，以充分满足消费者的快时尚需求。

（3）消费群体的重构

移动互联时代人们大多处于移动化、分散化、碎片化的生活场景之中，以往基于人口学、社会学特征进行的群体划分逐渐失去效力。借助互联网的高度开放的连接，分散在不同地域的用户，围绕共同的消费符号或兴趣爱好聚集组织起来，形成新的消费族群。在未来的消费市场中，基于消费符号和兴趣爱好的人群精准细分成为必然趋势。因此，新常态下的消费者将不再以收入水平作为区分的第一关键要素，而是以身上有多少标签、在哪些消费场景中高频出现作为划分的首要依据。

（4）产品的娱乐化重构

随着互联网泛娱乐时代的到来，消费行业在某种程度上都将成为娱乐业，或者至少与娱乐元素挂钩。随着娱乐元素成为连接产品与用户、激发消费者共鸣的主要方式，产品创新也必然要融入更多的娱乐化因素，实现娱乐化重构。泛娱乐化时代，企业要准确把握消费者不断增加的休闲娱乐诉求，将更多娱乐化元素融入产品之中，并以更为轻松愉悦的方式与消费者沟通交流，构建消费者喜闻乐见的娱乐营销场景，从而获取更大的商业效益。

（5）零售渠道的重构

电子商务的不断发展重构了传统的零售渠道，使消费者购物路径发生了改变，逐渐演变为"六个触点"（如图3-3所示）。

如今消费者被"大中小"三屏（电视屏、电脑屏、智能移动终端屏）所包围，面临无数的消费触点。当互联网用户、智能终端用户、信用卡及其他电子支付工具用户、便捷物流配送用户四者交叉覆盖达到一定数量值时，新的全渠道、全触点营销就会出现（如图3-4所示）。在这种背景下，要留住消费者，商家需要在每一个节点周围可能发生消费的所有场景，借助全渠道全触点的营销模式，用360度无缝体验区包围消费者，满足他们不间断的消费需求，通过即时、动态、开放、连续的多渠道途径帮助客户实现无障碍消费。

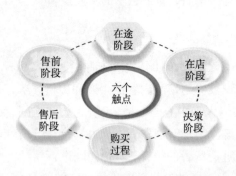

图3-3　消费者购物路径的"六个触点"

图 3-4　全渠道全接触点的用户交叉

（6）多屏时代的注意力重构

平板电脑、智能手机等工具的发展普及，推动社会进入数字化跨屏互动时代，也重构了新传统的传播形态。多屏互动时代的到来意味着用户注意力这一稀缺资源变得更加分散化、移动化。因此，企业需要重新思考消费者的目光望向何处，并据此重塑信息传播方式和途径，构建多屏整合营销模式，才可能在激烈的商业市场竞争中成功占有消费者的注意力资源。

相关链接 3-6　品牌年轻化，看品牌毕业季营销如何抢占 C 位

3.1.4　消费场景升级

场景在品牌营销中起着十分重要的作用。借助于合适的场景，将产品与消费者的具体时间、地点、行为等内容连接起来，有效促进消费者的购买欲望和购买行为，并形成良好的品牌感受。结合当前消费者的关注点，准确切入消费者关切的消费场景。不论是对产品，还是在终端零售店的表现，场景升级将成为非常重要的要素。

1. 消费场景的内涵

"场景"一词最初来源于戏剧或电影拍摄的背景布置，即场合＋情景，包括了时间、空间（环境）、道具（物件）、情节（行为）、角色（人物）等要素，其基本含义是适应角色、情节需要而设置的时空背景。最初是指实体经济中的消费场景，即当消费行为发生时，消费主体所面临的物理环境和所有影响消费行为的因素的总和。后引申到互联网虚拟场景设计中，指从客户体验的角度出发，将互联网的虚拟世界与人们生活的现实世界融合，使无论哪个世界中的生活场景都能发生消费。

新场景，就是在新消费时代的背景下，为特定群体的生活方式提供的解决方案，如图 3-5 所示。

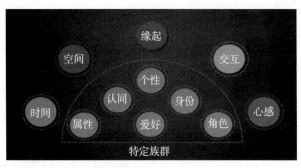

图 3-5　新场景示意图

2. 消费场景升级的阶段

消费场景的升级与传播媒介的丰富以及技术的进步息息相关。伴随着互联网的发展，移动智能端的普及，消费场景的升级经历了三个阶段，从线下消费场景到线上消费场景，最后到线上＋线下融合消费场景。

（1）线下消费场景

线下的消费场景主要是现实场景，它营造的是与产品特点相符合的现实场景。这是消费场景的最初也是最早的场景，如商业庆典、迪士尼游乐园、特百惠特色厨房，它依赖的媒介主要为纸质媒介，如海报物料、传单等。

（2）线上消费场景

伴随着互联网技术的发展与终端数量的增长，线上消费场景开始出现，主要以 PC 端或移动端为媒介，基于用户的上网行为（搜索行为、浏览行为等）确定用户场景，进行营销内容的展示。

（3）线上＋线下融合消费场景

随着移动互联网时代的到来，互联网场景的不断丰富，人们的衣食住行逐渐向移动端靠拢，线下真实生活与线上数字生活无缝融合成为可能，线上＋线下的消费场景逐渐形成。众多丰富的场景打破了媒体的边界，并自然融入消费者的生活中，不仅能准确预测用户的行为，而且更加注重用户情感的愉悦与场景体验。

3. 消费场景的类型

在人们的日常消费行为中，消费行为发生的场景是复杂多样的，主要是基于不同的消费动机、消费对象以及用户的消费心理，消费场景按照消费对象的不同大致可分为以下三类。

（1）稳健型的消费场景

稳健型消费场景下的消费对象一般为高价值的商品、服务或是关系到用户生命健康的重大需求。由于此类消费成本较高，用户表现得较为谨慎，消费流程中的核心环节是对于消费产品或服务的大量分析对比，其基础的用户消费模型如图 3-6 所示。

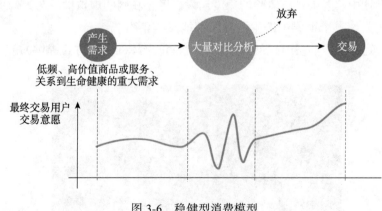

图 3-6　稳健型消费模型

对应到整个流程中，用户的交易意愿呈现相对波动阶段主要是在对消费对象的分析对比环节，在该环节中基于产品或服务的分析对比结果直接影响着用户的消费意愿。

（2）普通型的消费场景

普通型消费场景下的消费对象一般为按照人们生产生活中的需求而产生的日常消费品，其对应的用户消费模型如图 3-7 所示。

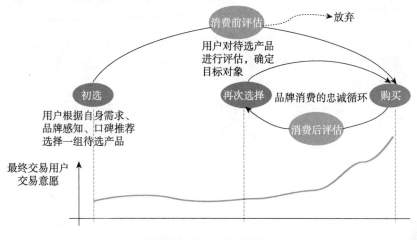

图 3-7　普通型消费模型

在普通型消费场景中，由于消费对象多为普通消费品，价值远远低于稳健型消费对象，因此用户在消费的过程中交易意愿不会呈现较大的波动。而且，随着用户对品牌消费体验的不断深入，优良的品牌体验会对用户的消费忠诚度形成正向循环促进作用，使用户的交易意愿被不断提升。

（3）冲动型消费场景

冲动消费是指用户在外界因素促发下所进行的事先没有计划或者意识的消费行为。冲动型消费具有事前无意识、无计划，以及外界促发下形成的特点。与上述两种消费场景不同的是，稳健型和普通型消费行为主要来源于用户自身的需求，而冲动型消费行为的产生主要是外界冲动因素的刺激。其对应的用户消费模型如图 3-8 所示。

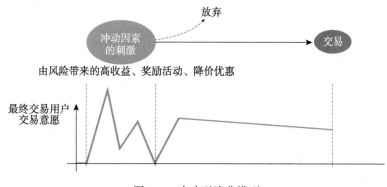

图 3-8　冲动型消费模型

冲动型消费场景中，没有预先的需求作为动力，用户后期的行为主要受冲动因素刺激的影响，主要的因素包括由风险带来的高收益（主要适用于博彩产品）、奖励活动、降价优惠等。

4. 消费场景升级的特点

场景简单理解为消费者所处的时间、空间以及周围人物、环境因素的综合。消费行为都是在特定场景下进行的，消费者是透过场景来认知产品的，消费者在不同的场景下具有不同的需求。在当前迅速发展的数字化环境下，消费场景升级呈现出如下特点。

（1）精准性

在移动互联网时代，用户在移动终端产生大量的数据，这为精准的用户画像提供了机遇。一方面通过线上智能设备、各类 App，以及使用行为等数据勾画出清晰的人群画像，通过对数据的筛选、清洗，细化、丰富用户标签。另一方面通过线下行为量化，使用户的行为轨迹得到完整的记录，可以将场景化的营销信息精准推送给用户，有效提升传播效果，降低广告成本，增加购买转化率。

（2）独特性

传统消费方式下，消费者往往注重商品的实用性。随着人们生活水平的逐渐提高，消费者不再局限于物质层面，更加注重精神上的多元体验，更倾向于接受商品所赋予的生活情趣、经济地位和个人喜好等个性化特征。场景为消费者在消费过程中追求个性化体验带来了新的契机。在移动互联网时代，结合移动设备和大数据等多种技术，让个性化传播成为可能，考虑个人的独特性，充分尊重每一个消费者，满足不同层次消费者的需求。

（3）互动性

互动性包含两个方面。一是用户间互动。过去，用户是单向被动接受信息。社交媒体及移动互联网的出现逐步改变了场景与用户间信息传递的方式，用户逐渐转向在线双向交流。二是让用户深度体验。消费场景属于体验营销的范畴，体验让用户更直接地沉浸在场景中，更深刻地接受品牌信息。在合适的场景触发匹配的营销信息，吸引用户主动参与营销活动，从而带来可观的营销绩效。

（4）情感性

在传统的营销时代，广告主的诉求以实现营销信息的快速触达、增加品牌的曝光度为主。在移动互联网时代，随着消费者需求的转变，广告主在营销中的诉求也随之变化，更加关注用户的情感共鸣，更愿意传递品牌的价值与理念，更重视用户在碎片化时间与碎片化场景中的价值体验，更加关注用户的情感与情绪，使广告与用户在不同场景下的情感诉求形成高度匹配，渗透式地传播品牌的情感和文化，让用户产生情感共鸣。

5. 消费场景升级的意义

随着营销观念的发展，场景的重要性逐渐得到重视，越来越多的商家开始选择开展场景营销。消费场景升级的意义可以从以下维度理解。

（1）更好满足用户的需求

场景升级是一种在消费进化基础上的深度全面升级，能够有效帮助企业洞察客户：不仅关注用户的物质性、功能性需求，更关注用户的精神性、情感性需求；不仅关注产品的形式、价格，更关注用户消费的目的或意义；不仅关注用户的视觉感官，更关注用户的真实体验；不仅关注用户的特征，更关注用户的数据，并以数据进行精准营销。通过场景升级，企业可以更好地分析和把握用户的需求，适应移动互联时代的消费跃迁。

（2）加速用户拓展和裂变

场景从用户的深层需求出发，通过要素的运用和组合，努力找到与用户沟通、连接的符号和密码，塑造独特、个性化的调性和氛围表达，更好地贴近和吸引用户。也可以打造沉浸式代入感，将产品或品牌价值具象化、体验化，与用户产生交流互动，给用户超值的消费体验，帮助用户生成品牌黏性。消费场景能够帮助企业将忠实用户转化为渠道，通过分享、转发产生用户裂变和乘法效应。

（3）赋予产品不同的意义

当产品突破功能化属性，有了情感化乃至人格化属性后，不同的场景将赋予产品不同的意义。例如，一杯咖啡，置于不同的场景，也就有了不同的意义。场景化已成为产品和品牌定位的核心方式，如未来的智能汽车不仅是代步运输的工具，它还可以是移动办公的场景或移动娱乐的场景。场景本身成了产品或服务的价值点，场景研发成为产品研发的重要内容，新场景赋予产品新动能、新生命。

（4）抢夺顾客的注意力资源

在如今的营销实践中，场景成为连接顾客的方式，成为产品和品牌的价值来源。场景本身就是企业提供的一种解决方案，而原有产品成了场景解决方案的一部分，演化成了场景化的产品。争夺场景，就是争夺价值，就是争夺顾客。因此，无论线上还是线下，打造自有 IP，让顾客沉浸在自身的商业场景之中，是未来商业制胜的关键。在移动互联时代，场景已成为企业竞争的第一阵线，场景解决方案正在成为产品研发的核心能力，定义和创新场景正在成为企业制胜的新锐武器。

6. 消费场景升级的方式

场景的升级也体现于商业的接触、参与、融入、认同、分享的时空连接的升级。要使消费者保持较高的满意度，企业要积极升级现有的消费场景，为消费者带来新的产品体验。

（1）关注消费者痛点，重构新场景

以人为中心，消除场景体验的连接痛点是企业场景升级的直接动力。随着客户需求走向多样化，重构新场景成为企业开展场景营销的关键。三只松鼠客户定位在"85 后"年轻女性群体，将品牌调性突出在为"主人"服务上，在产品设计上重点聚焦消费者情感需求痛点，构建了产品的专属场景。在企业重构产品场景后，细心的消费者往往会及时发现，最终产生对产品的高度喜爱。

（2）以社群分享为核心，以体验与购物相连接打造新场景

移动互联时代的"新 4C 法则"，即在适合的场景（context）下，针对特定的社群（community），通过有传播力的内容（content）或话题，以人与人或人与品牌的连接（connection），获得高效的传播价值。传统营销注重商品，未来营销注重社交。以社群分享为核心，以体验与购物相连接，成为多数购物 App 场景营造的基本手段。所以创建归属感和价值分享的场景就成为商家吸引

相关链接 3-7 智慧零售下的消费场景升级

和留住客户的关键。

（3）融合线上线下、跨界整合打造新场景

利用精准的大数据进行分析，企业能够精准打造用户沟通场景，从而带给用户良好的体验。移动互联网时代，企业可以融合线上线下，甚至可以跨界混搭来 DIY 场景体验。在线上线下的互动沟通中，让用户对品牌产生认同，有利于企业提升品牌形象，培养忠实用户。

3.2 竞 争 升 级

随着信息技术的不断升级革新，互联网引发了时代的一场技术革命，人们的生活方式得到了极大改变，消费者、企业和行业之间的连接越来越紧密，使很难有企业长期地保持绝对的行业竞争力。企业间的竞争模式也发生了颠覆式的变化，现实竞争力走向趋同，主要表现在入口流量之争、互联网流量之争、互联网内容之争和互联网价值之争。

3.2.1 入口流量之争

随着互联网的发展，以及客户需求的转变，网络的入口也经历了浏览器—BBS—邮箱—门户网站—搜索—博客—社交—移动端—线下各种消费场景的变化历程。这个过程中每一站都有无数的企业在争夺和厮杀，试图去控制互联网的下一个入口，掌握第一手的客户流量。因此，我们可以看到，消费竞争升级主要体现为互联网入口之争和流量之争。

在移动互联网时代，"入口"是用户搜索关键词后的直接筛选，是用户下载 App 后的行为喜好，是用户最直接的特征展现。入口背后，是极具意义的商业价值。在互联网世界里，几乎所有的商业巨头都在抢占入口，无论是百度、腾讯、阿里巴巴，还是华为、小米等。入口有很多种类，包括阅读入口、邮箱入口、搜索入口、网购入口、社交入口等，每一种类型的入口背后都有着巨大的用户群体，企业抢占了入口，就等于抢占了商机。

1. 互联网入口的概念

随着移动互联网的发展，入口在人类生活中的重要性日益提升。关于互联网入口的概念，众说纷纭，学者们尚未形成统一定义。从广义上讲，互联网入口指的是以 PC 端为主的搜索引擎、浏览器和以移动端为主的各类 App 应用；从狭义上讲，互联网入口是指连接人与信息的一个通道。基于此，本书认为互联网入口就是通过移动设备，例如智能手机、PDA 和 PSP 等手持移动终端使用互联网的所有功能，如进行信息浏览、社交和购物等。互联网入口的概念梳理见表 3-4。

2. 互联网入口的特点

（1）入口的现实性

移动互联网入口虽然是虚拟的，但也具有现实的意义，因为它同时也是进入现实社会关系网络的重要入口。

表 3-4 互联网入口的概念梳理

代表性学者（时间）	代表性观点	资料来源
冯海超（2013）	移动互联网入口就是用户接入移动互联网的第一站，通过移动网络获取信息、解决问题的第一接触点	冯海超. 四个维度解析移动互联网入口格局[J]. 互联网周刊，2013(5)：63-65.
王吉斌、王钰、陈智斌等（2016）	互联网入口是人们上网时最常或较常选择的进入互联网的口子	王吉斌，王钰，陈智斌等. 码上转型：传统互联网+实战[M]. 北京：机械工业出版社，2016-05.
谭贤（2018）	在 PC 互联网时代，百度以搜索服务占据十分重要的互联网入口，并因此发展成为中国的三大互联网巨头之一	谭贤. 引爆流量：搜索营销与全网引流实战[M]. 北京：人民邮电出版社，2018-04.
马化腾（2021）	互联网即将进入"全真互联网"的次时代，人机交互设备是"全真互联网"的首要入口	马化腾谈"全真互联网"前夜，2021-05.

此表根据本书研究整理所得

（2）入口的多元化

移动互联网入口是多元的、多层面的，各种 App、浏览器、移动搜索等都可以进入同一网站。移动互联网入口的多元化体现了移动互联开放的本质属性，同时也成为移动互联网领域竞争激烈的原因之一。

（3）入口的不确定性

在移动互联网时代，"入口"的想象空间以及复杂程度要远比 PC 时代大得多，因为入口的链条变长了。PC 时期，因为 Windows 的垄断和开发能力的匮乏，使计算机成为厂商入口的门槛较高，但在移动互联网时代，手机可以成为最基础的入口。随着手机入口方式的多样化和进入方式的不断更新，导致用户获取内容和入口都在改变。

（4）入口的依赖性

入口的搭建取决于其依靠的平台或者网络。高知名度、高权重、高流量的平台一直是网络推广者的资源。因为网络推广是为了引流和曝光，所以如果不是权重高、流量大的第三方平台，推广就会变得无用。入口繁荣的基础是互联网保持自由开放的发展方向，并获得持续的繁荣发展态势，只有这样，移动互联网入口发展态势才能获得更为广阔的发展空间。

3. 互联网入口的重要性

运营商加强对移动互联网入口的控制力是布局移动互联网的关键。可以为用户提供高黏度的内容和应用服务，是移动互联网平台的支撑点，这在很大程度上可将用户优势转化为流量优势，提高用户对数据业务的贡献度，带来新的业务增长点。

4. 互联网入口营销的常见形式

移动互联网营销的入口，在每个发展阶段都是不一样的。概括起来，主要入口营销有以下几种类型。

（1）浏览器入口营销

浏览器是人类通向互联网世界的第一窗口。浏览器是指可以显示网页服务器或者文件系统的 HTML 文件内容，并让用户与这些文件交互的软件。移动浏览器主要应用于手机等智能终端。手机浏览器市场从 2012 年开始进入高速发展期。互联网公司都期望打造"智能终端＋浏览器＋互联网服务"的商业模式，纷纷把发展移动浏览器当作抢占移动互联网入口的重要手段，并把企业服务集成到移动浏览器最前端，力图让企业服务最先被用户发现和使用，将用户流量直接导往本企业服务。

浏览器入口营销分为以下几个阶段。

①1990—2002 年：IE 称霸时代

这一时期，浏览器最成功的商业模式是微软 IE 浏览器，通过将浏览器与操作系统的捆绑，实现销售的互相促进，也达成了一统江湖的目标。

②2003—2011 年：IE 地位动摇，市场百家争鸣

这一时期，浏览器种类不断增加，市场呈现百家争鸣的状态。微软打造的是封闭式的 IE 浏览器， Mozilla 打造的是一个代码开源和服务开放的 Firefox 浏览器。微软期望 IE 浏览器助推 Windows 操作系统的使用，Mozilla 在发展一个浏览器产业开放生态圈，允许第三方服务开发商将服务以插件形式集成到 Firefox。在国内，奇虎 360、搜狗、腾讯和百度等互联网公司推出的浏览器主要是靠首页网址导航、浏览器服务插件、游戏分发、搜索竞价等模式变现。

③2012 年至今：各方圈地移动浏览器

这一时期，智能终端＋浏览器＋互联网服务兴起，浏览器变现模式更丰富，包括 O2O 交易分成、广告费、流量费、手游分发分成、搜索竞价变现等。

（2）应用程序入口营销

当我们打开计算机或手机上网时，第一个必经的入口无疑是应用程序。在个人电脑中，这一入口就是浏览器、媒体播放器、游戏软件等应用程序。在手机和平板电脑中，所有的应用程序都以 App 形式展开。因此，App 成为用户的上网入口，已经开启。

App 是入口营销的重要一环。极少数资金雄厚的企业与手机企业合作，在手机桌面上强制植入 App。而绝大多数企业只能是争取将品牌 App 收录到各大 App 应用商店，并进入 App 分类排行和编辑推荐栏的显要位置，争取被消费者"发现"。

（3）二维码入口营销

移动互联时代，除了浏览器及 App 等入口外，消费者又多了一项新的互联网入口——二维码。二维码是由黑白小方格组成的矩阵图案，为消费者创建了一个便捷的互联网入口。不需要用键盘鼠标，不需要输入网址，不需要搜索或下载，只需用手机一扫，就可以直接接入官网、咨询平台，迅速为用户呈现新的内容与场景。

二维码最大的意义就是引导用户从线下的现实世界无障碍地直达企业的移动版网站，直接看到企业预设的内容。这些内容可能是一个在线评论、一个产品详情页、一个 App 应用或一项在线品牌活动游戏。所有这些原本都需要消费者牢记特定的网址，在浏览器中输入，或到搜索引擎中搜索后才能触达的东西，现在却简化为"扫一扫"这个简单的动作。

除了便捷外，二维码的另一项意义就是为消费者创造丰富多样的互联网入口路径。凡是消费者留意之处，如公交车站或报刊的广告牌、餐饮店的餐桌、旅游景点观景的地方、产品实物或者包装，企业都可以设置二维码入口的场景。丰富多样的二维码设置场景极大地拓宽了互联网入口，推动了消费者上线的积极性。

（4）小程序入口营销

小程序是一种不需要下载安装即可使用的应用，它实现了应用"触手可及"的梦想，用户"扫一扫"或者"搜一下"即可打开应用，也实现了"用完即走"的理念，应用将无处不在，随时可用，但又无须安装卸载。

微信小程序的特点如图 3-9 所示。

小程序使消费者摆脱了需下载 App 的繁琐流程，只需打开部分应用软件，在搜索框中进行搜索、关注便可以使用常规 App 应有的操作，给消费者的生活带来了诸多的便捷，帮助消费者摆脱了很多低频的应用程序。

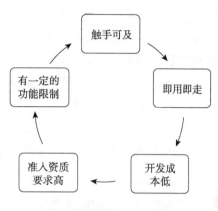

图 3-9　微信小程序五大特点

虽然小程序具有轻便的功能，但小程序不可避免地会"受制于人"。以微信为例，在微信小程序这个生态体系中，微信如同一个容器，小程序要想获得流量和用户，话语权还在微信手中。

3.2.2　互联网流量之争

流量之争是当今竞争升级的又一体现。吸引用户的注意力，占据用户的使用流量已然成为企业竞争第一要务。因此，任何新生事物或者企业发展的最初阶段一定是伴随着入口之争以及流量之争开始起步的。获取到用户流量的企业可以充分发挥数据价值，更加熟悉用户行为，往往会以惊人的速度进行横向和纵向扩展，在短时间内就能够实现用户核心需求的全面满足，对应的产品和服务也迅速形成竞争优势。

1. 流量的概念

流量是实现互联网企业货币价值的基础。不管是广告还是获取投资，谁获得流量多，谁就拥有更强的变现能力。流量的本质是用户的时间，抢占流量入口实质上就是抢占用户的时间，吸引、维持、巩固、提高用户注意力，用户的关注度高、注意力集中，互联网企业与用户的互动性才强，才有可能使流量变现，为企业带来高回报。

互联网流量是衡量互联网产品价值的重要基础，流量越大则互联网产品价值就越高。互联网流量可以从以下三个大的维度来进行描述：一是活跃用户数，即为企业获利的流量；二是流量附加值，即活跃用户给企业带来的价值；三是单位流量的存活期，顾名思义就是活跃用户能够存活多久。以上三大维度不仅很好地诠释了互联网流量的概念，而且也为流量的实际操作——引流，提供了一定的指引。

2. 互联网流量的重要性

对用户而言，流量是信息的展现方式、展现内容、吸引程度，也是对用户的价值。这些决定了用户对此流量的重视程度，更决定用户会不会进行分享和传播。对于用户而言，信息更多的是价值，缺乏价值，就算满足需求也不会带来精准流量或有效流量。因此，有价值的流量对用户而言至关重要。

对商家而言，流量属于用户的反馈，商家可以通过分析流量数据来获取最真实的经营情况。为了促进销售绩效达成，商家需要的是精准流量，而不是"广撒网"的流量，精准分析流量带来的数据逐渐成为企业的核心竞争力之一。

对网站而言，流量是网站搜索排名的关键依据。网站的盈利也主要通过流量变现。因此，精准或有效流量对网站而言尤其重要。所谓精准流量，就是指那些能够转化成利润，并得到有效传播，能够形成良好口碑和品牌的流量。流量的价值不只是实现商业利润，有了流量，传播分享也就成为可能，会无形增加企业的品牌资产。

3. 互联网时代获取流量的方法

（1）通过品牌词获取流量

通过品牌词获取的流量是最稳定的，而且搜索用户会一直依赖网站，但是想在互联网这个领域保持高的品牌知名度，则需要大量的投资。比如瓜子二手车直卖网，其在发展初期，都是通过线下推广及线上推广来获取网站流量和知名度的。线下如在公交车站、地铁站广告牌等渠道来推广品牌；而线上则通过各种媒体平台，如爱奇艺、搜狐等网站来进行推广。当推广到每日有稳定的流量之后则不需要再投入大量资金去做推广，因为此时用户已经记住了网站。若网站能够达到这样的水平，那么该网站的营销就已经成功了。这时忠实用户便会产生黏性，甚至帮助企业做推广，这就意味着品牌词做推广已经成功了。

（2）通过关键词来获得流量

公司可以通过百度指数、下拉框、相关搜索挖词软件等渠道来获取行业热度较高的关键词，从而获得流量。这些关键词都被大量搜索用户通过搜索引擎甚至其他平台搜索时使用的。但这种关键词也存在缺点——泛词，就好比"笔记本电脑"，这是一个关键词，但却属于泛词。它的优点是流量特别多，它可以把笔记本电脑这个领域所有的流量都给收入囊中。缺点是这种泛词并不能完全无缝对接每个搜索用户想要的答案，有的用户想买联想笔记本电脑，点击网站后尽管显示了各种品牌型号的笔记本电脑，但却没有用户想要的那款联想笔记本电脑，此时用户肯定会离开该网站。也就是说，虽然行业热度较高的关键词流量全部被收割，但是网站的跳出比例却会不断增大。

（3）通过 SEO 快排来获得流量

SEO 快排是一种优化技术，它主要根据搜索引擎的排名原理来进行关键词的快速优化，从而达到关键词急剧上升的目的。搜索引擎给予网站排名主要取决于网站本身的质量以及用户访问量。网站收录的页面数量越多，在搜索引擎中所占比重就越高，获得的流量就越多，即用户访问量越多。当排名较差的时候，只能通过快排程序来提升用户访问量。

SEO 快排的具体操作步骤如下。首先需要一款快排程序，把网站权重最高的页面链接放到快排程序里面；然后把文章页放进去，此时便可以通过文章页来做关键词优化，一篇文章标题属于一个关键词，这样一个网站就可以通过 SEO 快排优化不计其数的关键词；最后放入产品页，实现用户快速达到相关性产品页的目的，从而让用户史快速地找到想要的东西。

相关链接 3-8　互联网接入环境

视频链接 3-1　移动网络入口之争

3.2.3　互联网内容之争

由于移动互联网和媒体形态的变化，媒体和受众的时间都变得碎片化，很多曾经奏效的市场打法和方法论已经不再起作用，因为整个营销体系发生了根本改变。目前只有利用数字化技术进行精准触达，通过一次次有价值或有趣的内容与顾客保持新鲜的关系，才能进行有效的营销推广。"内容营销"就是把这些碎片化重新整合在一起的最佳方式。

"未来，内容的价值会越来越重要。"进入"互联网发展下半场"的网络平台，正从野蛮生长向精细化运营转变，优质内容正在成为新的撒手锏。

1. 内容营销的内涵

内容营销这一概念在实践领域最早出现在 1895 年约翰迪尔投资有限公司创办的全球首本企业出版物《耕耘》杂志，但是在学术研究领域仍然是较为新颖的概念。

（1）内容营销概念

目前，学术界尚未就内容营销的内涵和外延达成一致意见。Pulizai 和 Balrett 于 2009 年最早提出了内容营销的定义，即为了吸引和/或留住客户，创作和传播多种形式的教育性和/或引人注目的内容。后来，Rose 和 Pulizzi（2011）指出，内容营销是一种聚焦于创造有价值的体验的营销策略。Lieb（2018）随后指出内容营销不是销售，不是广告，而是通过内容吸引其他人的营销方式。

本书认为内容营销是企业的一种战略性的营销方式，它主要通过创造和分发有价值、相关性强和持续连贯的内容来吸引并留住明确的目标受众，并最终驱动用户行为。内容营销的本质是"讲故事"，通过讲述、聆听和互动来传播品牌的故事和理念，所以好的内容营销不仅需要"会讲故事"，还需要观察和聆听观众的反应，并给予及时的回应。

（2）内容营销在企业传播中的特点

第一，由企业创造，为企业传播而生。内容营销所产生的内容是由企业创造的，内容本身就是为宣传企业而生，并带有企业想让用户了解的产品或品牌的信息。

第二，更高水准地引导用户。一般来讲，内容营销的成本是传统营销的 60% 甚至更少，却能带来三倍以上的效果。高质量的内容吸引高质量的用户，并且这些用户很有可能会成为"回头客"。

第三，是用户与企业传播之间的桥梁。内容营销最大的特点是让用户参与并分享。

因此，好的内容，用户会通过各种渠道将其挖掘出来，而参与度则是关键所在。内容营销在无形中就已经和目标受众建立了一种非常强烈并且长期的微妙关系，而真正的好内容也将会在无形中提升品牌价值。

第四，承载企业重大的营销希望。内容营销可以说是很有效的工具，它能够帮助品牌主建立品牌认知度、提高品牌忠诚度、促成销售、提高用户参与度等，完全适用于各个领域。足够好的内容营销能够为那些广告预算不够的公司免费宣传。

第五，引导用户决策，增强用户忠诚度。内容营销的魅力在于它可以潜移默化地对用户进行影响，而且在即使不推送产品信息的情况下，内容也能够帮用户建立信任感，将用户发展成忠实粉丝，从而达到口碑营销的效果。

2. 内容营销的发展阶段

内容营销从以植入营销为代表的 1.0 时代和以定制营销为代表的 2.0 时代，发展到以原生营销为代表的 3.0 时代和以 IP 营销为代表的 4.0 时代，经历了一个由外生到内生的发展过程。

纵观内容营销的发展已经历四个阶段，如图 3-10 所示。内容营销 1.0 概括来说就是植入营销，指的是商品（服务）或品牌信息由外而内地嵌入到媒介内容之中。随着广告市场竞争加剧和媒介及品牌的激烈竞争，针对消费者的需求进行量体裁衣的定制营销开始崭露头角，即内容营销 2.0。而如今的内容营销一改传统套路，以人为中心进行内容制作，不仅从人的关注点、兴趣点出发，注重内容价值的提供，而且力求广告信息与内容的融合，使商品（服务）或品牌信息扎根于媒介内容之中，成为媒介内容中不可或缺的部分。由此，内容营销进入了 3.0 时代，即原生营销时代。在内容营销 4.0 时代，营销的模式彻底被颠覆，IP 营销的方式成了主流，一切内容营销的方式都是以用户为中心，通过体验和参与打造企业的竞争力，同时也是企业积极打造的一种闭环式、融合式、场景化、视觉化营销方式。

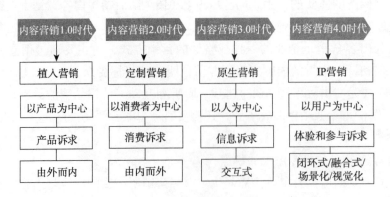

图 3-10　内容营销的发展史

3. 内容营销的实施策略要点

内容营销是一种通过生产发布有价值的、与目标人群有关联的、持续性的内容来吸引目标人群，改变或强化目标人群的行为，以产生商业转化为目的的营销方式。因此成功的内容营销实施时应注意以下几点。

一是厘清自身营销目标。品牌主开展内容营销，主要目标是树立形象及促进销售转化。前者可归为品牌目标，例如提升品牌知名度、宣传品牌精神文化和内涵、促进品牌与企业文化融合等；后者可归为效果目标，例如提升产品销量、市场占有率、用户留存率等。因此，在实际操作过程中，品牌主必须非常明确每次内容营销的目标，是前者还是后者还是两者兼而有之，这样才能制定出合适的营销策略。

二是确定内容形式。确定内容形式的目的有两个：一是满足目标受众群体；二是选择最匹配自身能力的方式。由于内容形式不同，受众群体也不尽相同。例如，与音乐、游戏等这类需要垂直化、精细化定制的内容形式相比，图文就具备大范围铺开的优势。各种内容形式在制作周期、成本、执行门槛上也各不相同，综合比较起来，图文在这几方面具备较大优势，图文几乎可以称为内容营销的标配。

三是选择平台。选择平台的本质是选择内容传播渠道。用户在浏览内容时，大多有自己的平台偏好，因此，选择合适的平台在很大程度上也决定着受众类型和范围。品牌主在选择平台时，需要结合自身需求以及平台内容生态来布局，一要看品牌调性是否与平台匹配及销售转化是否便捷，二要看平台方是否打造生态，才能最终确定选择哪一个或哪些平台。

四是选择内容。内容营销的核心是营销，必须依靠内容来实现，因此需充分发挥内容的价值。内容价值可分为显性价值和隐性价值两部分，显性价值包括内容本身获得的较高关注度及认可度，隐性价值是指除内容直接传递给受众外，还可能引发更大范围的二次传播甚至再生产，最终成为现象级内容。除了内容本身的价值，品牌主还需把控内容与品牌的契合度，避免优质内容遇上不匹配的品牌，造成资源浪费甚至用户反感。

五是选择呈现形式。呈现形式是指在内容形式已经确定的基础上，选择最能促进销售转化的方式。此方式虽无固定模板，但有两点需要遵循：一是鲜明度，即营销信息在内容当中的可见度，鲜明度越高，越有创意，用户记忆也就越深刻，但鲜明度在达到某个临界点后，继续上升会对用户观感起破坏作用。二是保证契合度。契合度指的是营销信息在内容中的原生程度，完美契合度的表现是营销信息完美贴合内容主题和场景，用户体验流畅自然。但是，契合度过高也会让内容营销成为彻底的内容，而非营销，若用户难以感知内容中的营销信息，便不会产生消费意识，这样的内容营销便毫无意义，品牌主需把握好两者的平衡点。

4. 内容营销的发展趋势

数字营销战略的一个重要组成部分就是内容营销。近几年，各个行业对于内容营销产生的巨大收益有了广泛的认可。内容营销的实践也在持续展开，特别是在中小型企业中。相较其他营销策略，通过采用内容营销策略可以用更低的成本提升品牌参与度和话题度。内容营销的发展趋势主要包括整合营销、粉丝经济和内容植入多样化三个方面。

（1）整合营销，全方位展示内容价值

随着移动互联网和新媒体的崛起，强势媒体逐渐被削弱，多屏化和碎片化成为时代特征，整合已经成为多屏时代营销传播的重要诉求。内容营销不是孤立的营销方式，而是与其他营销方式进行整合，充分利用不同渠道的特点和优势，扩大品牌传播的范围，共同实现热点内容广告价值的深度开发。随着实践的发展，内容营销改变了单一渠道的现状，开始通过电视端、PC 端、移动端等多屏联动，进行深度整合传播。

（2）粉丝经济，KOL 助推内容营销

在粉丝经济时代，通过关键意见领袖（key opinion leader，KOL）所在特定领域的影响力，以及与之相匹配的品牌内容的精心宣传，企业更易与目标顾客进行沟通、建立情感关联，成为内容营销发展的趋势之一。未来，各品牌商会综合判断 KOL 的粉丝数量、粉丝质量、平均阅读量、评论数等在内的各项特质，结合自身品牌定位、品牌文化以及宣传目标，进行综合评估，选择适合的 KOL 进行内容营销，以此提高内容营销的效果。

相关链接 3-9　解密"李子柒"品牌的内容营销

（3）内容植入更加多样化、一体化

消费者对各宣传内容越来越挑剔，未来对于内容植入，一方面要求商家做得更加细致、有趣，另一方面则要求商家做得有价值、能帮助实践。这对企业创造营销内容提出了有趣性和专业性的巨大挑战，要求企业在开创形式多样化的同时，不断提高内容植入的质量。

视频链接 3-2　联想集团副总裁首席营销官 魏江雷：互联网时代的内容营销

3.2.4　互联网价值之争

目前，创新和竞争不仅发生在高新技术产业，还活跃在传统产业的各个领域中。制造业领域，大量新技术的应用使以传统方式组织生产的企业有能力兼顾差异化需求和规模化生产之间的矛盾；服务业领域，传统企业正在向打造精细化、人性化的现代服务方式转变。可以说，现代企业的竞争已不单是产品和服务的竞争，更是价值的竞争。因此，在传统产业中，直接指向价值创造能力提高的创新将成为企业经营变革的主旋律。

1. 价值竞争的内涵

伴随着中国经济进入高质量发展阶段，企业的竞争战略发生了许多改变。许多成功企业在选择竞争战略时，瞄准了一种以"价值"为核心的竞争。随着消费主权的兴起和信息的广泛流动，企业无论在满足顾客需求还是引导顾客需求方面，都必须为顾客提供更大的价值，或者在价值让渡方面，比竞争对手做得更好，创造出"比较价值优势"。今天的企业应当把重心放在如何重新构建价值创造系统上。成功的企业在整个价值创造方面，已经不再局限于公司本身，而是联合了整个行业中的其他不同经济角色，如供应商、商业伙伴、顾客等，来共同创造价值。

2. 价值竞争的核心

一般而言，管理者非常清楚自己的营销手段，但未必清楚自己与竞争对手的价值差异以及顾客选择产品的原因。多数参与竞争的企业只不过是为了分得一定的市场份额，而不会主动采用更新的价值创造方式来参与竞争。也有企业另辟蹊径，运用价值创新战略来树立新的竞争优势地位。这样的价值创新活动改变的不是竞争策略，而是行业的竞争格局和游戏规则。企业之间的竞争虽然是全方位的竞争，包括技术、产品、人员甚至组织形式，但核心仍然是价值创新的竞争。

3. 价值竞争的内容

（1）基本资源竞争

在传统观念的影响下，多数企业往往会依托在经营中形成的资源和能力做出竞争战略的安排。因为这些特定的资源和能力已经渗透在经营中的各个环节，体现在企业的有形和无形资产上，并成为了企业经营战略的基础。资源和能力的差别将会引发企业在竞争战略选择上的差别，我们可以把这种依据资源和能力做出竞争战略安排的做法看成是一种"量力而行"的战略观。企业家根据自身资源和能力、竞争格局、市场需求特征三个基本方面来选择细分市场定位，制定竞争战略和经营目标。依靠这种方法论建立起来的经营体系，曾一度使许多传统企业获得了较为长期的竞争优势。

（2）核心能力

在价值竞争的思维指导下，新的竞争战略观不再局限于"量力而行"，更需要"伺机而动"。企业不能固守已有基本资源或者是所谓的竞争优势而无所作为，而是要通过不断地寻找创新机会，实施变革来积累核心优势。具备较强动态能力的企业，往往随环境的改变及时调整资源，并且能利用新的市场机会来创造长期竞争优势的核心能力。

（3）商业模式创新

在复杂多变的竞争环境中，持续不断地培养、开发、运用、更新企业的能力，体现了动态能力的"动态"本质——通过不断的商业模式创新而获得一连串局部的、短暂的竞争优势，从而在整体上获取长期竞争优势。一些企业虽然资源和能力有限，却能利用持久的商业模式创新活动来提高价值创造，充分发挥杠杆作用，最终也完成了战略目标。通过不断实施商业模式创新，提高价值创新能力，这样企业可以在创造能力、积累能力和利用能力方面优越于竞争对手，这才是获得长期竞争优势的源泉。

但是，我们必须指出，企业应有的价值竞争观念是"量力而行"和"伺机而动"并重，立足于价值竞争，同时依靠资源、能力和商业模式创新。

4. 价值营销组合

开展价值营销，企业应该在有形竞争（即实物）和无形竞争（即环境、品牌和服务）上下功夫。要在产品质量、产品功能、开发能力、品牌形象等方面进行创新和提高，优化价值竞争的策略组合，实现创造价值经营，凸显与竞争对手的差异。价值营销组合的主要内容由产品价值、服务价值、品牌价值、终端价值和形象价值构成，其目的是实现顾客价值最大化。

（1）产品价值

企业主要通过产品创新重整产品价值，从而摆脱产品因同质化而引起的价格竞争。其主要方法有：采用新技术，改进产品的质量、性能、包装和外观式样等。

（2）服务价值

企业主要通过服务增加产品的附加价值，在同类产品竞争中取得优势。

（3）品牌价值

企业从以产品为中心的营销转变为以品牌为中心的营销，可以有效避免价格战行为的发生。品牌不仅是企业的品牌，同时也是消费者的品牌，消费往往从品牌的体验中感受产品的附加价值，从而在感性上淡化产品的价格。

（4）终端价值

企业主要强调的是差异化的终端建设，通过超值的购买体验强化客户终端价值，从而淡化价格对客户购买的影响。

（5）形象价值

形象价值是指企业及其产品在社会公众中形成的总体形象所产生的价值，是产品价值、服务价值、人员价值三个方面综合作用的结果。它包括企业的产品、技术、质量、包装、商标、工作场所、品牌等所有形象所产生的价值，公司及其员工的职业道德、经营行为、服务态度等行为形象所产生的价值，以及企业的价值观念、管理哲学等理念形象所产生的价值等。

5. 价值营销的实施步骤

（1）建立公司愿景与目标，并确定上下高度一致的价值观

也就是确立公司未来3年的愿景与目标，那些真正将为顾客创造价值作为企业追求的目标。

（2）创建与愿景目标配套的高能组织

要先人后事，先找到或选拔合适的人来确定价值营销目标；同时进行实操的价值营销的专业培训，考核合格才能上岗；最后要加强督导，奖罚推进价值营销。

（3）全员参与打造核心产品

技术人员要懂客户营销，营销人员要懂产品技术知识，确保价值实现达到预期目标；要承诺合作，采购、生产、技术、品控、财务、人事、行政等部门通力合作，实现"价值超群"目标。

（4）精准筛选顾客

坚持"有所为有所不为"的客户定位，愿意为产品与服务价值付费的才是我们的目标顾客，只在乎低价的坚决放弃。

总而言之，价值营销成功是一个体系的成功，它不再是简单的销售问题，而是要在建立愿景、创建高能组织，全员、全面、全过程打造产品，精准筛选客户的基础上开展价值营销活动。

6. 品牌价值体系构建

品牌营销的核心就是品牌价值体系的建立和价值营销，它不再是产品体系层面的单纯价格营销。所以，单纯的"低价"策略，"高质"策略，"性价比"策略，在市场上的效果都越来越差了。因为消费者的需求从单一的好产品需求升级到了复合的品牌需求，从价格主导的时代升级到了价值引擎的时代。

（1）品牌价值体系概述

品牌价值是企业商誉、股价以及市场业绩所带来的溢价。所有这些要素都不是实物资产，而是超出有形资产账面价值的感知价值。

（2）品牌价值要素的构成

品牌价值要素的构成如表 3-5 所示。

表 3-5　品牌价值体系的构成

顾客行为特征	顾客购买行为过程	交易前		交易中	交易后
	顾客主要关注焦点	搜寻识别	风险预估	消费标准	客户关系
品牌价值要素与特征	品牌价值要素构成	识别价值	信任价值	个性价值	关系价值
	顾客所得与所失	顾客支付的交易成本		顾客获得的效用与利益	
	价值要素的内涵	付出的信息认知成本	可能付出的风险成本	获得的独特利益与核心价值	获得的附加利益和消费特权

（3）品牌价值体系构建策略

品牌的价值体系应该包括三个层次的维度：产品价值、品牌价值感和企业价值观。

一是产品价值。产品真正的价值是产品对于用户有真正的价值，让用户在使用中被感知、被满足，也可以定义为"物质价值"。产品价值是一个品牌最基础的价值，有价值的产品是成为一个真正品牌的前提条件。具备产品价值才可能被用户真正需要。

但是，只有产品价值在今天的市场上根本是不够的。因为用户需求已经不再仅仅满足于单纯的产品价值，而是在产品价值基础之上要求品牌价值，即"价值感"。

二是品牌价值感。价值感就是用户心中对于一个品牌的价值判断、评估和认同，即品牌的"精神价值"。一个品牌要真正实现产品价值的更大溢价，根本上就是要让品牌在用户心中具备更高的价值感。只有通过体系化的品牌内容和逻辑去建立、获得用户对于品牌的认可和认同，从品牌维度在用户心中塑造和形成"价值感"，才可能真正成为一个高溢价、高竞争力的品牌。成功的品牌"价值感"的建立，是会让没有体验产品的用户也会感觉并认同品牌的价值。比如"小罐茶"通过强势的品牌传播提升了品牌价值感，让用户愿意出高价购买。因此，做品牌的一个重要意义就是要在用户心中成功地构建价值感。如果没有品牌价值感，不论产品本身有多好的使用价值，都有可能不被用户认同，其大多会沦为价格比较之中的"陪衬者"。

三是企业价值观。企业价值观是指企业在追求经营成功过程中所推崇的基本信念和奉行的价值取向，即"信仰价值"。

一个品牌，之所以要从企业维度确立并传播自己的"价值观"，是因为用户对于任何品牌的价值感认同要能够持续下去，一定是建立在对于这个企业价值观的认同上的。这也是很多品牌的广告语到最后会变成企业的核心价值观的原因。只有企业价值观被用户真正认同，并持续地向用户传播和强化，让用户坚信企业对价值观的践行，企业的品牌才会真正持久地被用户认同和尊重。比如众所周知的同

相关链接 3-10　从《清平乐》看腾讯视频"攻心式价值营销"

视频链接 3-3　刘强东说互联网的价值与信仰

仁堂的价值观——"炮制虽繁必不敢省人工，品味虽贵必不敢减物力"。然而，很多企业却很容易忽视企业价值观，认为企业价值观只是一句口号或者只是企业内部的文化部分，没有必要去告诉消费者并刻意传播。

综上，品牌价值应该是这三个维度形成的整体，产品本身要有真正的使用价值，品牌要通过内容和传播在用户心中树立价值感，企业要根据企业战略和品牌内容确立独特的经营价值观，让用户相信在这样的价值观下，企业能够生产出价值感很强的有价值的产品。

【本章小结】

在互联互通的智能时代，由于互联网和大数据的涌现使人们的生活方式和工作方式发生了颠覆式的变化，消费也在不断地升级并逐渐呈现出多元化、个性化的发展特点，主要表现在消费观念、消费行为、消费模式和消费场景的升级。传统的品牌格局被新兴势力所打破，面临着移动互联网带来的新的冲击，如何透过大数据和人工智能洞察变革时的消费动向，依托强大数字力量帮助品牌发现增长机会找到超线性增长切入点，实现长远发展，将成为各个企业品牌应对新时代消费浪潮的共同话题。而消费升级的背后必然是企业竞争模式的改变，企业要利用数字化来升级自己的管理、组织和产品，提高企业的竞争力，而竞争的升级主要表现在入口流量之争与内容价值之争两个层次。

【参考文献】

[1] Sonja Jefferson, Sharon Tanton. 内容营销[M]. 祖静, 屈云波, 译. 北京：企业管理出版社, 2014.

[2] Rebecca Lieb. 内容是营销之本：内容营销策略的实用指南[M]. 王晔, 译. 北京：中信出版集团, 2018.

[3] 周懿瑾, 陈嘉卉. 社会化媒体时代的内容营销：概念初探与研究展望[J]. 外国经济与管理, 2013, 35(6)：61-72.

[4] 陈威如, 余卓轩. 平台战略：正在席卷全球的商业模式革命[M]. 北京：中信出版社, 2013.

[5] 陈新宇, 罗家鹰, 等. 中台战略：中台建设与数字商业[M]. 北京：机械工业出版社, 2019.

[6] 刘绍荣. 平台型组织：数字化时代传统企业面向平台型组织变革的系统框架[M]. 北京：中信出版集团, 2019.

[7] 李宏, 孙道军. 平台经济新战略[M]. 北京：中国经济出版社, 2018.

[8] 叶秀敏. 平台经济理论与实践[M]. 北京：中国社会科学出版社, 2019.

【理论反思】

1. 数字化时代下消费升级具体可以划分为哪些维度？每个概念的核心内涵是什么？

2. 未来的消费观念升级方向是什么？对哪些行业有潜在的商业机会？

3. 互联网入口和流量之间的关系是什么？如何争入口、争流量？

4. 为什么数字营销时代的入口流量之争、内容价值之争的终极目标是价值创造？

5. 互联网运营的内容是什么？如何通过服务提升企业的竞争力？

【能力训练】

1. 所谓新零售，其实是科技进步引发的零售业态升级。随着线上增长红利减少，融合线上线下的"新零售"，成为商品流通领域的新形态。但是，新零售所引发的连锁反应，远不限于"零售"。从零售环节出发，它会在自身不断演变和进化中，触发倒逼产业链上的一系列变革。那么企业应当如何去应对这一变革呢？

2. 从媒体的常规发展路径来看，垂直化、多元化将是短视频内容的发展趋势。而且在移动大趋势下，竖屏短视频也一定会越来越主流。企业该如何利用短视频带来的发展网络营销业务？

《筑梦中国》讲述"中国制造"

1. 作为中国汽车工业的典型代表，一汽红旗品牌背后体现了怎样的中国制造精神？

2. 红旗品牌发动机系列产品是如何做到国际化先进水平的？

3. 红旗品牌与其他品牌相比，具有哪些竞争优势？红旗是如何将这些竞争优势转化为商业优势的？

企业家微访谈：百瑞源枸杞股份有限公司董事长郝向峰

1. 新冠肺炎疫情之下，百瑞源枸杞品牌受到了哪些影响？阿里巴巴数据银行为百瑞源枸杞带来了哪些改变？

2. 移动互联网时代，百瑞源枸杞是怎样打造营销渠道的？与其他枸杞品牌相比，百瑞源枸杞具有哪些竞争优势？

3. 如何理解枸杞消费热度上升与消费升级的关系？其体现了消费升级的哪些方面？

实训目的：建立学生对互联网时代下竞争升级内容的理解。

1. 选取一家枸杞企业对其竞争者进行分析，分析竞争类型及其营销策略。

2. 针对竞争者的策略制定本公司的竞争战略。

3. 分析竞争升级动力及影响因素。

实训地点：选取当地枸杞企业。

实训方式：参观＋调研＋访谈。

抖音和快手之争

1. 抖音与快手有哪些异同点？这些特点是如何影响它们的商业逻辑的？

2. 抖音与快手的主要竞争点体现在哪些方面？它们是如何塑造自身竞争优势的？

3. 结合实例，说明抖音和快手分别是如何获取互联网流量的？二者有何异同？为什么它们会选择这样的流量获取途径？

自学自测 扫描此码

第 4 章

系统：运营平台之争

【知识目标】

1. 熟悉运营服务之争的内涵、流程及要素
2. 掌握平台生态之争的内涵、内容及要素

【能力目标】

1. 思考如何以互联网思维开展客户服务
2. 分析不同移动互联网平台的竞争策略
3. 明确移动互联网生态的进化规律
4. 掌握企业数字化转型升级的关键环节

【思政目标】

培养学生的工匠精神与创新精神

【章节脉络】

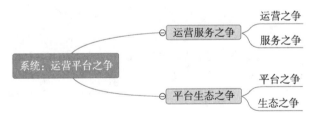

图 4-1　运营平台之争脉络图

【营销观察】

小厨神酒馆

新开张的小厨神酒馆让大河马老酒馆的生意一落千丈。小厨神有一流厨师，一流的服务，在森林里还没有一家能比得过。这可让大河马伤透了脑筋，找不到比小厨神更好的厨师，难道就这样关门吗？

大河马想到了小红狐灵灵，于是前去求教良方。"小红狐，我又来麻烦您了，救救我的酒馆吧！"大河马有点伤感！"解决这个问题不难，但是需要一个处方菜！此处方菜可开胃，菜味一般，最好有淡苦，淡涩味。在没上酒菜之前，你提前把这盘小菜免费赠送

即可。"小红狐想了想说道。大河马按照灵灵的处方菜到森林老中医处求得一良方，并花钱买断，又让自己的厨师调制出小菜。真就是奇怪了，自从有了处方菜之后，大河马酒馆生意又很快好起来，更不可思议的是，自己的厨师没有变，饭菜没有变，而大家却争相传诵着好吃。

【营销启示】

面对激烈竞争的市场，企业要做好运营管理工作。出色的运营管理是企业生存以至取胜的关键要素之一。在运营管理的过程中会遇到很多问题与困难。管理者在思想上不能软弱，要敢于接受现实，勇于接受挑战，通过发挥自我主观能动性有效地做好计划、组织、实施和控制工作。

【营销语录】

未来 30 年，不是力量的竞争，也不是知识的竞争，而是用户体验的竞争，对他人关怀的竞争。

——阿里巴巴集团创始人　马云

平台生态企业在"数字生态共同体"中扮演着重要角色。

——腾讯公司创始人　马化腾

在经营当中，企业最重要的就是运作模式、商业模式的创新，只有创新才能形成最具特色的核心竞争能力。

——万达集团创办人　王健林

【政策瞭望】

加快发展数字经济，促进数字经济和实体经济深度融合，打造具有国际竞争力的数字产业集群。优化基础设施布局、结构、功能和系统集成，构建现代化基础设施体系。

——中国共产党第二十次全国人民代表大会报告

"大数据"和"互联网+"时代的到来，为各行业运营服务和平台生态建设提供了一种全新的思维方式，促进了数字化时代下的营销理念和方式的变革。企业要通过深度数据挖掘和用户行为分析，打造精准营销的技术工具和决策平台，以大数据引领互动媒体服务运营，应对互联网带来的严峻挑战。运营服务管理模式的实现，需要具备几个联动部分，包括市场分析、营销组织、信息沟通渠道、业务服务支撑、定制化产品，只有真正将这五个部分有机结合起来，并形成标准化、流程化体系，才能真正实现精准运营服务。

而企业的平台生态建设是一个庞大而系统的工程，其建设不可能一蹴而就，设计和实施都是一个持续优化改进并且螺旋上升的过程。通过制定平台生态建设规划，可持续演进的平台生态将不断支持企业业务发展，助力企业经营的全面战略转型。利用平台基建，企业也将拓宽技能获得渠道，降低技能成本，以此更有效地利用平台生态实现企业战略。

4.1　运营服务之争

在数字化背景下，企业的经营环境发生了翻天覆地的变化。受到数字化相关技术的影响，企业商务活动主体的行为特征、产品属性以及产品的创造过程等都发生了巨大的变化。企业必须适应这种变化，综合运用各种数字化相关技术，改进原有方法，优化流程，提高运营效率，提升服务水平。数字化环境也改变了企业竞争的范式，企业应该主动去迎接甚至引导变化，做好服务，通过运营管理实现价值的创新。

4.1.1　运营之争

1. 运营的概念

所谓运营可以分两个层面来理解。从广义上讲，运营是指对企业所有经营活动，以及与其密切相关的各项工作进行计划、组织、实施和控制等的总称。从狭义上讲，运营仅仅是指对其生产、经营的产品及其相关方面，如宣传推广、粉丝引流、数据分析、反馈改进等的运作管理。

互联网产品运营是以产品为价值基点，吸引、激发、维系、服务用户，以实现用户和产品价值最大化的所有行为过程以及驱动这种行为过程所需要的智慧性思想理念和策略方法的总和。对于互联网运营，维护产品、帮助产品增长、帮助用户使用产品、完善产品细节、解决产品问题、加深用户对产品的印象、维护用户持续使用产品等一切围绕产品的行为都可称为运营，如图 4-2 所示。

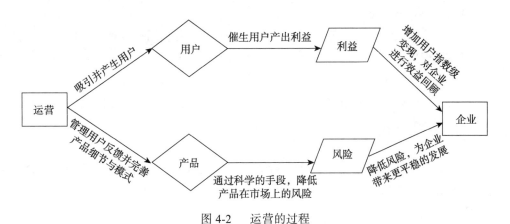

图 4-2　运营的过程

2. 运营的类型

数字化时代的运营包括两个方面：一个是对产品自身的运营；另一个是对与产品相关生态的运营，最终仍在解决人和产品关系问题，通过人工干预的手段让用户的体验度不断提高。一般情况下，我们将运营划分为产品运营、内容运营、用户运营和活动运营四种类型。

（1）产品运营

产品运营的目的是驱动产品价值最大化，包括三个层面：第一，运营要驱动产品运转起来；第二，运营要确保产品持续长久稳定地运转；第三，运营要促使产品运转效率处于具有竞争力的地位。产品运营包括三个阶段。

①产品运转阶段

一款互联网产品被设计开发出来上线发布之后，只有用户使用，才能真正运转起来。这时需要做的工作是尽量让大范围的目标用户了解产品的功能价值，体验产品的亮点特性，从而尝试去使用产品。这需要做好以下三方面工作。

第一，产品信息设计。产品信息设计主要包括两个层面的工作：一是拟定和撰写产品信息，包括产品是什么，有什么特色，能带给用户什么价值。二是产品的宣传信息文案设计，即要从第一步汇集的产品信息基本内容中提取关键信息，按照用户特性和信息展示渠道特点，以用户看得懂、喜欢看的形式设计文案及展现形式。例如，王老吉凉茶的产品信息中关于其功效的介绍是清凉祛火，清热解毒，但在面向用户宣传时，为了让用户有形象直观的理解，经设计后的产品宣传信息是"怕上火，喝王老吉"。

第二，产品信息推介。产品信息设计妥当之后，就需要将其推至用户面前，即触达用户。这就涉及推介渠道的选择以及推介形式的设计。首先，要明确所推介产品的人群是哪些，然后观察分析这些人群具有什么特点，经常在什么场合出现，那么选择的渠道就要确保能触达所出现的场景。例如，一款针对普通上班族的产品，其宣传推介渠道就可以选择公交、地铁广告，因为上班族绝大多数都要乘坐公交、地铁通勤。其次，针对不同渠道，信息展现的形式也要不同。例如，地铁站人来人往，人们的停留时间很短，就适合巨幅的信息、简洁的海报宣传，而地铁车厢，人们停留时间较长，就可以选择以视频广告的形式进行播放宣传。同样的道理，针对农民的产品，就应当选择诸如田间地头这样的渠道进行宣传。

第三，产品价值咨询。当产品信息有效地触达用户引起用户兴趣之后，用户可能就会有各种各样待解答的疑惑，这时运营需要为用户答疑解惑，并顺势向用户进一步介绍产品能提供的价值，鼓励试体验产品，并做好产品操作使用流程和方法的指导。通过以上三方面的工作，吸引目标用户关注并体验和使用产品，初步达到使产品可以运转起来的目标，这是运营要发挥的第一个层面的价值。

②产品持续运转阶段

运营中更有价值的活动是实现产品持续的运转，即不但有越来越多的用户开始体验尝试使用产品，还有越来越多的用户愿意、乐于高频次、深度地使用产品。运营在这个阶段主要包括以下几个方面的工作。

第一，用户支持服务。用户支持服务主要包括对用户使用产品过程中的问题、困难进行实时解决，扫清用户使用产品的一切障碍，如解决使用流程、技术操作上的问题和疑惑，回应与产品相关的咨询等。例如，在电商类产品中，用户最为敏感的环节就是涉及金钱支付的部分，这时，如果出现一些故障或令用户担心的问题，必须通过相应的运营服务及时地给予用户释疑解惑，消除其疑虑。否则，很容易影响用户的情绪，进而对产品的使用价值产生负面评判。

第二，使用环境维护。使用环境维护主要是确保参与产品提供的价值以及营造的环境与目标用户的目标诉求是一致的，清理产品中可能出现的干扰用户使用体验的无关内容和功能，打造一个纯粹一致、健康稳定的产品使用环境。例如，在一个新闻 App 中，如果经常出现假新闻，将会使用户失去对产品的信任从而离开产品。所以，运营人员要通过相应的运营体系和机制，保证产品中的信息内容必须是符合产品定位的，不能允许有违反法律、道德的低俗或不健康内容出现；在产品功能上也要确保所有的功能点始终是围绕强化产品的核心价值而存在。例如，一个提供医疗咨询服务的 App，如果出现销售殡葬产品的功能，那将会迅速失去用户，使产品走向灭亡。

第三，产品迭代优化。运营人员为用户提供支持服务和维护用户使用环境的过程，实际上就是观察、分析用户使用产品行为及与用户深度交互的过程。在这个过程中，运营人员是很容易获得用户对产品哪些功能比较赞赏、对哪些功能常常吐槽等产品应用反馈数据的，通过对这些数据的精细分析和深度解读，可以得出产品的迭代优化方向和具体设计，从而持续地提升用户的使用体验。这样，用户才能持续不断地使用和依赖产品，公司才能确保产品能够持续运转。

通过以上三方面的工作，促使用户持续稳定地使用产品，实现用户价值最大化，这是运营要发挥的第二个层面的价值，因为只有实现了用户价值最大化，才能实现产品价值最大化目标。

③产品竞争力提升阶段

对于产品生产经营方来说，实现用户价值最大化才是其终极目标。产品要提供独有的优于他人的价值，使其处于行业的领先地位。需要做好以下两个方面的工作。

第一，深度挖掘用户潜在需求。所谓潜在需求，是指消费者虽然有明确意识的欲望，但是由于种种原因还没有明确地显示出来的需求。一旦条件成熟，潜在需求就会转化为显现需求。根据互联网产品需求模型 KANO 的定义，KANO 模型是东京理工大学授野纪昭（Noriaki Kano）发明的对用户需求分类和优先排序的有用工具，以分析用户需求对用户满意的影响为基础，体现了产品性能和用户满意之间的非线性关系。用户的需求一般分为三个层次，分别是基本型需求、期望型需求和魅力型需求，如图 4-3 所示。

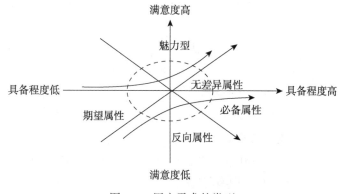

图 4-3　用户需求的类型

基本型需求是用户认为产品"必须有"的属性或功能。当其特性不充足（不满足用户需求）时，用户很不满意；当其特性充足（满足用户需求）时，用户也可能不会因此而表现出满意。对于基本型需求，即使超过了用户的期望，但用户充其量达到满意，不会对此表现出更多的好感。不过只要稍有一些疏忽，未达到用户的期望，则用户满意度将一落千丈。对于用户而言，这些需求是必须满足的，是理所当然的。

期望型需求要求提供的产品或服务比较优秀，但并不是"必须"的产品属性或服务行为，有些期望型需求连用户都不太清楚，但却是他们希望得到的。在市场调查中，用户谈论的通常是期望型需求，期望型需求在产品中实现得越多，用户就越满意，当没有满足这些需求时，用户就不满意。

魅力型需求要求提供给用户一些完全出乎意料的产品属性或服务行为，使用户产生惊喜，对产品非常满意，从而提高用户的忠诚度。当产品发展到这个境界时，实现回报就是顺理成章，水到渠成的事。

一般在正式上线发布时，基本型需求是必须具备的，也要集中满足用户某一个方向的期望性需求。但是魅力型需求，用户并不会直接告诉产品运营者，而是需要在运营中结合运营数据分析以及用户交互沟通过程中产生的对用户潜在需求的敏锐感知，靠运营人员不断深入挖掘。

第二，提供用户参与感。当用户成为产品设计和运营一员时，就会产生一种主人翁情怀，会把产品当作自己的成果精心呵护，从而敞开心扉、建言献策。当一个产品聚集了某一个人自己的想法和贡献时，必然会使其有成就感，也必然会让他对该产品倍加呵护和爱惜，并积极向周围人推广和宣传。同时，作为用户的一分子，其对同类群体的需求把控和洞察更为贴切、精细，更有利于挖掘出满足用户的魅力型需求。

所以，在运营过程中，要善于发掘和培养用户中的积极分子和铁杆粉丝，为他们搭建参与产品设计和运营的机制和舞台，提升他们的参与感。

（2）内容运营

①内容运营的概念

内容运营是指围绕产品，通过创造、编辑、整合相关文字、图片、音频等，从而达到宣传产品、提升产品价值、强化用户忠诚度目的的运营方式。高质量的内容是做好互联网产品宣传、推广的重要武器，也是留存顾客的重要手段。内容运营分为网站运营（如网络社区、门户网站）与新媒体运营（微信、微博等）两类。

②内容的来源

内容创造、编辑和整合是内容来源的主要渠道。按照难易程度可以分为三类，并且由不同的运营人员负责完成。第一类最简单，仅限于做些复制、粘贴等简单的工作，这类内容多适用于网络社区、门户类网站，如今人工智能已经开始承担此部分工作；第二类是能够根据用户需求挖掘、提炼相对应的内容，并对内容进行深度加工，这类内容多适用于新媒体，我们通常所说的内容运营人员就是此类，为运营的主体；第三类是根据素材，提炼出独特观点，并能赋予独特创意的内容，这类内容通常由高级策划担任，要求其不但文笔好，更重要的是拥有足够的创新能力，这类人员可以说为数不多，大多为一些职业自媒体人。内容运营人员主要需要承担如下工作。

一是内容定位与分析。内容定位是指根据目标用户需求对内容进行筛选，内容分析是指在内容筛选的基础上再进行优化。例如，一款为女性白领提供境外购物资讯服务的App，内容运营可以定位为个人护理方向，向其提供相关的产品资讯；一款为中学生提供课程答疑的工具型产品可以包含语文、数学、英语等。不过，在内容定位与甄选上是有原则的，无论是摘抄内容还是用户原创内容，都必须符合以下六个原则，即符合国家法律法规；符合预设的大方向和定位；所涉及的话题有热点，关注度高；主题健康，积极向上；阅读量高，互动性强；无广告。

二是内容的二次加工。一个优秀的运营人员除了要具备资料搜集和鉴别能力，更重要的是还必须具有内容的二次加工能力。内容的二次加工包括：将搜集的资料形成自己的观点并进行论证，使其有理有据，折服人心；对文章结构、标题等进行优化，让文章结构安排更合理，主题更明确；为所撰写的内容进行配图，以提升读者的阅读体验。

③内容的推送

内容不但要高质量地写出来，还要及时、有效地推送出去，只有这样，才能让读者阅读、转发，实现依靠内容带动产品增值和销售的目的。内容的推送关键是把握好推送时机。到底该在什么时间推送，没有严格的标准，平台不同、阅读群体不同，发布的时间也应该有所调整，而且还要善于根据实际情况的变化而适当变动，如节假日、重大事件发生等，发布时间必须有所调整。

通过对各平台所发布文章的时间进行分析、总结，发现高峰期大多集中在三个时间段。22:00 至次日 0:00 是全天曝光量的第一个阅读高峰期，但由于这个时间大部分人都在沉睡，从人性角度来看必须忽略掉，避免打扰用户休息。其他两个时间段分别为上午 8:00—9:00 和中午 11:00—12:00。

④内容推送效果评估

内容推送后，用户对该内容会有一系列反馈，这时运营人员需要对这些反馈进行分析。分析的维度包括浏览数量、访客量、互动量、点赞量、评论量、热区点击量等，这些数据是衡量内容运营有效性的主要指标。通过数据分析对内容进行更新和结构调整，重新梳理出需要重点投入精力的运营方向，或者说砍掉不必要的运营。根据分析结果就可以调整内容、更新策略。

内容生产主要有用户生成内容、专业生产内容、职业生产内容三种形式。用户生成内容一般为用户，即该平台的用户。专业生产内容、职业生产内容代表专业内容生产者，前者代表以专业身份（专家）贡献具有一定水平和质量的内容，如微博平台的意见领袖、科普作者和政务微博；后者代表一部分专业内容生产者，一般为比较专业的（有专业资质、学识）平台运营人员，也有以提供相应内容为职业的人员，如媒体平台的记者、编辑，既有新闻的专业背景，也以写稿为职业获取报酬。而这三种输出方式结合后，可以实现买卖双方，即服务者与被服务者更好地互动，正因为此，互动才成为新媒体运营最不可或缺的驱动因素。

（3）活动运营

①活动运营的概念与分类

活动运营是指以市场为手段，通过花钱或不花钱的方式，组织、策划某个活动，对产品进行宣传、曝光、营销等一系列的干预行为，以达到增加下载量，提高平台活跃度，扩大品牌传播面等目的。

活动运营大致分为三种类型：一是运营主导型活动运营，主要以盈利销售为主，品牌宣传为辅而展开的主题运营；二是传播主导型活动运营，以品牌宣传为主，盈利销售为辅策划活动；三是混合型活动运营，兼具以上两种类型的特点，既做运营又做传播。

②活动运营的流程

运营人员做活动运营的流程，具体可以分为五个步骤，如图4-3所示。

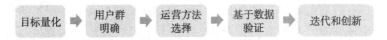

图4-3 互联网产品日常运营工作流程

第一步是明确可量化的目标。运营的基础是数据，而运营的目标一定是活跃率和活跃用户规模。因此，运营的整个过程都离不开和数据打交道。不同环节的运营关注点也不同。针对内容运营，要多关注内容的生产能力和消费能力，即用户产生内容的数量和内容被浏览和评论过的数量；针对用户运营，关注点是初始状态的用户规模和活跃用户比率，并且明确运营的目标值以及过程中用户的流失率等。

相关链接 4-1 斑马英语月营收破亿背后的增长之路

第二步是明确用户群，对用户群精准画像。例如针对流失顾客的召回的运营方案，首先要明确定义流失用户的特征，收集他们准确的信息，才能清楚地了解这些用户的规模、分布，从而确定有效的召回手段。

第三步是选用正确的运营方法。针对不同的运营内容确定相应的方法。例如，可以通过内容营销来提高用户平均浏览量和人均评论数，可以通过用户运营策略来吸引用户登录，进行内容发布或者是浏览内容，也可以通过场景化的运营来提高运营的转化率。

第四步是当运营开始之后，就要进行运营的自验证，这时需要数据支持。运营要基于数据的收集和整理，通过数据的表现和预期的对比，研究整个运营过程中用户出现数据下滑的原因及未达到预期的原因。

第五步是根据数据不断修正运营方法，实现运营的迭代和创新。例如在召回行为中不同的召回方法可能带来的效果不同，如果在运营过程中发现邮件召回的效率很低，而短信召回的效率很高，那么在未来就可以更多使用短信召回。甚至相同的召回手段，不同的内容也会带来非常极端的差别，那就需要对运营内容进行优化。

视频链接 4-1 三只松鼠凭什么卖得那么好？解读运营逻辑

（4）用户运营

①用户运营的概念

用户运营指以用户为核心，以数据为向导，以线上手段为主，以线下手段为辅吸引用户，提升用户黏性和活跃度，从而不断提升用户体验和价值的过程。通过精准、精细化的手段针对不同类型的用户采用差异化的运营手段。用户运营可以帮助平台科学地、有针对性地分析用户。数据分析、用户建模、用户留存率、会员激励等都是用户运营的日常工作。当然，用户运营的程度是由产品的成熟度和整体体量决定的，针对不同产品阶段、不同的业务线，都存在着差异化的运营需求，用户的复杂度和业务体量决定了不同岗位运营策略的操作方向。

②用户运营的阶段

第一阶段是拉新。拉新是用户运营的第一步，如何拉到第一批用户是用户运营必须解决的问题。衡量拉新工作成效的主要指标是注册用户数和访客量。

注册用户数。经过多年的发展，互联网产品注册渠道非常成熟，有多种方式，包括产品自身的注册入口、站外合作、商业推广、绑定登录等，尤其是绑定登录，已成为各大互联网产品进行拉新的常用方式。然而尽管绑定登录是互联网产品用户拉新的常用方式，但对于某些用户而言，他可能没有可绑定的账号，因此需要注册方式的多样化，这样才能满足更多人的需求。在实现注册方式多样化上，企业可以做好注册引导和转化，尽量简单明了地让用户完成注册。

到访量。衡量互联网产品用户运营质量的另一个标准就是访客量，访客量多了，在一定程度上就意味着新增用户的增多。提高用户到访量可以采取设置卖点的方式进行，以最优惠的条件先抛出卖点，吸引用户进行更多的附加和连带消费。

第二阶段是避免流失。用户流失是每款互联网产品都无法避免的。当用户积累到一定阶段后，有很大一部分就会流失，因此需要吸引新用户，留住老用户。常见的方法有积极的回访，对产品进行优化和更新，以及对老用户重新拉新。避免流失的主要方法如下。

积极回访。回访是一种极其重要的拉回手段，当用户两周不登录时，即可判定为流失用户，即使对方有可能再次登录，但也至少表明该产品对其的吸引力非常有限。此时就需要及时回访，可以采用电话、电子邮件、短信等形式，也可以采集用户流失的原因数据，然后根据这些数据制定具体的挽回策略。

对产品进行优化和更新。在持续流失成为既定事实时，运营人员最需要做的就是维稳，防止更多核心用户持续流失。对产品进行优化和更新是最可靠的一种方式。以手游为例，产品在进入稳定期之后，需要持续进行优化和更新，否则，一些已深入体验过游戏的用户就会减淡兴趣，当新鲜感下降必然会选择离开。

对老用户重新拉新。这种方式很常见，老用户重新拉新是最佳补充"新血"的途径。在做老用户重新拉新活动时，应注意以下三点：一是活动规则简单直接，可以降低用户参与门槛；二是营造热闹的活动氛围，让参与和被邀请的用户提高参与度；三是对奖品的刺激需要把握到位，让用户认为他们有可能获大奖，提高满意度。

4.1.2　服务之争

互联网时代，企业与企业、企业与顾客、顾客与顾客间的联系越来越紧密，正如管理学大师彼得·德鲁克所说："互联网消除了距离，这是它最大的影响。"互联网使企业原有的竞争优势面临巨大威胁，企业需要拓宽自己的边界来获取新的竞争优势，这就要求企业向用户提供者优质的服务来获取行业内竞争优势。服务是指一方向另一方提供的经济活动，在特定时间内，服务的提供者会给服务接受者（人、物或者财产）带来预期的结果。移动互联网的出现，线上线下的互联，让企业看到用户的需求不再是单点的，而是全方位且复杂多变的。随之而来的产品作为解决单点问题的方案，已经不能满足用户全方位的需求，而服务则成了能更好地解决用户需求的方案。后产品时代，服务为王。这样对于传统服务提供方的运营管理流程乃至与之配套的组织架构都需要重新规划。服务设计不只是设计服务，更是设计与服务相关的整个商业系统，这样才能看打开商业世界的新思维，突破增长极限。

1. 服务的重要性

（1）服务有利于维系关系

通过服务可以实现企业与粉丝、客户之间的连接，并获取客户的信任，促成交易。通过用心的服务可以长久维系和客户之间的良好关系，使之成为忠诚客户。

（2）服务有利于口碑营销

移动互联网时代，口碑为王，客户对于产品的选择来自于口碑宣传。品牌能为客户提供超出其预期想象的极致服务，赢得客户的心，在客户心中树立口碑，通过客户传播口碑，最终引爆成为受欢迎的品牌。

（3）服务有利于帮助产品使用

随着科学技术的发展、进步，产品技术含量不断提高，产品性能复杂度不断增加。很多产品需要代理提供指导及服务，客户才能正确使用产品，体验到产品的效果及价值。这就对企业的服务质量提出了更高的要求，需要真正地为客户服务。

（4）服务有利于复购和转介绍

众所周知，维护老客户的成本要远低于开发新客户的成本。因此，企业为了赢得客户忠诚，提升复购率，竞相推出各项服务，经过大量事实证明，这些服务可以明显提高复购率和转介绍率。

总之，服务作为一种非价格竞争手段，在增强企业竞争力方面作用日益重要。在当代社会，服务深入到每一个角落，企业提供的服务与同行相比处于领先地位。

2. 服务的思维

（1）以用户思维开展客户服务

互联网时代，信息生产和传播的方式发生变化。信息不再是由小部分人制造，每个人都是信息的源头，信息也不再是一点对多点的单向传播，变为多点对多点的多向传播。更关键的是，在整个信息产生和传播的过程中，"人"取代了信息成为核心，"以用户为中心"的用户思维，也成为互联网思维的核心，贯穿于互联网企业运营的始终。这不仅仅体现在做品牌的层面，还体现在市场定位、品牌规划、产品研发、生产销售、售后服务、组织设计等方面，影响着企业各环节的决策。

互联网时代，一切行业都是服务业，所有企业都是服务企业，客户服务的重要性可见一斑。基于用户思维，有效"客户服务"要覆盖业务价值链的全过程，在每个环节都要和用户交流，潜入式互动，如润物细无声般渗透到用户的日常业务活动中，让用户获得最佳服务体验，从而实现企业的业务价值。有效客户服务的目的是让企业产品或服务建立良好的口碑，建立信任度强的用户关系，形成强大的"粉丝"效应，让用户真心地认可、传播、维护企业。

（2）注重用户的参与感

互联网时代，消费者选择产品或服务的决策已经发生了巨大的转变，他们对产品和服务的需求不再停留于功能层面，更想借此表达自己的情感，渴望参与供应链上游活动（如采购、设计甚至制造）的决策。参与感是用户思维最重要的体现，让用户参与，能满足用户"在场介入"的心理需求，抒发"影响世界"的热情，满足其对存在感、成就感和归属感的渴求。因此，在业务价值链中把做产品、做服务、做品牌、做销售的过程开放，让用户参与进来，并在业务价值链各个环节中做到全员客服。

真正的用户参与就是与用户积极互动，真诚沟通，融入用户当中，把用户当成朋友，形成一定的客户黏性。客户需求也能为产品创新提供思路，帮助企业不断改善产品和服务，更好地服务用户，形成良性的企业与用户互动关系。

（3）重视用户体验

用户体验是一种心理感觉或感受，是在用户接触产品或服务的整个过程中形成的综合体验。所有环节的产品或服务都是为了实现用户最佳体验的目标。用户至上的互联网思维，追求极致的用户体验，需要企业从细节开始一点一滴地完善。提升用户体验的关键在于提供增值服务，这是一种差异化竞争手段。通过提供个性化的增值服务，满足不同客户在细节上的用户体验，可以形成良好的客户黏性。做好用户体验需要注意以下四个方面。

①用户体验的核心是为谁设计。"为谁设计"是用户体验的原点和出发点，只有原点确定，设计用户体验的坐标系统才能明确下来，因为不同用户群体的需求可谓千差万别。如果脱离了特定用户群体的需求，产品或服务再好，想法再精妙，都无法和用户产生共鸣。最好的产品或服务就是解决用户的痛点和痒点。

②好的用户体验一定要注重细节。用户体验往往"成也细节，败也细节"。在竞争日益激烈的今天，企业间的产品或服务在功能上不会有很大的差别，用户能感知到差异的东西往往在细节上。因此，客户服务过程中每个细节一定要让用户感知到，并且要超出用户的预期，给用户带来惊喜。只有这样才能获得更高的用户满意度，带来很好的口碑传播。

③用户体验一定要聚焦。好的用户体验，要能给用户刺激，例如产品在设计方面应该特色鲜明、让人产生怦然心动的感觉。这就要求企业利用有效的资源集中打造某一用户体验点，做到创新甚至是极致来打动顾客，给用户带来价值。进而实现商业价值。

④简约带来良好的用户体验。用户思维使商业活动回归人性，所有的产品和服务都要从人性的角度出发，看起来简洁、用起来简化、说起来简单，能给用户带来全新的体验。企业提供的产品和服务简约，用户才会选择和使用，才会产生客户互动。

（4）"快"是做好服务的根本

"快"是行动准则，是对待用户的态度。互联网时代行业竞争激烈，速度慢的企业基本上没有成长机会，甚至面临生存危机，高效率才会带来高成长。用户对服务的根本需求就是要我们快速地响应用户需求，快速地拿出基于特定需求的解决方案，快速地解答用户提出的问题和疑惑。因此，做好服务的核心就是一个"快"字。

互联网已不再是简单的作为对外传播信息的工具与渠道，它已成为企业及时发掘、准确洞察用户需求的平台。提升用户体验是互联网经济的内在要求，企业要想实现这个目标，不光要有真诚服务的态度，还要运用互联网思维来改造整个服务体系，不断地把提供优质服务转变为提升客户体验，这就是企业的核心竞争力。

4.2 平台生态之争

随着信息技术和互联网经济的发展，越来越多的社会经济活动都在互联网平台上开展。亚马逊、京东商城、天猫等成为人们网络购物的电子商务平台，网络搜索通过谷歌、百度等搜索引擎进行，网络交友通过脸书、新浪微博、微信等社交应用进行。这些互联网平台企业已经成为社会经济与日常生活中不可缺少的经济组织。平台之间的竞争也愈加激烈，只有通过虚拟联盟等形式进行优势互补和资源共享，形成一个有机的生态系统，才能在竞争中立于不败之地。

4.2.1 平台之争

互联网价值的最高级生态系统是商业生态系统，未来互联网商业的竞争模式将会发生重大改变，不再是企业与企业之间的竞争，而是平台与平台之间的竞争，或是生态圈与生态圈之间的竞争。

1. 互联网平台的内涵

平台是指为供需双方提供合作和交易相结合、软硬件相结合的环境。互联网时代的平台也有了一些新变化。本书在前人研究的基础上，将互联网平台界定为具有传播属性并且自身的发展需要借助于互联网的平台，具体包括网络媒体和自媒体(含隶属于企业、行业组织、政府部门的自媒体)等。

互联网平台的核心角色是信息的连接和人的连接。一方面，信息和信息流动发生了质变，丰富的信息在各个群体间高速流动、快速反馈；另一方面，互联网平台的参与者不再只是少数人组成的群体，而是每个人都以个体方式参与，形成数量庞大的社交连接。

2. 互联网平台的类型

平台是一种现实或虚拟空间，该空间可以导致或促成双方或多方客户之间的交易。平台的存在是广泛的，它们在现代化经济体系中的重要性越来越凸显，成为引领经济高质量发展的重要经济体。随着互联网行业竞争的日益激烈，互联网平台的划分依据也越来越多样化，主要包括以下几类。

（1）按照产品线宽度和服务深度来分类

按照产品线的宽度和服务深度可以划分为企业平台、水平平台、垂直平台和混合平台四类。

①企业平台。企业平台可以方便地通过网络进行全球采购和销售，最大限度改善供应链管理；但往往可扩展性不足，投入较大，只是极少数市场份额较大公司的专利，例如思科、通用电气。

②水平平台。水平平台的产品线宽度大，用户在网站上可以方便地进行"货比三家"操作，采购到更适合的商品；但深度和专业配套方面的欠缺使其不能很好地满足用户个性化需求，例如阿里巴巴、买麦网。

③垂直平台。垂直平台是指主要针对某种产品或者某一类目标市场而打造的平台，它可以满足用户一站式采购需求；用户群较为固定，易受行业或企业的影响，例如 1688、起点中文、优酷、智联招聘、中国化工网等。

④混合平台。混合平台既有水平发展的丰富的产品线以及紧密的供应商、采购商上下游关系，又有纵深服务和专业配套；但易受水平平台、垂直平台的竞争挤压。它通过与产业链合作伙伴合作，为客户提供多种产品和服务的平台，如慧聪网、生意宝。

（2）按照产业链运营主体分类

按照产业链运营主体分类，平台可以分为智能终端商平台、互联网公司平台和移动运营商平台三类。

①智能终端平台。智能终端本身就是一个平台，它汇聚了操作系统、浏览器、应用和客户端。如今智能终端的功能越来越强大，消费者可随时随地上网，享用购物、音乐、影视、阅读、游戏、交友等各种应用，当然这些应用未必是由终端平台商自己开发的。智能终端竞争很大程度上就是操作系统之间的竞争，掌握了操作系统，也就获得了更多的用户规模。只要掌握了平台的主动权，终端平台就能获得成功。

②互联网公司平台。互联网公司平台的最大特点是基于核心应用，提升平台价值并向其他服务延伸。例如百度就是专注搜索核心应用，通过技术创新、商业模式创新、客户体验创新以及平台开放，使搜索信息更加精细化，提升了用户体验。

③移动运营商平台。移动运营商拥有网络，因此其搭建的平台也必须与自己的网络绑定。移动运营商可以通过开放自己的一部分能力，例如短信、计费以及位置服务等能力，给内容开发者开发相应的应用。同时也可以发展移动互联网业务（如我国三大运营商成立基地，大力拓展手机视频、阅读、音乐、电子商务等业务）和打造自己的应用商店，通过提供平台，聚集合作伙伴和应用开发者，聚集丰富的应用，满足客户多元化需求和长尾需求。中国移动的 MM 商城、中国电信天翼空间就是这一模式的代表产物。

3. **互联网平台的竞争策略**

移动互联网在众多应用的推动下进入了快速发展期，用户数及收入实现了快速增长，移动互联网的快速发展及盈利前景使各大互联网平台竞争激烈，从而倒逼其优化竞争策略。平台的主要竞争策略主要包括五个策略。

（1）定价策略

定价策略是双边市场中平台企业的核心问题。在双边市场中，两边用户的价格是按照价格总体水平来进行决策的，双边市场对双方用户的最优定价必须同时考虑，必须平衡双边需求。当平台一边的交叉网络外部性很强时，平台为吸引用户的加入会采取低价甚至负价格的策略。垄断情况下的平台定价会向某一方参与者倾斜，而当市场变为寡头垄断时，则向另一方参与者倾斜。平台垄断势力很强时，目标应该是提高产品或服务质量，通过高价获得利润。而在竞争激烈且仅允许一边多归属的情况下，平台应该尽可能吸引另一边，定价有所倾斜。

（2）差异化策略

双边市场中，平台企业提供的产品或服务的差异化是影响用户采取多归属还是单归属行为的关键因素。在用户需求高度相互依赖的双边市场上，当平台企业向两边客户提供的产品服务具有较大差异性时，两边客户都会只选择一个平台交易，如果平台企业提供的服务仅对一方客户具有差异性，另一方客户就会选择多平台策略，即在多个平台交易。平台一般通过低端消费来培育消费者，提高平台的市场份额，并培育消费者的使用习惯，挖掘潜在的消费者群体，进而通过高端的收费服务来获得收入并且实现盈利。

（3）成本策略

在双边市场上，当平台建立起来后，平台企业需要考虑如何提高消费者的转移成本以增强客户黏性，锁定消费者，从而获取超额利润。转移成本是用户从一个系统转换到另一个系统所必须支付的成本，转移成本包括违约成本、学习成本、资产重置成本、搜索成本等。对于消费者来说，他们一旦适应并习惯某个平台，就不会轻易转向另一个平台。转移成本对平台企业的定价和利润水平都会产生影响。

（4）排他性策略

平台企业可以通过排他性规则驱逐竞争对手，从而实现其在双边市场中的垄断地位。用户在通过平台进行交易时，必须选择一个平台进行交易，不得选择其他平台进行交易。平台还会与一方签订排他性规则，阻止该方用户选择其他平台与另一方的用户进行交易。如饿了么和美团就采取这样的模式，用户只能选择其中之一。在市场竞争的环境中，平台存在着对两边用户进行排他的内在激励，只是对于买方用户进行排他的难度比较大，因此平台往往对于卖方进行排他。

（5）交叉补贴策略

双边市场中平台企业对双边市场中的某一边用户提供补贴的情形相当普遍，一定条件下，平台企业可能在一个市场上低于边际成本定价。在用户多归属的情况下，平台企业若采取"分而治之"策略，即对一边免费甚至补贴，以吸引用户在平台的启动阶段成为会员，而当该边用户量达到使另一边用户愿意购买平台服务时，即可通过平台另一边实现盈利。

4. 互联网平台的管理策略

平台化管理是顺应数字变革，人和组织共同升维（认知）与微粒化（手段）的一种新型管理理念和实践。平台化管理基于数字技术进行流程重构，基于个体自我驱动开展组织变革，以及基于互相成就的心态集体升级。

传统企业在发展过程中实现平台化转型和升级必须进行全面统筹与考量，包括关系、能力、绩效、结构和文化5个方面，形成了平台化管理"五化"模型，即关系多样化、能力数字化、绩效颗粒化、结构柔性化与文化利他化。这一整套的思维框架方法论能够帮助企业迈向智能化时代。平台化管理的五要素环环衔接、环环相扣，形成完整闭环，引领企业迈向智能时代，为公司的升级奠定坚实基础。企业的能力、绩效和结构是骨架，关系和文化是血肉，数字技术是基础，基于这个模型管理战术随时迭代，根据外部商业环境的变化随时调整，实现动态平衡。

（1）关系多样化

企业的发展终归是以人的创新动力为主要驱动力，因此人的边界就是组织的边界。平台化管理将助力企业塑造无边界组织，打造可以无限拓展的商业模式，最大化释放个体的创新活力，逐步升维为更高层次平台型组织。

平台化企业的"信任存量"是企业竞争力的重要标准，所有的关系都以此为基础。数字时代，传统的雇佣关系与上下级关系依然存在，但却掺杂了平等与合作，上下关系加入了赋能和成就。此外，还产生了新的关系，例如云集将员工定义为"超级用户"，将员工和用户的定义模糊化，用户就是员工，员工也是用户，但最本质的还是连接的合作关系。

（2）能力数字化

随着平台竞争的日益激烈，企业开始搭建数字化业务运营管理系统，沉淀运营数据并时时分析资产绩效，通过建立服务和产品集市，进行应用和应用之间的连接，平台和平台之间的嵌套，对组织进行微粒化分解。数字智能系统帮助平台化企业构建战略性资产，外包非战略性资产，利用其他平台调取社会资源为企业所用，减少重复固定资产投入，创造最大剩余价值。平台化企业利用数字技术以低成本提供快捷服务，高效率创造价值，持续不断降低交易和摩擦成本，以低成本试错，不断新陈代谢与自我优化。

（3）绩效颗粒化

与传统绩效管理的量化不同，平台化绩效是以数字技术为核心，对组织中的各个元素、整体组织、各个分子、各个原子进行全方位的颗粒化解析和评价。平台化绩效利用数字技术引用大量非经营性数据，针对不同工作性质和不同运营主体，沉淀不同的数据进行考核。工作维度和评价主体的颗粒度无限细分到每分每秒，精确度和通透度极大提升。平台化绩效全面构建的数据模型对绩效变量进行系统性分析，研究绩效考核指标和绩效表现之间的因果关系，不断优化考核指标，实时反馈考核结果，从过程中及时介入，优化被考核者行为，最终改善组织结果。

（4）结构柔性化

平台化企业所需要的管理者不是通常意义上的"强势领导者"，而是可以成就个体实现自我价值的赋能型管理者和可以帮助个体发展的教练型管理者。与平台管理相匹配的领导力，不是"强"，而是"柔"——管理者要适应的并非传统的纵向管理关系，而是以平行关系（平等）为主、纵向关系（权威）为辅的管理。

平台化企业的组织变革将原本科层明确、封闭的组织体系向扁平化、网络化、开放的、无边界的平台生态系统转变。平台内的员工、合作各方都成为平台上的资源整合单元。平台上的各个单元可以随时随地自由选择

相关链接 4-2　2020 年中国电商直播生态的模式

和组合平台上的合作伙伴，调用平台资源。平台以其强大的基础设施和资源，灵活多元的分解和聚合方式进行组合，有效地激发各分子（单元）和原子（个体）的积极性，平台规模和影响力迅速扩大。

（5）文化利他化

平台化企业的文化之魂是利他，从而赋予个体更强的使命感。平台化企业的文化是升维的，需要领导层认知升维，管理层集体升维。升维目的是满足个体的精神需求，调动个体的精神力量和信念，使他们产生归属感、自尊感和成就感，从而充分发挥巨大潜力。利他的企业文化就是自我激励的原动力。同时，企业共同的价值观、信念及行为准则又是一种强大的精神支柱，能使人产生认同感和安全感，起到相互激励的作用。

视频链接 4-2　COSMO Plat：世界级工业互联网平台

4.2.2　生态之争

生态体系描述的是在平台模式支撑下，企业自发自洽，打造的具有内部价值链的商业协同网络。在数字化时代的驱动下，各企业借助现代信息技术实现网络状的松耦合，生态内企业间的协作与连接自发开展，往往没有明确的结构中心。具有信息化技术支撑的生态体系能有效降低体系内交易成本，共享商业机会，这也推动着生态网络成员间实现内部价值链的传递，并与尽可能多的外部合作伙伴取得联系。

平台生态系统的核心要素包括平台、生态系统、应用程序、接口、架构。平台生态系统还有三个其他相关特性：终端用户、竞争对手平台生态系统、竞争环境。数字经济的发展使互联网从营销端渗透到生产端，企业价值链的研发、设计、采购、生产、营销等各环节都要放到网络化平台上实现供需匹配，最大化地打破信息不对称，提高效率，满足用户体验。这意味着原来的线性产业价值链会逐渐演化成网状产业生态圈，进化为一个以用户为中心、实时互联、高效协同的产业生态网络。因此，对大部分企业平台而言，要突破自己，做生态的布局，才能在激烈的商业竞争中获得成功。

1. 互联网平台生态的形式

互联网生态是在互联网基础上所进化出来的一个全新的系统，它是经济发展下的必然趋势。从技术的角度看，人类制造业的发展更大程度依赖了互联网的模式。然而，平台的生存发展靠的不仅是客户量，更多的是生态格局。生态格局是由各个生态形式构成的，根据范围的不同，平台生态形式可细分为社会生态、行业生态、企业生态、产品生态和内容生态。

（1）社会生态

社会生态是生态构成的基本要素，互联网的发展对于社会生态的形成和发展起到了加速和推动作用，对于人类社会生活的影响极其深远。具体而言，社会生态可以体现为以下三个维度。

①人人交互。越来越多的人使用各种设备，包括手机、计算机等，通过移动互联网实现了生活在不同空间的人与人之间的即时沟通与信息分享。只要接入互联的网络，信

息的交互就可以几乎不受任何外在力量的阻隔。而且随着社交工具的迭代发展，人与人发生信息沟通与互动的方式也变得多元化，也因此形成了各种社群。

②人机交互。人机交互经历了大、小、无三种"视界"。计算机、手机、可穿戴设备是人机交互在互联网时代各发展阶段的代表性产品。人机交互模型如图 4-4 所示。

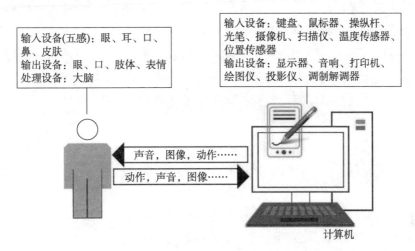

图 4-4　人机交互的模型

以文字为主的人机交互方式，已无法适应移动互联网时代的个性化、多元化的信息交互需求，图片、语音、表情、手势等新型多媒体交互手段不断涌现，如智能手机、平板电脑、车载导航设备、可穿戴式电子设备等。

③物物互联。物联网是软件、硬件和数据结合的一个中心点，在未来用户拥有的每一件设备，都将实时监测和收集关于用户行动和身体状况的数据，包括但不限于日常生活中用户的习性、偏好、需求。当这些数据整合到一起，一个符合用户自身简要属性和状态的虚拟人格就可以描摹出来，从而提前预知用户的需求。

（2）行业生态

行业生态影响着企业的生产经营活动，所属行业决定了企业产品的最终形态。企业生产的商品，大致可以分为两个类别：一类是大批量无差别的，另一类是小批量有差别的。这两类商品的特质导致两类中心化的趋势。

对于无差别类商品会导致某一类行业只剩下少数几家企业，比如钢铁。互联网会使信息透明，而信息透明会让这种可以通过参数比较好坏的产品越来越集中到少数几家有优势的企业中。

对于有差别类的商品，小平台可能会获得一定的竞争优势。在这一点上可以清楚地看到互联网中心化和去中心化相并行的趋势。中心化是指少数几个大平台销售大量标准化的产品，而去中心化是指平台上出售各种越来越具有个性的商品。行业生态体现为多种共生关系。电子商务平台和各种商品的商家及用户都是这种关系，游戏与分发乃至打通游戏账户体系提供虚拟货币的平台是这种关系，写手与小说平台是这种关系，搜索与被搜索的内容也是这种关系。

（3）企业生态

企业生态一般表现为企业内部生态和外部生态两个部分。

①企业内部生态指企业要为新的商业体孵化企业内部的软环境、塑造新的团队、提供资源、提升管理意识、提供技术平台，这实际上是企业内部二次创业的新平台。

②企业外部生态指传统企业在数据服务、金融服务、仓储、物流等领域构建的新商业体。如今可行的方法是找到符合自己的商业模式，规划未来的合作伙伴和生态体系。

互联网平台生态下企业和用户之间的关系将发生变化，原来是把产品做好推送给用户，现在是要让用户参与创造产品的环节，使用户成为企业内部一项重要的战略资源。企业与企业之间的关系也将发生变化，以前是竞争的关系，现在则是协作打造一个生态体系的关系。

（4）产品生态

在互联网的背景下，产品的生产与价值创造日益走向社会化与公众参与化，企业与用户之间的关系趋向平等、互动和相互影响。

移动互联网时代，产品生态的趋势就是融入产品消费者、销售者、设计者和制造者的资本、智力、资源的众筹创新模式，或者说是共享生态。

（5）内容生态

随着移动互联网的发展，内容的创作又细分出专业生产内容（PGC）和职业生产内容（OGC），甚至有了 UGC、PGC 和 OGC 谁是主流的争论。

用户导向的内容生产是未来互联网平台的发展方向。面对日趋严格的消费者，企业必须建立内容生产者、内容消费者、内容传播渠道的良性生态系统。用大数据技术挖掘和精细化数据运营来分析用户的实时内容需求，内容生产者基于此供需关系来拓展相应内容，做到完全用户导向的内容创作，而不是过度生产热门和浅度内容，真正做到高质量、有价值、有深度的内容产出来满足用户个性化的需求。

2. 互联网生态的进化规律

回到商业的本质，简单来说，商业可以简单分为两大环节：创造价值和传递价值。任何时代，价值最先被创造出来，然后经过一定的"环节"流通传递给用户，构成一个完整的闭环。这种生态演化主要体现为以下两个方面。

（1）互联网对传统商业生态传递价值的重构

传递价值环节有三个要素，分别是信息流、资金流、物流。连接是互联网的本质，通过提供信息和生活服务，互联网改变了人与人、人与世界相互连接的关系。以信息通信技术连接了人与人，以网络技术连接了人与商业，互联网通过连接的效率，缩短或者重构传递价值的商业价值链。

互联网巨头 BAT 的成功原因是基于连接重构了商业价值，如百度的搜索（连接人与信息及服务）、阿里巴巴的电商（连接人与商品）和腾讯的社交（连接人与人）。

（2）互联网对传统商业生态创造价值的重构

由于互联网信息技术的渗透，很多行业将去中间化，加速向产业链条的两端延伸。

创造价值端的传统产业将会被重构，体现在两个方面。

①产品购买与生产前后顺序的改变

传统的制造业都是封闭式生产，由生产商决定生产何种商品。生产者与消费者的角色是割裂的。但是在未来，一切面对消费者的生产行业都有可能被重构，比如服装生产、家电制造、房地产等。

传统工业时代的产业逻辑是标准化、规模化和流水线。在这套逻辑之下，规模越大、品种越少则成本越低，越容易产生竞争优势。未来这个规律很可能将是倒过来的——谁能尽可能地满足长尾末端的需求，谁在未来的盈利能力就越强，互联网经济本质上是一种长尾经济、范围经济。

未来将会由顾客全程参与到生产环节当中，由用户共同决策制造他们想要的产品——定制化，甚至反向购买。也就是说，在未来的移动互联网时代，消费者与生产者，甚至消费者与销售者的界限都将模糊，而传统的经济理论将完全失去对经济活动的解释和指导作用。

②互联网重塑商业价值创造模式

很多互联网企业都是以免费的产品或者服务吸引用户，然后为不同的用户需求开发新的产品或服务，并在此基础上构建商业模式，比如 360、QQ 等。很多传统企业常用来赚钱的领域，互联网往往用免费去抢夺市场，然后再利用延伸价值链或增值服务来实现盈利。

移动互联网这一全新时代让"连接"一词有了更深的含义，在这个时代，产品不仅需要连接人与信息、人与商品、人与人，还需要基于用户的场景和现时需求提供后续的服务，帮助用户完成基于需求的全流程闭环服务或解决方案。企业与消费者的关系从原来的买卖关系转变为服务关系，所有的传统企业都要向服务商转型。

3. 互联网生态的协调机制

领导者企业作为电子商务生态系统的核心，既为电子商务提供交易平台，也是整个生态系统的领导者和管理者，对生态系统资源整合和成员协调起到不可替代的作用。这些领导者不仅需要协调电子商务生态中各成员之间的信任关系，调整与完善系统规则以及共同体内部结构，而且需要为生态系统各成员合理利益分配模式的逐渐形成做出贡献，并且尽可能模糊组织边界，实现各成员、各种群间的信息共享和有效合作。因此，领导者可以从关系、利益、信息三个方面建立电子商务生态系统的协调机制。

（1）关系协调机制

各成员间信任关系的建立是关系协调机制最主要的部分。建立各成员间的信任关系主要有三种方法。一是建立基于契约的信任关系，即基于利益目标建立的一种契约关系，如果私自违反契约将会受到惩罚。二是建立基于信誉的信任关系，即成员间的信任建立在成员的信誉或者关键种群作为第三方权威机构的声望之上，任何不诚信的行为都将以信誉受损作为惩罚。三是建立基于知识共享的信任关系，即建立在一定时间内相互作用的成员的信息和知识共享基础之上的信任关系。

　　关键企业应该根据不同电子商务生态系统的类型和发展的不同阶段，选择最合适的一种或几种信任机制。基于契约的信任关系是最基础的一种信任机制，适合成员之间相互拥有较少经验和信息的情况；基于信誉度信任关系适用于结构化较强的交易活动，并且需要对关键种群，即电子商务交易主体，包括消费者、零售商、生产商、专业供应商等，是电子商务生态系统其他物种所共同服务的"客户"和其他成员的信誉进行一段时间的培养；基于知识共享的信任关系更适用于交易紧密、频繁的成员之间，对不确定性具有比另两种机制更强的适应能力，而且可以鼓励高水平的知识共享，但建立这种信任关系需要较长的时间。

相关链接 4-3　阿里巴巴大生态战略

　　（2）利益分配机制

　　领导者企业对电子商务生态系统各成员的利益协调，主要可以从利益分配机制和激励约束机制两方面着手。在利益分配机制的构建方面，领导者应有长远的发展眼光，不能因为眼前的利益偏重自身利益，忽视生态系统中其他参与者的利益，而应当更多地从电商生态在生态系统中的地位，以及生态系统与其他商业生态系统采取相应的行为。在激励约束机制的构建方面，领导者应对整个生态系统的利益进行再分配。对于整个系统贡献很大，但在利益分配处于弱势的成员，给予适当的鼓励；相反，对于破坏电子商务生态系统整体利益的行为，应做出相应的处罚。

　　（3）信息协调机制

　　针对电子商务生态系统内不同成员间严重的信息不对称问题，可以从多个方面协调成员间的信息沟通和共享。第一，要大力推进相关产品或服务质量等标准的制定，解决信息不对称问题中的技术问题。第二，应为生态系统的成员打造方便信息沟通的平台，并大力加强信息网的建设，为信息协作的顺利进行提供激励约束机制，创造一个让所有成员愿意并且能够共享信息的环境。第三，可以通过建立保障体系、身份认证机制等，以第三方的身份对信息不对称的情况进行监控管理。第四，需要提供更便捷的信息发布平台，帮助交易者甄别高低质量的产品或服务，必要时提供必需的信息。

视频链接 4-3　小米的互联网生态链究竟是什么？

【本章小结】

　　随着互联网发展进入"下半场"，各互联网企业开始注重存量客户的运营服务工作。互联网运营包括产品运营、内容运营、活动运营和用户运营。越来越多的企业开始以互联网的思维开展客户服务，注重用户的参与感与体验，互联网企业的反应速度也成为企业存亡的关键因素。随着竞争的日益激烈，各企业也在竞争中互相合作，推动了互联网生态的不断进化。在现如今数字化革命和 AI 赋能的大背景下，原本的运营平台的功能早已不能满足企业扩张的需要，没有人工智能技术的赋能，企业在竞争中必然处于劣势地位。因此，企业要选择适合自身的平台竞争策略，以适应数字化时代的变迁。

【参考文献】

[1] 郑文博. 运营其实很简单：互联网运用进阶之道[M]. 北京：人民邮电出版社，2018.

[2] 杰奥夫雷 G. 帕克，马歇尔 W. 范·埃尔斯泰恩，桑基特·保罗邱·达利. 平台革命：改变世界的商业模式[M]. 北京：机械工业出版社，2017.

[3] 梁静. 消费观念的类型及特征基于消费者认知和动机的视角[J]. 商业时代，2014(27)：33-34.

[4] 曾涛.价值竞争：传统行业的商机与危机[M]. 北京：机械工业出版社，2009.

[5] 龚振. 消费者行为学[M]. 北京：高等教育出版社，2015.

[6] 方璐瑶，许必芳. 网络手机游戏玩家的消费行为研究——以《阴阳师》为例[J]. 现代营销（下旬刊），2020(12)：60-61.

[7] Pulizzi J, Barrett N.Get content, get customers: Turn prospects into buyers with content marketing[M]. New York: McGraw-Hill, 2009.

【理论反思】

1. 互联网运营的内容是什么？如何通过服务提升企业的竞争力？

2. 平台如何能够持续发展？互联网如何打造生态圈？

3. 互联网生态的进化规律体现在哪些方面？？

4. 网络关系的协调机制主要包括哪几个方面？

【能力训练】

1. 互联网平台使平台生态、数字化工作流程和平台型组织发挥出越来越大的作用。越来越多的无边界企业逐渐兴起，在头部生态构建者的领导下，企业将焕发出新的活力，平台生态参与者之间的联系也更加紧密。平台生态必须处于企业的核心，而不是作为业务的附加方面处于边缘。那么，企业如何搭建平台生态？如何利用生态优势转化来实现自身价值？

2. 互联网等信息技术的发展，促使数字化转型成为企业可持续发展的"助力器"，其中，运营服务是这一过程的基本保障，那么，如何实现数字化时代下运营服务的高效转化呢？

"平台模式 + 生态思维"助力小米打造平台生态链

1. 请基于平台生态的视角，探讨小米是如何打造属于自身竞争优势的？

2. 请查阅相关资料，思考小米为米粉提供了怎样独特的产品与服务？其中体现了怎样的服务思维？

3. 基于小米打造竞争优势的案例，阐述一下你对于移动互联网时代企业核心竞争优势来源的认识。作为当代年轻人，我们应该怎样培养自身对于核心竞争优势的洞察与判断能力？

企业家微访谈：闽宁镇红树莓扶贫生态产业园董事长车秀珍

1. 是什么因素促使被访谈企业选择闽宁镇作为红树莓的生产基地的？你可以感受到怎样的企业家精神？

2. 查询相关资料，结合宁夏主要的农特产品，分析红树莓在推进网络营销的进程中可能具有的优势与劣势。

3. 对于被访谈企业而言，可以通过提供怎样的服务，使自身拥有更强的市场竞争力？请结合企业的经营范围进行阐述。

实训目的：引导学生对互联网时代下运营平台内容的认识。

1. 找出互联网时代下运营平台的内容，分析运营服务之争与平台生态之争之间的关系。

2. 提炼平台生态的构建机理。

3. 分析平台营销的搭建思路，理解依靠平台提升价值的营销方式。

实训地点：选取当地葡萄酒酒庄。

实训方式：参观＋调研＋访谈。

蚂蚁金服之争

1. 根据上述案例内容，并结合所查询的资料，分析蚂蚁金服的商业生态演进历程。

2. 根据上述案例内容，在平台生态的演进中，蚂蚁金服面临了哪些挑战？又是如何应对这些挑战的？

3. 根据上述案例内容，尝试梳理阿里与京东的平台生态构成，并比较其异同。

自学自测　扫描此码

第 5 章

布局：数字营销战略

【知识目标】

1. 了解数字营销战略的定义与特征
2. 熟悉四种数字营销战略实施路径
3. 熟悉数字营销战略选择及保障措施

【能力目标】

1. 熟悉数字营销战略具体实施过程
2. 熟悉数字营销战略适用应用场景
3. 应用数字营销战略解决现实问题
4. 提升数字营销战略识别分析能力

【思政目标】

体会曹德旺的企业家精神

【章节脉络】

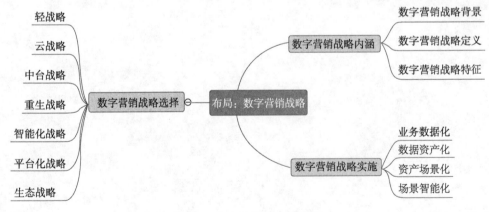

图 5-1　数字营销战略脉络图

【营销观察】

狼 的 猎 食

狼是一种十分凶暴、残忍且狡猾的犬科动物。它善于奔跑，牙利口大，捕食方法十分高明。各种野生和家养禽畜，甚至人都是它袭击和伤害的对象。狼通常集群活动，捕食方法主要有三种。一是突然袭击，乘猎物不注意时，出其不意地攻击。二是选择孤立或弱小的目标，四面攻击。有时它们能捕杀比自己大得多的猎物。狼群在攻击大型动物时，先将其团团围住，采取疲劳战术轮番攻击，待猎物筋疲力尽的时候，群起而攻之，置之于死地。因此，狼常常能捕到比它大几倍的动物。三是多路追杀，平行追击。例如狼群多路追击一只鹿，由于鹿遇到河流、绝壁等障碍物要转弯，是曲线或折线前进，运动距离长，而狼是直线或接近直线前进，运动距离短，并且是多路追击。因此，即使鹿奔跑速度很快，但它遇到障碍物要转弯，此时无论鹿转到哪个方向，都很容易被从两翼追击的狼捕获。

【营销启示】

企业作为在市场中谋求生存的主体，更需要讲求战略布局，通过战略布局占据市场经营的优势地位，进而取得市场胜利，最终取得市场经营成果。如果不做市场经营战略布局，相信企业即使能够取得一些成果，也仅是暂时的、偶然的。

【营销语录】

数字化战略的实施并非是对原有营销的颠覆，两者之间要互补融合，实现共进。

——现代营销学之父　菲利普·科特勒（Philip Kotler）

数字化时代营销战略的本质是连接。

——海尔集团大数据营销总监、数字化营销量子管理实战专家　王文琭

数字化营销战略是否真正实现，要从以下几点来判断：连接、消费者比特化、数据说话、参与、动态改进。

——科特勒咨询集团中国区 CEO 及全球合伙人　曹虎

在数字营销时代，所有的消费者行为都可以被记录并跟踪。企业在制定数字营销战略时需要考虑如何有效地获得核心消费者行为数据。

——科特勒咨询中国区合伙人　王赛

【政策瞭望】

深入实施区域协调发展战略、区域重大战略、主体功能区战略、新型城镇化战略，优化重大生产力布局，构建优势互补、高质量发展的区域经济布局和国土空间体系。

——中国共产党第二十次全国代表大会报告

当前，以数字经济为核心的通用型技术正在全球范围内加速新一轮技术革命与产业变革。作为世界经济发展的基本形态，数字经济正通过推动生产方式、商业模式与管理

范式的深刻变革，全面推动供给侧改革和经济高质量发展。然而，传统企业向数字化转变是一个颠覆性的过程，需要企业高层重新思考行业未来发展趋势，从而调整并制定创新战略，重新定义企业未来的市场地位与竞争优势，以期在未来的市场中能够获得更大利益。

5.1　数字营销战略内涵

面对风云变幻的数字化时代，企业必须运用互联网工具重新构建企业的营销战略。传统企业要实现把数字营销战略作为公司营销的重中之重。除此之外，还应考虑大数据的时代背景，优化适合企业自身发展的新战略。

5.1.1　数字营销战略背景

数字营销是指企业利用数字化手段与目标人群进行互动，向其推广品牌或产品信息，从而激发目标人群的购买兴趣，并将购买兴趣转化为企业销售的过程。

进入大数据时代，数字营销、数字经济等概念已被社会广泛接受。数字营销的兴起，离不开坚实的政策、技术、社会和经济基础。在一些大数据与行业融合应用较多的领域，如金融、医疗、安保、通信等，已经取得了显著的示范效应。毋庸置疑的是，原有的工业经济格局正在打破，生产要素的投入比例在不断变化，生产效率正在迅速提升，生产关系出现了重新分配。

因此，在数字化时代背景下，企业需要进一步洞悉消费者的购买动机，了解消费者的真正需求，并运用数据来制定营销战略，以增强营销决策的准确性，使得不断扩张的数字营销市场成为数字化创新企业竞相追逐的新"蓝海"。

1. 政策和技术背景

随着数字化技术影响个人信息安全的担忧日益增多，针对个人信息保护的约束和监督越来越规范，法律法规的出台确保了企业与个人对于数据和信息安全的需求。在政策的保障下，移动宽带用户数量快速增长，即时通信、社交网络、移动视频等新型业务不断涌现，移动用户对数据量和数据速率需求不断增长。大数据、云计算、物联网、5G等新技术不断涌现，为经济发展提供了丰富的增长潜力，优化了生产结构，提升了生产率和质量水平。同时，在国家产业政策的支持下，国内企业迅速引进先进技术，产业规模不断扩大，新技术的不断引进，为企业走数字营销战略转型之路奠定了基础。

2. 经济和社会背景

数字技术促使数字要素化和数字产业化，它重构了经济社会的物质基础。人类经济社会正沿着技术革新、产业重构、融合应用和制度改造的路径，逐步完成工业经济向数字经济形态的演变，数字经济逐渐成为世界经济发展新阶段的代表。社会学研究表明，当一个经济体的人均收入达到 1000～3000 美元时，便进入了由传统社会向现代社会转型的过渡期。传统社会的价值规则——从精神家园到信用体系，从话语方式到消费模式被瓦解了。而新媒体的不断涌现，给企业实现对细分人群的精准聚集提供了可能。在这样的背景下，数字营销凭借其技术性、交互性、整合性等诸多优点，为企业制定符合时代发展的数字营销战略奠定了良好的基础，成为了众多企业的选择。

《第 49 次中国互联网络发展状况统计报告》显示，截至 2021 年 12 月，我国网民规模为 10.32 亿人，互联网普及率达到 73.0%（如图 5-2 所示）。在线办公、在线医疗用户规模分别达 4.69 亿和 2.98 亿，同比分别增长 35.7% 和 38.7%，成为用户规模增长最快的两类应用；网上外卖、网约车的用户规模增长率紧随其后，同比分别增长 29.9% 和 23.9%，用户规模分别达 5.44 亿和 4.53 亿。在网民中，即时通信、网络视频、短视频用户使用率分别为 97.5%、94.5% 和 90.5%，用户规模分别达 10.07 亿、9.75 亿和 9.34 亿。如此高额的数字贸易加速了数字化企业的发展进程，数字营销的趋势已不可阻挡。

图 5-2　2017.6—2021.12 中国网民规模和互联网普及率
资料来源：《第 49 次中国互联网网络发展状况统计报告》

5.1.2　数字营销战略定义

数字营销战略是实现数字营销目标的行动计划，通常是实现长期或宏观目标的总体规划或蓝图。组织可以通过部署并利用精心选择的在线营销渠道，包括数字媒体、数据、营销技术等数字设备和平台，与受众进行多渠道互动，帮助组织实现特定的数字目标。数字营销战略的目标就是通过获取和留住客户来发展业务和支持营销目标。而数字营销战略应为组织的在线营销活动和渠道整合提供一致方向。表 5-1 是对数字营销战略概念的梳理。

表 5-1　数字营销战略的概念梳理

代表作者	主要观点	资料来源
埃里克· 格林伯格 （2016）	数字营销战略是指互联网时代，企业运用互联网工具及其应用，重新构建营销活动的战略	埃里克·格林伯格，亚历山大·凯茨等. 数字营销战略[M]. 马宝龙，张琳，译. 北京：清华大学出版社，2016.
王赛 （2016）	移动互联网使得人与人、人与产品、人与信息可以实现"瞬连"和"续连"，这种高度连接产生了可以追踪到的数据轨迹，使得消费者被比特化，营销的每个环节可以用数据来说话，并在连接中实现消费者的参与，实现企业动态改进	王赛. 数字时代营销战略的转型方法论[J]. 清华管理评论，2016(9)：39-45.

续表

代 表 作 者	主 要 观 点	资 料 来 源
曹虎等（2017）	4R 数字营销战略框架，recognize——消费者的数字化画像与识别；reach——数字化信息覆盖与到达；relationship——建立持续关系的基础；return——实现交易与回报	曹虎等.数字时代的营销战略[M].北京：机械工业出版社，2017.
桑文锋（2018）	大数据时代，为适应不断变化的外部市场环境，提升客户黏性，企业不断加速数字化营销转型。其中，提升营销效率、提高营销精准度是企业的首要战略目标。以上场景都将"以客户为中心"理念真正贯穿精准营销的全流程，重构企业核心竞争力	桑文锋. 数据驱动：从方法到实践[M]. 北京：电子工业出版社，2018.
付登坡、陈新宇等（2020）	数字营销战略是企业数字化转型过程中的重要突破口，是实现顾客价值的关键载体	付登坡，陈新宇等.数字化商业的转型之道[M].北京：机械工出版社，2020.
姚广辉（2021）	数字营销战略是全生态、全渠道的数字化升级方法，其要素包括个性化、数据化等	姚广辉.无接触商业：无接触经济下企业数字化转型之路[M]. 北京：中华工商联合出版社，2021.

5.1.3 数字营销战略特征

视频链接 5-1　什么是数字化营销？

数字营销是使用数字传播渠道来推广产品和服务的实践活动，以一种及时、相关、定制化和节省成本方式与消费者进行沟通，数字营销战略具备以下特征。

1. 数字连接

互联网的进程可以分为五个阶段，即数据、互联网数字媒体、数字商务、社会化网络阶段以及社交化商业阶段。在进化的过程中，任何时候，任何地方，任何事情都能被连接起来，突破了时空的边界，连接成整个人类生存的状态。正如在线视频网站 Maven Networks 创始人希尔米·奥兹加所说："互联网解放了我们的时间，给予我们选择的自由。现在，又让我们摆脱了空间的束缚，而这种自由的获取，是在连接的基础上产生的。"

2. 数据说话

数字营销的核心就是数据的诞生、采集与应用，数据是在真实的互动行为中产生的，包括用户属性数据、用户浏览数据、用户点击数据、用户交互数据等，以及来自企业的广告投放数据、行为监测数据、效果反馈数据等。这些数据可以让企业更加了解顾客，也可以让企业自身更加清楚地监测自身数字营销战略是否有效，从而及时进行调整。数据说话就是运营决策数据化。当数据源建立起来，以用户为中心的跨屏互通之后，如何分析数据、如何实现智能型的可视化的数据呈现尤为重要。数据说话要跨越决策者和营销管理人员的主观判断，建立一套数字说话系统。

3. 消费者参与

在数字营销时代，让消费者参与到企业营销战略之中是营销的关键之一。消费者所反映的数据是企业制定营销战略时最重要的参考之一，消费者在企业的营销过程中理应拥有更重要的话语权。消费者可以被看成非企业管辖的，却同时是保证企业正常、高效运转、推动企业决策的外部员工，可以参与企业的从产品设计、品牌推广、活动策划、渠道选择等。这样更容易使消费者对企业产生归属感。通过邀请消费者参与到企业营销战略之中，企业更容易打造出满足客户需求的产品和服务，也更容易赢得更多信赖和市场。

4. 协同营销

协同营销通常也被称为作跨界营销、合作营销或联动营销，是一种开放性的竞争方式，是指两个以上的企业或品牌拥有不同的关键资源，而且彼此的市场有某种程度的区分，为了彼此的利益进行战略联盟，交换或联合彼此的资源，合作开展营销活动，以创造竞争优势。随着营销实践的不断深化，协同营销正在作为一种互利共赢的营销手段被广大商家接受并运用。

5.2　数字营销战略实施

互联网、移动互联网最大的特质是实现人与物、人与信息、人与人之间的连接，企业开始在连接中思考战略的变化，在连接中洞察营销的功能，在连接中拥抱新的科技工具与数据思维。本节将基于传统营销向数字营销转型，提供营销战略选择与实施的新思路。

随着国家数字经济战略的实施，各行业都投入到数字化的浪潮中，开始以数字化和智能化为主攻方向。人类已进入数字化时代，人们的消费模式随之改变。在数字时代，营销行业所处的环境发生了巨大改变，营销模式、营销理念和营销战略路径都需要整合式地创新升级，才能适应当下市场的需求，才能实现营销目标，保证企业可持续发展。实施数字营销战略路径主要包括以下几个方面。

5.2.1　业务数据化

数字化之前企业的日常经营需要依赖不同的业务平台，如 CRM、ERP、SCM 等分析系统。这些业务平台在运转过程中不断产生数据。但是由于缺乏协同、平台缺乏开放、口径缺乏统一等原因，这些数据缺乏横向互通，很难形成完整的数据全景视图。实际上，在企业与客户交互方式比较简单、客户数据来源比较单一情况下，选择单一渠道的运营管理平台就可以实现营销互动。

随着客户消费习惯的个性化和交互渠道的日益丰富，客户开始跨多个渠道与企业进行交互，单点平台并不能适应环境的变化，企业开始对客户数据进行汇聚，以此满足数据资产化的需求。

5.2.2　数据资产化

企业需要更完整、及时的数据才能创造更高的业务价值。所以需要把分散在企业内部和外部、线上和线下各个平台中碎片化数据聚集起来，互相打通，推动企业变得更加智能。无论是数据仓库还是数据中台，企业都在尝试利用各种技术来处理整合那些量级日益增大、类型日益增多、格式日益变化的数据碎片，以期将分散的数据整合为可利用、有价值的数据资产。

由于每个企业所处领域、发展阶段和客户交互模式有所的不同，客户数据资产的内容也可能不同。如银行关注理财产品购买相关的行为，零售关注线下到店访问和消费转化的行为，品牌关注购买和复购的行为等，符合企业自身需求的数据资产，能够让企业的客户运营事半功倍。明智的企业善于寻找有数据资产运营经验的供应商合作，因此，在构建客户数据平台的同时，需要引入经过验证的数据资产最佳运营实践，从而加速自身数据资产的积累过程。

5.2.3　资产场景化

场景产生数据，数据激发新场景。新营销要求企业改变过去"拍脑袋"的决策方式，逐步以数据作为科学决策的核心驱动力。通过对业务数据的分析来产生洞察，指引业务行动，并再一次采集和汇聚业务行动产生的数据，触发新的分析和洞察。这是一个数据闭环驱动的螺旋提升过程，而高质量的数据进一步加速了这个过程。

实现资产场景化的具体路径包括通过分析客户行为，可以形成连续的客户使用路径，发现客户转化的深层次的原因，在转化的关键点上进行持续的优化；通过客户特性，可以观察单客户粒度的属性变化，在第一时间发起个性化的响应；通过客户细分，可以分析有相同特征的客户群体的画像特征，提升营销策略的效果；通过客户档案，可以洞察单个客户超细粒度的 360 度视图，有针对性地进行一对一交互。

5.2.4　场景智能化

数据的积累和数据科学的发展相辅相成。数据是数据科学的燃料，当业务场景中的数据积累到一定程度，会带动数据科学应用，让场景变得更加智能。同时，智能化场景也会制造更多数据，反过来驱动智能变得更加"聪明"。

客户数据平台的客户交互数据和多渠道资产中枢的营销闭环场景，为营销智能提供了孕育环境。例如，客户行为价值模型，能对客户的综合价值进行分级，以便企业有针对性地提供优惠；在实践中，每种场景可以使用的数据量级、维度、类型、质量都不尽相同，针对每种场景，需要妥善选择适用的模型，并通过效果分析持续优化。

场景智能化是将多个设备所能实现的单一智能进行智能化组合，形成一个多元化的复合智能体系。场景智能的基础是设备智能，物联网是二个或多个智能设备的连接器，各种智能设备相互连接打通，形成一个物联网络，这个物联网络将有效覆盖人们生活、工作、休闲等各种不同场景，让智能服务无处不在。

5.3　数字营销战略选择

工业时代形成的战略框架是建立在相对稳定的市场和经济结构之上的，所用的模型和理论似乎很难应用于动态变化的互联网时代。如今的企业不仅需要扎实的战略能力，更需要一套新的战略方法和

视频链接 5-2　微软数字化营销解决方案

系统，以有效应对这个快速变化的时代，本书主要介绍 7 种常见的数字营销战略。

5.3.1　轻战略

当今时代，企业如何进行有效的战略选择，如何制定清晰的实施路径，如何将好的战略执行下去，成为每一位领导者要做的思考题。因此，基于这样的思考，我们对各种战略工具和方法进行了重新优选，经过实践验证，逐渐形成了轻战略体系。

1. 轻战略的内涵

在这个快速迭变的时代，企业需要更加动态灵活的战略结构，需要完整清晰的战略流程，要让更多智慧的头脑参与进来，触发创新和变革。这个新战略方法论，被称为轻战略。轻战略是简洁高效、强调团队共识、倡导建构式的战略制定，它是对过去复杂、冗长战略流程的简化，从而更敏捷地应对市场变化，制定有效的战略。

2. 轻战略的内容

要想将轻战略融入、落地到企业之中，需要具备六项基本功，简称轻战略六部功，分别是：①形成挑战假设的思维习惯和工作方式；②运用群策群力的方法凝聚团队智慧；③按照机会导向的思考方式和行为方式建立外向型和探索型的行为模式；④构建模型思维的思考方式，将复杂的事物简单化，将碎片化的逻辑提炼为形象可沟通的模型；⑤运用反思学习的方法和工具不断打磨经验，实现迭代式成长和边干边学的初衷；⑥修炼一种感知当下的心法，沉浸在每一个真实的情境体验中，从而获取更多智慧的源泉。

轻战略六步法则分别是洞察变化、明确意图、识别障碍、聚焦创新、培养能力和加快行动。

第一步，洞察变化。由于企业决策者经常会被变化的表面现象所迷惑，因此要对变化的外部环境有敏锐的了解，看到这些变化会给企业带来什么样的机会，产生什么威胁。如果企业决策者不去深究背后深层次的原因，就无法产生真正有益的洞察。理性高效的洞察变化，有助于企业了解变化所产生的机会和威胁，并且锁定那些可聚焦的机会。

第二步，明确意图。在企业找到了相对明确的市场机会后，需明确其自身的战略意图，战略意图包含两个层面：一是企业到底要为消费者创造什么样的价值，即价值主张；二是战略愿景，它表达的是企业究竟想要成为一家什么样的公司。

第三步，识别障碍。在明确意图之后就要识别障碍，这些障碍是挡在企业完成战略意图道路上的"绊脚石"。有两种基本方法可帮企业进行相关的战略思考，分别是差距

分析法和障碍分析法。差距分析法是通过把实际业绩和预先设定的业绩目标相比看到差距。障碍分析法则是面向未来的，是指企业决策者要不断思考企业前进路上究竟要克服哪些障碍。

第四步，聚焦创新。当企业通过障碍识别明确了内外部深层次原因后，就可用创新的思路和方法改变它们固有的业务方式，创造独特的客户价值。创新的思考和举措要形成一套战略视图，并且形成具有差异化的战略模式，最终让企业能够达成最初设定的战略意图。

第五步，培养能力。确定一套突破性的战略模式后，企业还要建立相关配套的组织能力。轻战略实施的实践已表明，组织能力构建和组织结构、变革文化以及创新能力等息息相关。这就要企业决策者能够找到关键的突破点、核心的创造价值的流程和组织结构改变的抓手。

相关链接 5-1　如何打造轻战略模式——追求卓越的美的集团

第六步，加快行动。当创新型的战略规划、组织变革设计有了初步构想后，就要纳入一个短周期的实施方案中。在这个过程中不断寻求迭代，升级和完善，从而对已有的五个步骤进行不断的验证。

快速行动本身就是一个试错的过程。在这个过程中，企业要建立一个行动小组，能够在组织内部有效地推进新战略计划，并且进行有效学习、快速反馈。更重要的是企业要不断去验证前期的假设，然后做循环改进。从本质上来看，这六个步骤是一个迭代式修正并且持续学习的系统。

3. 轻战略的应用条件

战略并不是一套追求完美的逻辑系统，它是通过实践逐渐浮现，并让我们运用它产生既定成果的一套方法。因此，卓越的战略都是在实践中打磨形成的。要改变战略模式，需要新的思考方式。建立群策群力的团队工作方式，就是要让团队建立外向型和机会导向的战略视角，将复杂的问题用模型思维系统呈现，并且在每个关键阶段反思学习。更重要的是，创业决策者要培养一种超越逻辑思维来感知当下的能力，让战略智慧自然涌现。为有效实现轻战略，企业需要一种新的文化和氛围，它是变革导向的，而不是传统经营导向的。为了使轻战略和组织变革举措得以实施，企业需要构建一套敏捷高效的运营系统，包括精简的流程、关键的实施里程碑和运营会议。轻战略的应用还有赖于组织，在每一个业务单位，都应该有创新的成果，并且具备足够的创新能力。值得注意的是，不同的组织在公司中的创新使命是不同的。变革领导力是实现轻战略的关键能力，如图 5-3 所示。

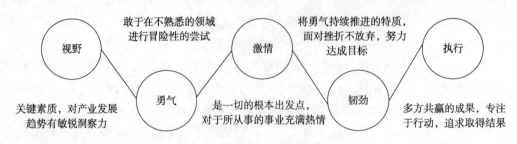

图 5-3　变革领导力是实现轻战略的关键能力

4. 轻战略实施的保障措施

为了让轻战略付诸实施，就需要一套完整的流程、两个重要的角色和三种知识的整合。

（1）一套完整的流程

轻战略六步法是由一连串基于团队共创工作坊连接起来的团队共创的过程。在每一次设计战略工作坊时，都要涉及目标、产出和成果。目标是指关于这次工作坊要达成的任务，我们要明确目标是什么，为什么要这样做；产出是指这次工作坊的结果，是可以具体看到的有形文档、决策、行动计划；成果是一段时间以后，能够对经营成果产生影响的可见的业绩，可以是市场份额，可团队士气，也可以是某种新产品。对这些问题的提纲挈领式讨论，是帮助企业设计一个工作坊的关键。

（2）两个重要的角色

在轻战略的实施中有两个重要的角色：一个是架构师，另一个是引导师。所谓架构是整体设计轻战略流程的系统框架，将六部功、六步法以及其中的工具熟练进行组合，根据客户的需要或者企业自身的需要进行裁剪。所谓引导指通过驾驭工作坊中出现的各种提问和引导环节，专注于流程，使轻战略的每个过程得以流畅地实现。

（3）三种知识的整合

轻战略体系将知识分成了三类，即行业知识、流程知识和方法论知识。所谓行业知识是指各行业所特有的行业发展历史、业务知识、商业模式等。流程知识是指工作坊和"轻战略六步法"都可以成功实施的过程化知识，在过程中何时进行思维的发散和收敛，如何掌握工作的节奏，如何提高驾驭团队对话技巧。所谓方法论知识是对过去经验的一种理论化总结，它会指导我们在实践中用一些已经经过验证的方法，更高效地解决问题。轻战略六步法是一个典型的方法论知识。

作为一个轻战略的架构师和引导师，要熟练掌握流程知识和方法论知识，而行业知识则一般由客户和外部专家贡献。当这三种知识融合在一起，并且用轻战略方式将它们融会贯通，就能发生奇妙的"反应"。清晰地界定这三种知识，能够帮助企业找到好的战略方案，不断获得客户认可。

5.3.2　云战略

现代商业生态错综复杂，市场剧变、竞争跨界、新模式与"新物种"不断涌现。云战略借鉴云计算理论中资源配置方式，融合全球最先进产业思想，设法提供一种解决经济发展问题的方案。

1. 云战略内涵

云战略是指基于云计算商业模式应用的智慧产业资源平台服务战略。在云平台上，战略决策、价值管理、战略投资等集中整合成决策资源池，各个资源相碰撞和互动、按需交流、达成统一，从而降低成本、提高效率，达到放大企业价值和基业长青的目的。

2. 云战略类型

当前，企业正面临跨行业、跨规模、跨维度的全方位竞争，智能商业是超越所有颠覆者的创新"神器"。因此，企业应认真考虑支撑起智能商业的云转型战略，根据自身实际情况选择适宜的战略类型。云战略类型一般分为商业云战略与技术云战略。

（1）商业云战略

①云迁移商业模式。传统大中型企业的"互联网＋"业务转型，第一步是迁移上云，从而获得物联网等数据技术与网络协同能力。传统企业上云有两种转型路径：一是业务渠道先与互联网结合，在云上开展在线营销、在线服务，实现数字化转型，开展线上线下全渠道营销，实现网络化转型，以靠近消费端的传统企业为主；二是生产线与数据技术结合，利用迁移上云，获得数据智能能力，走上产业价值创新之路，多为靠近生产端的传统企业所用。

②云原生商业模式。小型双创企业和互联网企业从成立早期就在云上，较早采用网络协同性平台模式，它们需要使用数据智能、区块链等云技术工具箱持续创新业务，实现从平台模式到智能平台的智能化转型。云计算让数据更透明，让产业链每个环节实时同步，产业互联网与消费互联网的边界正在消失，每一家传统企业和互联网企业都在加速进化为云上智能商业体。

（2）技术云战略

企业如果要战胜竞争者，必须实施商业云转型战略。云转型"三步走"技术战略如图 5-4 所示，它包含"云 IT"（in formation technology）创建期、"云 DT"（data technology）运营期和"云 DI"创新期。

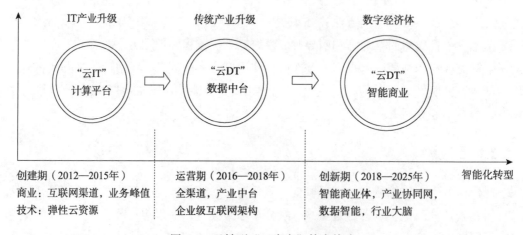

图 5-4　云转型"三步走"技术战略

①"云 IT"创建期。在技术创建期，需要在企业内部用云计算替换传统 IT 资源。由于设备的价格比较低廉，所以企业可以在同种价格的情况下提供更优质的服务，并且会诞生新的商业物种。云计算对在线营销、业务峰值等场景的全程保障，帮助企业适应市场发展，创造出新的获客场景与客户需求，在原有基本饱和的市场环境中挖掘出可观的新商业价值。

②"云 DT 运营期"，是指在原有产业链范围内利用"云 DT"技术运营数据中台。在这个阶段形成了企业的数据应用中台。运行原则是遵循一切业务数据化原则，汇聚具有潜在价值的在线数据资源，持续运营数据中台，在线发现问题并灵活重构业务流程，实时发现用户需求，创新服务内容。

③"云 DI"创新期，是指在多个产业范围内利用"云 DI"数据智能技术开发智能商业的阶段。以云上数据中台为基础，遵循"一切数据商业化"原则挖掘数据价值，高度自动化地组织不同产业链的优质资源，形成新的商业模式。同时优化算法，持续降低成本。

5.3.3　中台战略

中台战略是支撑数字化转型的基础，其核心是打破传统僵化的前后台运营模式，重组组织和业务架构，为企业提供更灵活、更具创新性，并能实现协同共享和多技术融合的核心数字化能力。

相关链接 5-2　阿里云 IoT 战略

1. 中台战略内涵

中台战略源于互联网企业，是企业适应数字业务快速发展和外部竞争环境变化的产物。其核心理念是实现管理模式创新，将产品技术和数据运营能力从前台剥离，成为独立的业务中台，满足业务发展的创新需求。

中台的概念起源于互联网公司。中台的根本目标是快速适应以用户为中心的规模化创新，技术中台、业务中台或组织中台都是为了快速响应市场变化和用户需求。中台的核心是复用，以建设中台、中台建设效果、规模复用为决策或衡量标准。中台是一种理念，包括服务化、模块化、共享中心等，是企业建设平台化技术框架或平台化组织的一种方法。

中台的特征包括复用性、平台化、业务性和标准化。

①复用性。中台提供的是在企业中不同产品都可以用得上的通用功能，也可以通过功能复用性、数据复用性、行业复用性等方面进行综合评估。

②平台化。中台要想发挥作用，需要对多个产品线实现赋能，服务于整个产品生态。

③业务性。中台是为了降低业务成本而提出的，是为业务产品资源共享、数据互通所设计的。

④标准化。中台需要提供标准化功能，包括产品中的架构、规格、元素以及对外数据接口的标准化，使其可以为市场上大部分前台产品提供服务。

通过将搜索事业部、共享业务平台、数据技术、产品部组成中台事业群，实施"小前台、大中台"的组织管理模式。中台可将企业内外割裂的数据进行汇聚、治理、建模加工，消除数据孤岛，实现数据资产化，为企业提供客户立体画像、商品智能推荐、业务实时监控，助力企业实现数据驱动业务。中台建设与和信息化技术演进等相关，其本质是业务流程效率提升为导向的信息化战略及其演进的数字化战略。建立在信息技术基础上，并以业务流程的效率优化、产品服务的颠覆创新等手段来深化客户关系，并最终达到共赢的目的。

中台战略是为业务价值而生，是为预测市场未来新需求而生，是一种能力沉淀，是企业数字化转型的最佳落地实践，可以让企业持续前进、加速奔跑，其本质是组织变革、管理理念变革，主要取决于企业家的前瞻视野、思维、决心和意志。

2. 中台战略的应用条件

企业在推行中台战略时，必须将顶层设计与底层推动有机结合起来。一方面，需要自上而下的顶层设计，统筹考虑外部需求环境、业务发展阶段、能力属性以及与组织形态的匹配性，通过强有力的执行来打破组织边界和部门利益阻碍；另一方面，需要充分调动底层的积极性和发挥其能动性，因为中台能力的形成和持续运营离不开底层各个部门的良性竞争、抽象归纳和动态沉淀。

虽然在方法论层面可以互相借鉴，但所谓最优的中台战略却无法复制，企业只能根据自身特点制定合适的中台战略，并且还需要能够动态调整和自适应。此外，数字科技的快速渗透正在触发传统行业领域公司组织形态的大变革。前台小团队灵活对接用户，中台沉淀通用能力进行更高效的赋能支持，后台则重点打造基础能力和管理保障，这样的组织架构将会越来越流行。

3. 中台助力的数字营销

中台可以帮助为品牌方构建更敏捷、多元的数字营销体系，围绕人、货、场的零售场景重构，实现终端消费者在全触点场景下的可识别、可触达、可洞察和可服务，助力全域消费者运营。

（1）中台对数字营销的作用体现

中台作为数字营销的新手段，让营销变得更简单，让业务增长成为自然。这主要体现在以下几点。

①中台支持全渠道运营中种类繁多的营销场景。中台可支持所有实际情况下的营销场景，如消费者活动事件触发的实时在线营销、品牌方主动发起的消费者人群定向营销、消费者阶段性定时定向营销等。

②中台拥有丰富的全域消费者运营组件。中台基于多业务场景的营销流程触发、面向消费者的执行动作、判断条件和流程控制等，多个大类、多个组件的有效匹配，实现企业对行业内常见营销场景的全覆盖，提升全域运营效率。

③中台可以像搭乐高玩具一样设计全域运营流程。企业只需要将组件有机结合，就可以快速完成自动化营销流程设计。同时，营销人员可以手工添加组件、自行调整流程，从而快速完成自动化营销流程搭建。

④中台可以实现全域营销实时监控，让数字营销效果尽在掌握。中台强大的全域营销引擎，可以对每一个进入营销流程中的消费者进行详细的人群画像分析、漏斗分析以及明细下钻分析等，通过数字中台更全面地评估自动流程执行的效果。

⑤中台的全域营销 A/B 测试。让数字营销策略收效更佳。通过中台的全域营销 A/B 测试，让对照组的能力完美集成在营销自动化流程中。

（2）中台战略的实施

中台战略的实施主要包括顶层规划和设计、建立数据应用、扩充客户数据和提供数据服务。

①顶层规划和设计，需要梳理现有的核心业务和数据，并根据结果完成既定的模型展现和应用，抽取核心业务生产数据，形成采集、加工、梳理的全自动化流程和相应的数据仓库。

②建立数据应用。要结合第一阶段的数据成果，形成一两个典型业务应用，并兼容现有历史数据，全面形成以数据中台为基础的数据加工流程体系与报表体系。

③扩充客户数据。根据业务开展扩充数据应用的开发，形成多视角、多主题的客户画像、资源画像和任务单画像等。

④提供数据服务。通过建立完善数据使用流程，以前期数据成果作为输出，以数据审核的安全使用形式对外提供数据服务。

这样，市场主体就能够通过数据中台建立起一整套的数据生态，从而把传统数字化转型的痛点——解决。

（3）建设中台的步骤

中台在具体落地实施时，要结合技术、产品、数据、服务、运营五个方面，在构建闭环时会多考虑基础设施部分的能力。中台的建设过程主要通过五个关键步骤来完成，如图 5-5 所示。

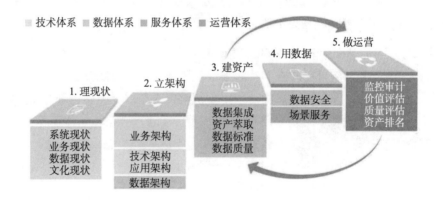

图 5-5　中台建设的五个关键步骤

①理现状。梳理企业的系统建设现状、已经拥有的数据、业务特点，了解企业对数据中台的认知，以及相应的数据文化建设情况。

②立架构。根据现状形成整体的规划蓝图，形成技术产品、数据体系、服务方式以及运营重点等相关的方案，梳理并确立架构。企业信息架构经常谈到 4A，即业务架构、技术架构、应用架构和数据架构，这些都需要在这个阶段进行确认。

相关链接 5-3　阿里的"大中台、小前台"战略

③建资产。结合数据架构的整体设计，通过数据资产体系建设方法，帮助企业构建

既符合场景需求又满足数据架构要求的数据资产体系并落地实施。

④用数据。从应用场景出发，将已经构建的数据资产通过服务化方式，应用到具体的业务中，发挥数据价值。

⑤做运营。数据应用于业务后，其产生的价值通过运营不断优化迭代，并让更多的人感知到数据的价值点。

5.3.4　重生战略

移动互联网和大数据时代的全面到来使整个商业世界的秩序被彻底颠覆——O2O定义了全新的零售业，C2B改变了制造业的基因，粉丝经济带来了互联网金融。在这个全新的时代，组织、管理乃至人的心智与行为模式都将发生显著改变。

1. 重生战略内涵

重生战略是企业在商业哲学上进行价值重塑，对用户心理和行为诉求提供深度支持，在组织文化与价值观上进行再造的整体战略体系。

2. 重生战略的内容

（1）价值重塑战略

当企业外部环境发生变化时，许多企业都会陷入迷失困境甚至被淘汰。如果要走出迷失困境，就要顺应外部环境的变化，明确自身在新商业环境中的使命、定位和商业模式，并进行大胆变革，我们称之为价值重塑战略。

移动互联网带来的变革已深刻改变了商业环境，无论是消费者赋权、中介升级还是产品颠覆，整个市场格局在冲击下看起来混乱不堪，机遇也隐藏其中。这时，传统企业的价值重塑战略需要想清楚五个基本问题，即我们的业务是什么？谁是我们的客户？对客户有价值的是什么？未来的业务在哪里？怎么做？这五个问题几乎击中了组织转型的要害，虽然表面上看似简单，但只有经过探索才能回答清楚。

相关链接 5-4　重生战略——移动互联网和大数据时代的转型法则

（2）深度支持战略

大量传统企业在发展过程中出现困境，很大程度上由于其忘掉了用户是自身的生存之本，忘掉了时刻要给用户创造价值。要摆脱困境，企业必须回归核心，回归到以用户价值为本的商业本质上，以深度支持战略作为重生的关键战略。

相关链接 5-5　宜家营销

企业在推行深度支持战略的过程中，需要深刻洞察用户的生活、工作、娱乐和学习，理解用户渴望得到庇护、发言、寻求联系等心理特征，并掌握用户心理与行为、需求之间的关系，在此基础上规划产品和服务，人性化地嵌入到用户的行为链条中，实现对用户行为的"便利取用、主动支持"，实现与用户在心理上的共鸣。

企业还可以通过智能手机、大数据分析支撑等手段，提供竞争对手难以应对的深度支持能力，使深度支持服务更完善和方便。

（3）生态基石战略

商业丛林中的塌陷法则不但会摧毁一个物种，甚至会摧毁一个生态体系，这就要企业建立产业生态体系，并能不断演变，避免坍塌发生，因此称之为生态基石战略。

同生物生态系统一样，商业生态系统也是由众多实体组成的一个大型松散连接网络。就像生物生态系统里的物种一样，商业生态系统中的企业以一种复杂的形式彼此相互作用，每一家企业的绩效水平都取决于网络整体的健康与绩效状况。因此，企业的绩效受到内部能力，以及同这一生态系统中其他成员互动关系的双重影响。

相关链接 5-6　生态物种引入治理失衡

（4）组织解放战略

组织解放战略通过组织与文化的变革支撑企业战略转型。组织解放战略的核心是建立在一系列的基本观念基础上的对于个性的抒发、对于人性的尊重、对于创新的激发，将成为新时代管理的主要潮流。企业管理者的职责将不是如何管好别人，而是如何激发团队的创新活力，所有的管理举措都必须围绕这一点。企业中的每一个岗位都必须创造价值，都应该感受到市场的变化。企业越来越不是靠层级和考核联结，而是靠资源互助和市场机制联结。企业所有人员都要致力于为客户创造极致体验，致力于创造出让客户惊喜的产品。

一个企业在面向移动互联网转型过程中，需要通过组织结构、资源配置、企业文化与领导力方面的整体转型，有效激活组织内部的变革斗志，解放整个组织的创新活力，使一个组织成为符合移动互联网时代要求的全新组织。

3. 重生战略实施的保障措施

①通过商业模式的重塑，实现商业价值观的改变。新时代的商业模式创新往往广泛而频繁，这些创新大量着眼于借助互联网或移动互联网手段，通过对旧有行业交易成本的降低以及消费者体验的改变，使行业的游戏规则发生剧烈变化。例如，围绕传统商务交易链条的改造，造就了阿里巴巴的线上商业，也造就了 58 同城、大众点评、去哪儿等垂直领域的新时代代表。

②通过对用户心理与行为的深度支持，改变经营重心。在新时代，企业的竞争优势聚焦于消费者身上，通过占据消费者更多的时间份额来获得更多的钱包份额，借助移动互联网或智能手机，为用户提供体验质量极佳的服务。例如，腾讯公司凭借微信产品牢牢占据了几亿用户的时间份额，成为移动互联网时代拥有最大入口的企业。

③力争成为生态体系的基础平台，改变资源整合视角与方式。在新时代，企业需要具备生态体系的整体视野，面向双边乃至多边平台整合资源，企业需要致力于打造一个完善的交易市场，并持续致力于商业生态系统

相关链接 5-7　变潮牌困境中的企业如何才能重生——老干妈出圈记：国货

的繁荣。谷歌的成功源于搭建起了用户与广告主的双边平台，淘宝的成功源于其搭建起的汇聚了海量卖家与买家的平台化市场。

④通过组织与文化的变革，支撑企业战略转型。由于企业必须通过创新寻求增长，因此企业的管理逻辑应建立在最大化激发内部人员的智慧上，包括民主化的决策机制、扁平化的组织层级和创新化的运作文化。新时代的管理范式已发生显著改变。

5.3.5　智能化战略

无论是云计算、大数据、物联网、人工智能等新兴技术的落地和崛起，还是数字化转型风暴带来的侵袭，都在整个产业中掀起了滔天巨浪。智能化战略远不是拥抱并应用新技术那么简单，而是用新技术赋能整个企业，从客户、运营、员工、产品与服务到战略，乃至企业文化的进化，换句话就是要给企业重新注入数字化基因。

1. 智能化战略的内涵

智能化战略是采用新技术来组织相关实体和重新设计行业的战略，其核心就是企业的决策会越来越多地依赖于机器学习和人工智能。在互联网环境下，企业未来的发展方向是智能商业，通过大规模、多角色的实时互动来解决特定问题；通过记录所有数据，不断迭代优化为用户提供相应的产品和服务。智能化所带来的变化是根本性的。

2. 智能化战略的新原则

企业的战略和组织都必须建构在新的原则上，才能迎接智能化大变革。智能化战略的新原则包括六大内容。

（1）运营模式重构：从人工决策到机器决策

任何商业要转变为智能商业，根本的转变是运营决策必须由机器取代人直接进行。利用机器学习和数据智能，尽可能多地将运营决策自动化、智能化。要实现运营智能化，就要通过 5 个步骤对企业的整个运营模式进行全面重构。第一步，尽可能地把物质世界数字化，这往往需要通过创新的物联网产品实现。例如，智能锁使得单车的远程租赁成为可能，才有共享单车服务的创新。第二步，要将业务软件化，即把核心业务流程软件化、在线化。例如，淘宝把零售在线化，滴滴出行把打车在线化。第三步，尽可能让数据在机器间自动交互，而不通过人的干预。例如，淘宝平台上海量商家的协同，物流信息的流转，都不是通过人，而是通过调用应用程序接口实现。第四步，完整实时地记录活数据，例如今日头条对于读者所有浏览数据的记录。第五步，通过机器学习对所生成的丰富的实时数据进行处理，从而创建数据智能，完成机器自动化，进行智能决策，这成为智能商业时代所有企业运营的基础。

（2）商业模式重构：从 B2C 到 C2B

随着互联网技术的发展，企业可以用较低的成本建立起和海量客户的持续互动，获取客户反馈，并在此基础上，通过不断的运营来优化客户服务，这个过程往往被定义为B2C。

在智能商业的时代，以客户为中心是运营的起点，是任何企业的立身之本。C2B 将逐渐成为所有行业的主导模式。其核心价值是提供以客户为中心的个性化服务。个性化需求越高，网络化协同程度就越高。所以说 C2B 是互联网时代的商业范式革命，商业模式重构是在实践中逐步实现的。同时，由于场景的不同，出现了 S2B2C（大供货商对企业对消费者）或者 C2S2B（客户对大供货商对企业）等创新模式。

（3）竞争优势升级：从网络效应到协同效应

过去 200 年的工业时代，企业竞争优势的来源是规模效应；过去 20 年的互联网时代，竞争优势的来源是网络效应；而未来的智能商业时代，竞争优势的来源是协同效应。相对于工业时代封闭的线性供应链管理体系，网络化协同是互联网时代的创新合作机制，可以做到实时、动态的全局优化，可以实现个性化、低成本、高速等多维度的全新价值组合。这种协同机制所创造的新型竞争优势，被定义为协同效应。

生态是智能商业的核心概念。一个商业生态就是一个协同网络，是多元角色的复杂在线协同对于传统供应链管理的超越，是平台和多元物种的组合。生态强大的竞争优势正是来源于协同效应，而网络效应只是最简单的二维协同效应。滴滴出行由于只协同了乘客和司机这两个角色，只有网络效应；而淘宝由于协同了卖家、买家、物流商、供货商和各种外包服务商的多元角色，所以创造了强大的协同效应。

（4）定位重构：从市场定位到点、线、面的网络定位

定位是战略最核心的概念，但由于网络协同对于供应链管理的超越，这个概念也需要进行全面重构。企业在协同网络中的定位，可以具象地称为在点、线、面中的新定位选择。"面"通过匹配效率的大幅提升创造价值，这是一种全新的商业模式，淘宝是典型的"面"，其核心价值是协同效应。"线"是平台上的众多商家。例如淘宝这个"面"上不断涌出的新角色，从在线客服，到淘宝讲师、平面模特，再到店面装修工具商和现在的各种数据服务商，这些"点"利用了"面"提供的巨大规模和网络优势，可以快速成长，但它们同时也帮助了"线"的快速扩张。点、线、面每一个定位的背后，都有着不同的逻辑，不同的运营原则和资源调配方法，甚至竞争壁垒和最后可能的发展路径都大不相同。所以，明确自己在未来网络化世界的定位，是智能战略的核心。

（5）体系重构：从长期规划到远见（vision）和行动（action）之间的迭代优化

在智能商业时代，战略制定和执行体系也需要重构。由于环境变化太快，传统的 5 年、10 年详细战略规划不再有效。但这并不意味着企业要走一步看一步，面对复杂多变的环境，有针对未来的长期思考反而变得重要了。基于这种长期思考形成的对未来变化的某种判断显示了企业对未来最有可能发生的产业终局的一种判断。这个判断是企业的一个假设，需要不断地被实践验证、挑战并纠正。

对未来的探索是一个持续的过程。在此期间，远见越来越清晰，行动的方向越来越清楚，战略也越来越明确，资源投入也就越来越多。这期间的难点在于两个方面：一方面，远见一定要快速找到落地点，不能大而空，没法落地；另一方面，不能盲目跟风，要能不断地总结思考，形成自己对未来的独特判断。这种虚实结合是一种很难的技能，需要长期训练，也需要团队配合。

（6）组织原则重构：从管理到赋能

随着机器对人获取和使用结构化知识能力的替代越来越广泛，人的价值也越来越依

靠创造力的发挥。我们正在从知识经济时代跨向创造力时代。未来的组织必然向着以创新为目标、实时感应客户、通过聚合和激发创造者、追寻创新效率最大化的协同生态体方向演进。组织的原则也将演化成赋能，从而超越传统的管理或激励。

但在创造力革命的时代，员工最主要的驱动力来自创造带来的成就感和社会价值，他们最需要的不是来自外部的物质和精神激励，而是赋能，也就是为他们提供能更高效创造的环境和工具。未来组织最重要的职能应是提高整体创造力的成功率，而赋能创造者是实现这一目标的唯一路径。赋能通过提供平台，让一群创造者更好地连接和协同，从而发挥更大的价值。赋能比激励更依赖于企业文化，只有企业文化才能让志同道合的人走到一起，共同创造出足以改变世界的产品。

3. 智能化战略的应用条件

在数字化转型过程中，工业企业转型如果仅依靠技术而没有回到为客户创造价值的商业原点，就会被技术浪潮所淹没。技术的领先还要和企业运营、人才管理、组织文化相结合，才能实现战略领先。

（1）数据管理智能化

数据是智能化最重要的组成部分，智能技术的能力上限由输入数据的广度、深度和质量决定。有些企业已拥有大量数据库和系统，要想在智能化应用中达到有效部署，就应解决：①数据质量问题，如今企业往往已经拥有大量的数据，要将这些数据在整个组织中实现统一的格式化，避免出现错误；②碎片化问题。企业数据存储在不同系统中，建设智能化能力需要以不同方式提取并整理数据；③数据广度与深度问题。智能化应用的最大价值需要以非传统数据的输入进行激活。

（2）技术设施智能化

传统技术基础设施是部署智能化能力的一道障碍，智能技术必须与核心系统基础设施紧密集成才能提升价值。相较于传统 IT 技术，智能化技术有三大特征：①领域新，企业需要构建一套新的技术体系以支撑智能化应用实施；②变化快，技术快速迭代，新技术不断从学术领域向工程领域转化；③范围广，智能化应用涉及各类算法、工程化技术、硬件加速技术的整合，其领域非常广泛。企业只有及时更新自己的技术基础设施，才能在智能化技术能力的构建过程中有明确的战略方向。

（3）人才培养智能化

无论是在企业内部还是在市场中，人才是推进智能化建设的核心动力。随着人工智能的普及，企业将越来越重视数据科学、算法开发和人工智能系统设计方面的专业知识，特别强调开发个性化用户体验所需的以人为本的设计技能。人才的范畴将演变为：全职员工、零工经济中自由职业者、众包活动（如算法创建）和机器人。

（4）组织文化智能化

传统企业组织架构的各个方面在智能化面前显得过时。组织架构应向智能化转型，追求精简和灵活，并改变各个部门的价值定位以适应智能化所带来的变化。企业应构建智能化转型企业文化的主观能动性和初步计划。领导者要有一定转型定力，各层级组织要形成统一认识，建立以数据、智能、敏捷为核心的工作文化，使企业内部形成向智能化转型的合力。

4. 智能化战略的实施保障措施

（1）树立"拓荒＋耕耘式"的智能化转型战略目标

企业智能化作为企业数字化转型的新篇章，将为企业带来大量新机遇，并真实地创造新的业务价值。企业应当从认知层面将其作为企业业务战略转型的重要支柱。此外，智能化转型目标应当契合企业发展的战略规划，并且进行前瞻性、贴合自身发展的顶层智能化转型规划，以明确企业的短期、中期、长期目标和转型路径。让智能化更好地支撑企业业务转型发展，保持企业发展的持续领先。梳理企业智能化转型战略，是企业开展体系化的智能化转型工作的关键一步。

（2）大胆设想、细致验证智能化初步尝试，实现从优化到创新的应用价值

企业应用智能化技术时，不仅需要考虑技术的匹配和落地，还要转变经营思路。机器解决问题的思路和人完全不同。在企业进行人工智能初步尝试的时候，应当避免太谨慎而错失时机，也应当避免好大喜功而造成无功浪费。结合智能化方案、市场化成熟度、自身数据积累度及业务需求价值度寻求企业智能化初步尝试的可行路径。在完成初步尝试后，企业应当具备决心，进行企业层级的规模化应用落地，并且构建相适配的整体配套机制，真正实现多需求、多场景的生产线。在技术、数据、人才等多方面要素成熟的情况下，企业应当将对现有企业经营进行优化提升到对业务转型的创新驱动层面上，高屋建瓴地提出对于未来智能化转型发展的洞见并细化成一个个边界清晰、依赖关系明确的智能化需求。

（3）打造全面数据治理体系，夯实数据资产支撑

数据是企业进行智能化转型的"新型石油"，加强企业的数据资产管理能力，构建面向"传统应用＋智能化应用"的数据治理能力框架及数据架构，是为企业智能化转型提供持续动力的根基。

现在企业普遍遇到数据积累不足、数据质量不佳、数据资产不清晰等问题，严重阻碍了智能化落地的步伐，让许多智能化应用的探索只停留在实验室级的尝试，而未能应用于实际业务中。企业在发展中应当注重提升数据服务能力，通过对服务的共享复用，以及开发流程的闭环化、标准化、自动化、规模化，为前台业务提供智能化服务的快速构建能力。

（4）提前布局关键技术，夯实智能化转型基础

随着数字化时代下的客户需求快速变化、个性化体验增强及智能化技术不断推陈出新，市面上的算法及算力产品也不断更新换代。如何更好、更快、更稳定地提供智能化服务是企业打造核心的技术竞争力需要考虑的重点问题。

针对"更好"，企业可以考虑具有智能化全线提供能力的平台级产品，提供智能应用构建与管理的全流程体系架构，打通数据、建模、部署、管理、监控的端到端闭环；针对"更快"，需要在模型层面上考虑对于实时性特征的支持，并且在功能层面上能将

实时获得和实时反馈的能力应用在生产环境中，以响应客户及时反馈、个性化反馈的需求；针对"更稳定"，需要从软件、硬件两方面进行考量。在软件和硬件两者的融合上，可以采用软件定义算力的架构，将硬件算力平台与软件及应用结合为一体，为短期内的算力负载选择最适配的底层架构，为中长期的算力负载做好资源规划，实现智能化算法和硬件的深度融合与优化。

（5）建立融合共生智能适配性运营机制，逐渐渗透智能化创新思维和变革机制

面对智能化转型带来的对企业现有业务和组织的冲击企业不应该故步自封。理解变化、拥抱变化，在审视现有运营机制的基础上加入新方法以应对智能化转型带来的新挑战，最终形成企业自身特色的智能化转型之路。赋能业务并引领业务创新变革是智能化的特色，在实践过程中，企业应当避免分割条线的闭门造车，应当构建调度更灵活、连接更紧密的智能化与业务联合弹性组织是企业真正融入智能化 DNA 的关键举措。培养企业自上而下的全员智能化，意识，并将其作为工作中自然考虑的必要因素，需要企业制定变革管理机制予以支撑，包括变革计划、执行及反馈。

（6）外引人才，内炼道法

相关链接 5-8   腾讯智慧营销

目前，企业的智能化转型亟需人才推动，而人才尚属于市场稀缺资源，为了实现智能化领域的突破和快速发展，首先企业需要注重外部输血，根据自身发展需求引入高端领军智能化人才，形成团队化、规模化的技术储备，并通过高层的影响将智能化的意识从技术领域扩展到企业管理领域。此外，还需要注重企业内部的智能化能力培养，挑选有动力、有潜质的复合型人才进行智能化能力的补全及提升，在给业务带来发展的同时也给员工个人发展带来益处。同时，企业需要考虑通过设置合理的考核激励以鼓励创新，实现智能化人才的全面培养。

5.3.6   平台化战略

在互联网时代，企业开始倾向构建平台战略。在平台上业务单元之间会产生协同效应，每个业务单元也会获得自己的价值增值。在这个以平台为中心的战略中，平台的业务参与者越多，平台就越具有价值。在开放、共享、共赢的经济发展趋势下，传统的内部创新已经无法使企业保持竞争活力，因而企业在把握客户的核心需求之后，将各个环节开放给更多的合作伙伴，建立开放式思维，形成开放式创新的平台。

1. 平台化战略的内涵

所谓平台化战略，是指在互联网环境下，企业要改变原来的传统思维，改变传统的单向垂直的商业模式，即平台企业不再将服务某一个群体作为市场目标，而是由传统的制造加工转向从产业供求之间的连接点去寻找红利，聚合双边乃至多边群体，以互动机制来联结这些群体，满足其需求从而获利。平台所起的作用就像旧时的集市，将小贩、顾客、收租人聚集在同一个场所，并且分别满足他们的需求。

平台化转型战略需要建立平台化管理模式，从商业模式、组织结构等方面对传统企

业进行改造。平台化管理将借助数字化技术与工具将能力扩展到整个产业集生态圈，打破传统组织边界，管理规模的扩大将不是这个时代的认知可以想象的。因此，相应的企业组织结构、领导能力、关系对待、激励机制、文化组成等都需要思考与构建。

下面主要从平台的形成、平台的交易、平台的成长和平台的竞争四方面来讲述企业平台化战略的内涵。

（1）平台的形成

平台若希望享用网络效应的果实，必须先达到一个临界数量，只有突破这个临界点，才会自动吸引新的用户进入。因此，之前诸如百团大战、摩拜与 ofo 的补贴之争，其实都是为了抢先达到此突破点。在此过程中，平台还需要注意为用户提供非网络价值效应，例如为初次进入平台的消费者打折，或者主动协助不熟悉平台服务的消费者完成他们的初次体验、免费体验等。

（2）平台的交易

平台需要在交易过程中建立用户过滤机制，同时注意数据的积累和挖掘。平台的用户数量并非越多越好，成员数量在短期内过快增长往往会导致平台现有资源不足，进而造成客户服务能力下降，甚至某些成员的加入会降低其他使用者的效用与意愿。因此，用户筛选一方面能够提高交易的安全性，另一方面有助于为平台提供有效的数据，从而有利于平台为该类用户提供个性化服务，促进正向的网络效应。

（3）平台的成长

在成长期，平台需要根据市场环境进行战略调整。比如，选择类似安卓系统的开放式策略还是类似苹果系统的管制式策略。在这个过程中平台需要决定关键性的盈利模式，不同的平台企业有各自不同的主要盈利模式，但均可参考以下两个准则：第一，找到双边市场需求中的关键环节，设置盈利模式。第二，通过挖掘多方数据来拟定多层级的价值主张，进而推动盈利。

（4）平台的竞争

平台生态圈的竞争分为两种，一种是类似于传统商业模式下的竞争，另一种称之为"覆盖"。在传统商业模式下，强势品牌收购兼并弱势品牌时常发生，这种情况在平台商业模式下仍是一种常态，并且竞争更为激烈。而在平台商业模式下，竞争对手来自四面八方，很多时候可能会被毫无关联的行业所挤掉，也就是"覆盖"。

2. 平台化战略的实施

传统企业遇到互联网后，就需要尝试采用平台的思维去有效、迅速地解决问题，在解决问题的过程中，需要运用平台的概念来转换自己所能提供的价值，从而突破过往的运行模式，所以平台化战略转型的关键是通过机制的设计来促成对行业价值链的改造。企业应该从不同角度出发，打破垄断及限制，引进新的商业模式与运营模式，建立自己的平台。

搭建平台就是把传统价值链模式打破，进行重新设计。解构则是对行业上下游进行梳理，找到行业的痛点和亮点，重新建立新的商业模式、秩序和运营方式（如图 5-6 所示）。

在这个过程中需要破除一些旧有范式，去除传统价值链上一些旧的组织，建立某些新的规则，引入新的资源方。

打破原有的垂直价值链需要有三个步骤。第一步，"保"——抓住核心圈，突出价值，传承产业原始的供需本质；第二步，"断"——重塑价值体系，先破后立，去除低效率的环节，找到环境转型的突破口；第三步，"增"——引入新环节，突破瓶颈，带入新型解决方案，发掘价值创新的风口。

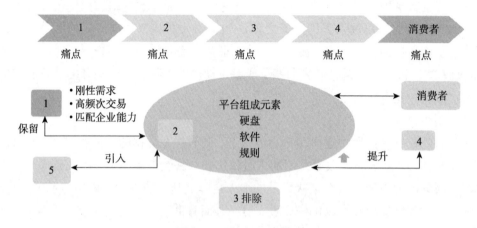

图 5-6　重构行业价值链

在实施平台化战略过程中，企业可以采取构建平台模式、确定平台边界等手段。

（1）构建平台模式

通常传统企业采用三种方式进行平台化转型。

①直接连接。传统行业向平台转型的第一个方向是通过建立平台来剔除掉不必要的中间环节，提升价值链的运行效率，带来生态圈的整体增值。直接连接是最典型的平台转型模式。

②激发多元。传统行业向平台转型的第二个方向是通过建立平台来丰富供需两边的参与设立机制，来调动更多资源供应方的积极性，解放生产力，以开拓更广泛群体的参与，具体方法如下。方法一，盘活闲置资源，解放生产力；方法二，切分紧俏资源，按需排序匹配；方法三，转换消费者参与生产过程，满足多元需求，实现共创共享。

③协同整合。传统行业向平台转型的第三个方向是通过建立平台来协同上下游伙伴，甚至是同业竞争者，一起设计生态圈的新格局，新规则，为供需方及需求方带来更大增值，带领大家走出行业困境，具体方法如下。方法一，产业上下游协同整合；方法二，跨界整合，创造全新的价值。传统行业如果能在平台中融合其他行业进行跨界整合，往往会创造出全新的价值，全面提升行业水平。

（2）确定平台边界

多数平台为实现迅速规模化，满足用户全面需求，会选择一种相对轻盈的扩张模式，以激励专业资源方参与其中。虽然通常情况下，平台企业不需要亲力亲为承担所有的服务功能，但身为生态系统的建构者，依然承担很多职责，为各方增值。

明确自身的核心能力，即平台的价值定位。平台虽然讲究合作共赢，但平台也有主次之分，作为建立平台的企业必须有自己的优势或专长。一般而言企业希望转型为平台，往往已经拥有了一项或多项优势，同时借助平台让这些优势得以加强。

判断哪些事物交给合作者，这是平台的边界。传统企业转型的时候，除了发挥自身的核心优势，打造平台的核心竞争力，还需要判断如何引入合作者和参与者。平台对这些参与者并不做深入的筛选，而是鼓励参与者自主加入平台，形成生态系统和规模效应。为了平台的成长，平台的有些责任和工作必须交给外部的合作者，在判断哪些事务应该交出的时候，有两个遵循的原则：平衡专业效率和交易成本，平衡价值创造和价值获取。

3. 平台化战略的实施条件

平台处于产业链的高端，不但收益丰厚、主动权大，在竞争中也会处于较为有利的位置；同时平台的商业模式较好，这是一种可以让所有合作者共赢、经营越久价值越大的商业模式。然而天下没有免费的午餐，虽然平台模式如此诱人，但平台战略也是最难成功的。因此，平台战略的实施需具备以下三个条件。

①选择平台战略的企业需要有能力累积巨大规模的用户。

②选择平台战略的企业需要提供给用户有着巨大黏性的服务。

③选择平台战略的企业需要合作共赢、先人后己的商业模式。

在构造平台的过程中，需要审时度势，即如雷军所言的"顺势而为"。企业应该摆正理念、设计好符合平台的商业模式，把握住机遇，深入实施平台战略，做一个在用户心中占有一席之地的平台。

4. 平台化战略的制约瓶颈

（1）价值链过长

传统的行业价值链构成都是较长的上下游结构——采购、研发、生产、销售、市场、物流、售后。由于价值链过长，导致信息传递效率低。另外，由于价值链过长，会导致反应速度慢，沟通变得复杂，任何一个环节稍有滞后或者停顿，就会影响整个价值链上下游的从业者。所以传统行业平台转型的方向之一是利用商业模式将低效的产业链予以缩短，通过去中介化、去中间化，使供应链供需双方直接对接，能够促使信息自由流动。

（2）难以彰显个性

当今的消费者越来越挑剔，他们想要独一无二的产品来彰显个性，表达生活态度。然而传统企业的标准化和规模化的生产模式不能满足消费者个性。所有传统平台转型的方向是利用平台商业模式带来的丰富性和多样性，帮助企业推翻大规模生产缺乏个性特点的劣势。在平台上，往往汇集了数量众多的群体，他们既有供应商也有需求方，能够形成规模效应为对方提供丰富的选项。平台的规模越大，越能刺激多样性和个性化。

（3）传统企业各自为政

传统企业的独立性很强，各个事业部之间也保持着独立性。所以对他们而言，跨事业部难度太大。但是，随着市场环境的变化，行业与行业之间的边界变得模糊，从事一个行业的企业为了给顾客提供更全面的解决方案，往往会延伸到另一个行业，因此企业面对的竞争不仅来自于本行业，还会有行业之外的竞争者。所以行业边界的消失，颠覆了领导企业在原有行业的竞争优势，所以，传统企业是利用平台商业模式进行跨界整合，从而提升企业竞争力。

5. 平台战略实施保障措施

平台商业模式的精髓在于打造一个完善的、成长潜能强大的"生态圈"，其拥有独树一帜的精密规范和机制系统，能有效地激励多方群体之间的互动，达成平台企业之间的愿景。所以平台的良性循环机制需要以下的保障措施。

（1）建立网络效应的平台战略思维

平台战略的核心是基于人际网络效应，即某种产品的使用人群不断增加所带来的价值增值现象，可以分为同边网络效应和跨边网络效应两种。

同边网络效应是在平台的多个边中，某一边的使用人数增加会影响到同一群体内其他人员的感知效用。跨边网络效应则是指平台中某一边群体规模的壮大将影响另外一边群体使用该平台的效用。网络效应又可以分为正向效应和负向效应。如对阅读类 App 来说，读者的数量会影响作者和他们的作品的数量，以及广告商的数量，这是一种正向的跨边网络效应。对于许多团购网来说，消费者的规模会吸引商家入驻，但是如果一些商家在该团购平台上看到多位竞争品牌，可能会因此转移到其他平台上去，产生负面网络效应。

（2）处理好平和用户规模与服务质量之间的关系

平台利用网络效应壮大平台的用户规模以提升平台的话语权。平台规模应该越大越好，用户越多越好，然而在实际操作的过程中，应该考虑用户规模量和服务质量的问题，过多的用户可能带来平台服务水平的下降。因此平台在进行建设发展的过程中，要确认用户信息的真实性，把关注册关口，优化验证程序，设置互评机制和举报机制，为平台的用户提供良好的平台使用体验。

（3）扩大平台规模，把握平台的赢利原则

做平台就意味着不以服务某一个单独的群体作为市场目标，而是从产业供应方和需求方之间的连接点去寻找红利。平台本身不销售实体产品，往往依靠消费者的会员费、商家的入驻费和推广费用来获利。

相关链接 5-9　2020 年值得关注的工业互联网平台

5.3.7　生态战略

生态作为战略的一种形态，出现的时间并不长。在互联网领域，阿里巴巴、腾讯等企业都提出了生态战略，因此，我们将生态战略作为企业未来的发展方向。

1. 生态战略的内涵

"商业生态系统"一词最早是由美国战略学者詹姆斯·穆尔于 1993 年在《哈佛商

业评论》所发表的《捕食者与被捕食者：竞争的新生态学》一文中提出的。商业生态系统是指在一定时间和空间内由相关产业链各方企业、消费者、市场和政府共同构成的一个群体，它们在商业生态系统中担当着不同的角色，各司其职，但又形成互赖、互依、共生的生态系统，一损俱损，一荣俱荣，商业生态系统中任何一个环节遭到破坏、任何一家企业的利益被损害，都会影响整个商业生态系统的平衡和稳定，并最终损害系统中每一个参与者。

商业生态重点关注企业与其他组织之间的关系，强调企业如何从一个内部参与者相互依存的商业大环境的视角出发谋求更好的生存与发展。显然，这是事关企业与环境关系、企业长远发展的重要事项，我们首先可以适当地将其归入企业战略的范畴，称为"企业生态战略"，简略为"生态战略"，即企业关于建构并管理生态系统的战略定位。

2. 生态战略的内容

企业之间的竞争，实际上已经上升到生态系统之间的竞争。生态战略是如今众多企业提高市场竞争力所采取的重要战略，因此，打造生态系统必须把握生态系统建设的核心问题。生态战略正从原来的线性产业价值链逐渐演化成网状产业生态圈，进化为一个以用户为中心实现互联高效协同的产业生态系统，如图 5-7 所示。

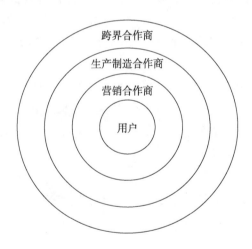

跨界合作商

生产制造合作商

营销合作商

用户

图 5-7　生态战略的内容

在生态系统建设中，最为关键是用户。任何企业实施生态战略，都必须始终坚持将"以用户为中心、为客户创造价值"作为生态系统建设的核心。唯有如此，才能为生态系统各方创造价值，生态系统才更有凝聚力、竞争力。生态系统建设的主体企业要能为客户提供好的产品，产品是打造生态系统的基础，为用户创造价值是生态系统建设的核心，而生态系统是打造好产品且有竞争力产品的最终目标。

如今，智能互联时代已经到来，各种新技术、新产品、新模式层出不穷，竞争与合作同在，产业融合不断加快。企业身处复杂的多元系统，面对者多种多样的利益相关方。从企业战略的角度来说，从价值链向生态系统升级已成必然趋势，生态战略成为企业竞争制胜的最高境界。

3. 生态战略的实施条件

现在企业之间的竞争愈演愈烈，企业要想生存就必须不断提高其竞争力。在当前市场环境变化越来越复杂的今天，打造良好的产业生态系统，成为众多企业实现可持续发展的重要战略选择。实施生态战略需要把握生态圈建设的关键成功要素，生态战略的应用有以下六大实施条件。

（1）构筑企业生态基石

基石就是基础的基础，是生态系统成长的土壤。一个企业打造强大的生态系统往往是先从打造生态基石着手，并在生态基石做优、做强、做大的基础上，逐步向产业链上下游延伸，从而逐步打造基于生态基石的生态系统。生态基石可以是入口、平台和应用等。建立和拥有生态基石的企业，一般都占据着具有广泛联系的生态体系的中心位置，为更多的创新提供基础，它们调整生态体系成员之间的各种联系，增进整个体系的多样性和生产效率。拥有生态基石的企业打造的生态系统更为强大、更有竞争力。

（2）坚持开放合作战略

互联网是开放的，企业生态圈建设就需要摒弃封闭、迎接开放。故步自封，永远难有新的发展。如今企业都奉行开放合作战略，不仅对内部全员开放，更重要的是对外部开放。外部的资源可以顺畅引进来，内部资源和能力实现对外共享。开放的目的是有效整合内外部资源，聚焦价值链合作伙伴，打造良好的生态环境，提高企业的竞争力。

（3）拥有核心竞争力

苹果公司正是凭借强大的创新能力、追求极致的客户体验，从而有效整合内外部资源，构筑苹果产业生态圈的。因此，对于转型中的企业来说，打造生态优势，不能忘记企业生存之本——拥有核心竞争力。只有建立在强大核心竞争力基础上的产业链合作才最为有效，最为牢靠，也最为长久。

（4）塑造独特平台模式

互联网时代，平台模式最具有生命力。平台带来的商业革命已经改写了现在及未来的企业生存规则，这股浪潮已经从互联网行业蔓延到了其他行业。可以说，平台模式是互联网时代的重要商业模式，独特的平台模式能够帮助企业获得核心竞争力。

（5）重视资本运营活动

近年来各大企业不断通过企业并购涉足其他领域，完善自己的生态链，打造生态，抢占生态入口，通过不同的市场来实现更为全面的发展。资本运营活动对于企业扩大生态规模具有重要意义。

（6）促进企业内外协同

"互联网＋"的迅猛发展，打破了产业边界，企业与外部的联系不断加强，跨界融合拓展了企业边界。为了促进形成稳定生态，企业应当重视内外部协同。内部协同是企业内部各个业务部门或各个子生态能够相互依存，共同构筑一个良好的内部生态。打造内部生态能够避免内部的无序竞争。外部战协同是指企业在打造生态系统过程中，能使产业链各方达成目标一致，优势互补，协同配合，能最大化地发挥各自的优势，从而使生态系统运行高效，而且能为用户不断创造价值。

4. 生态战略实施保障措施

组织高效运营是成功打造商业生态圈的重要保障。组织运营是否高效受多种"变量"的影响，有外在环境的变化，有内在因素的影响。衡量组织运营的有效性的标准有很多，如高效、创新、卓越、成功、健康、优秀等。衡量运营有效性的标准主要包括以下两点。

第一，开放的，高效的组织。任何一个企业或组织，不可能拥有生产经营的所有资源，必须依赖外部组织和市场。

第二，学习型组织。学习型组织是一个能使组织内的全体员工全身心投入并有持续增长的学习能力的组织。

第三，与利益相关者共生的组织。当组织考虑为各利益相关者创造价值、实现共融共生时，往往会提高组织运营效率。考虑利益相关者的要求，企业要为客户、员工、股东创造价值，切实履行企业社会责任，实现企业、员工和利益相关方的多方共赢。

相关链接 5-10　百度 O2O 生态布局图两种模式并行

组织的高效运营为有效实施生态战略提供了坚强的保障，组织高效运营客观上需要一个健康的组织生态，这需要从组织、授权、运营、考核、文化、领导力等方面系统思考和设计，这些也是激发组织活力的核心内容。

【本章小结】

数字化时代背景下，企业需要进一步洞悉消费者的购买动机，了解消费者的真正需求，并运用数据制定营销战略，以增强营销决策的准确性。通过不断扩张数字营销市场规模，引领各行业数字化创新企业竞相追逐新"蓝海"。数字营销战略是实现数字营销目标的行动计划，是实现长期或宏观目标的总体规划或蓝图，组织需要通过业务数据化、数据资产化、资产场景化，场景智能化等战略路径去实现数字营销战略。而数字营销战略选择主要划分为轻战略、云战略、中台战略、重生战略、智能化战略、平台化战略、生态战略等。

【参考文献】

[1]　许正. 轻战略：新时代的战略方法论[M]. 北京：机械工业出版社，2016.

[2]　沈拓. 重生战略：移动互联网和大数据时代的转型法则[M]. 北京：企业管理出版社，2014.

[3]　曹虎，等. 数字时代的营销战略[M]. 北京：机械工业出版社，2017.

[4]　陈威如，余卓轩. 平台战略：正在席卷全球的商业模式革命[M]. 北京：中信出版社，2013.

[5]　安筱鹏. 重构：数字化转型的逻辑[M]. 北京：电子工业出版社，2019.

[6]　田丰，崔昊. 云战略：企业数字转型行动路线图[M]. 北京：中信出版社，2018.

[7]　陈新宇，等. 中台战略：中台建设与数字商业[M]. 北京：机械工业出版社，2019.

[8]　胡世良. 生态战略：企业成功转型的力量[M]. 北京：人民邮电出版社有限公司，2018.

[9]　曾鸣. 智能战略[M]. 北京：中信出版社，2019.

[10]　付登坡，等. 数据中台：让数据用起来[M]. 北京：机械工业出版社，2020.

[11]　桑文锋. 数据驱动：从方法到实践[M]. 北京：电子工业出版社，2018.

【理论反思】

1. 什么是数字营销战略？实施的战略路径有哪些？

2. 轻战略的内涵及应用条件是什么？

3. 中台战略的内容是什么？中台战略是如何助力数字营销的？

4. 重生战略由哪些子战略构成？顺利实施的保障措施是什么？

5. 智能化战略实施要点及应用条件分别是什么？

6. 平台化战略的内涵是什么？存在哪些制约瓶颈？

7. 生态战略应用条件及保障措施分别是什么？

【能力训练】

1. 2020 年是蒙牛数字化转型关键之年，突然爆发的疫情对所有乳制品企业无疑是一场大考，行业生态的改变倒逼全产业加速数字化升级之路。蒙牛推动了整个集团的数字化战略转型，成立了集团数字化转型办公室，由总裁卢敏放亲自牵头，形成了各部门"一把手"挂帅的数字化转型顶层设计，达成了"一片天、一张图、N 场仗"的共识，数字化进入全面改革深水区。通过此事件，谈谈你对数字经济、数字化营销战略价值与作用的理解。

2. 富士康董事长郭台铭说，"它（阿里 YunOS）是云，我们是端，电视机也是端。云端云端，一个是信息的内容，一个是处理信息，其实是两件东西。云是软的、是虚的，端是硬的、是实的。"请谈谈企业面对数字化时代的转型该如何调整战略？

"中国首善"曹德旺

1. 曹德旺被称为"中国首善"，他的身上体现了怎样的企业家精神？

2. 曹德旺带领的福耀集团基业长青，您认为这与他的哪些经营理念有关？

3. 你认为在企业经营的过程中，应如何看待承担社会责任可能带来的利与弊？

企业家微访谈：宁夏宁苗生态园林（集团）股份公司董事长余根生

1. 宁苗生态园林（集团）股份公司是如何找准自身的市场定位的？

2. 宁苗生态园林（集团）股份公司在经营中存在哪些问题？这些问题应当如何依托数字营销的背景来解决？

3. 作为林业重点龙头企业，宁苗生态园林（集团）股份公司实施了哪些生态战略？请根据访谈并搜集相关信息予以阐述。

实训目的：建立学生对数字营销战略以及实施步骤的掌握。

1. 明确企业数字营销战略及其实施的步骤。

2. 理解中台战略是企业数字化转型的最佳落地实践。

3. 分析企业数字营销战略主要通过哪些战略来实施。

实训地点：选取当地一家区域性商业银行。

实训方式：参观＋调研＋访谈。

华为 5G 时代最新战略布局：扩张四大核心业务，布局三个产业生态

1. 根据案例谈谈华为四大战略布局是如何协同的？

2. 华为的生态布局体现了哪些数字营销战略的选择？请结合本章节知识进行回答。

3. 随着企业竞争的愈发激烈，战略越来越受到企业的重视，结合案例谈谈战略布局对于一个企业的价值和作用。

第 6 章

应对：营销策略优化（上）

【知识目标】

1. 了解三种组织变革形式的核心内涵

2. 熟悉三种组织形式变革的实施要点

3. 理解用户体验及粉丝营销的核心内涵与主要应用

4. 掌握个性化定制及品牌智能的核心内涵与商业价值

【能力目标】

1. 掌握数字时代组织变革面对的问题及对策
2. 熟悉改善用户体验和粉丝互动的核心策略
3. 熟悉个性化产品开发和品牌智能打造过程

【价值思政目标】

理解百瑞源——中国特色农产品价值营销的典范、价值营销的真谛

【思维脉络图】

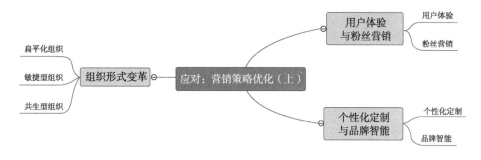

图 6-1 数字营销概论脉络图

【营销观察】

老兔子和小兔子

森林里住着两只兔子。有一天，一只小兔子正在疯狂地奔跑，老兔子看到了，不解

地问它为何这样匆忙。小兔子喘着气停下来，奇怪地反问：“难道您不知道狩猎季节已经到了吗？”老兔子像父亲一样注视着小兔子，语重心长地说：“小伙子，如果你只是为这件事烦恼，我倒有个解决的方案。那就是把自己变成一棵大树，猎人就会从你身边走过去，不再开枪打你，因为他们把你当成一棵树。”

“绝妙的好主意！”小兔子说，“为什么我以前就没有想到呢？如果是那样，猎人就会走过去，一点也不会注意到我。非常感谢！”老兔子接着走自己的路，忽然又听到小兔子在后面紧张地问：“可是我怎样才能把自己变成一棵树呢？”老兔子又停下来，耸耸肩膀，冷冷回答道：“小伙子，我已经给了你一个好主意，你应该感谢我，不要再拿这些细节的问题来烦我了。你应该自己解决。”

【营销微启示】

“授人以鱼不如授人以渔”，“鱼”只能满足一时之需，而“渔”却让企业有谋生的本钱。同样，“鱼”好比企业的产品，而“渔”则是企业的营销策略。企业在制定营销策略时要使其资源被充分利用，更新营销策略，以获取市场的主导权，并实现长久经营与发展。

【营销语录】

企业应当全力以赴地发现分销渠道，分销渠道越多，企业离市场越近。

——世界营销大师　菲利普·科特勒

销售前的奉承，不如售后服务。这是制造“永久顾客”的不二策略。

——松下电器创始人　松下幸之助

我的营销策略是成本约等于毛利。

——京东创始人　刘强东

营销策略不能落实到结果和目标上面，都是空话。

——阿里巴巴集团创始人　马云

【政策瞭望】

必须坚持科技是第一生产力、人才是第一资源、创新是第一动力，深入实施科教兴国战略、人才强国战略、创新驱动发展战略，开辟发展新领域新赛道，不断塑造发展新动能新优势。

——中国共产党第二十次全国代表大会报告

当企业的数字化应用逐步增多时，其还需要关注系统之间的协调性，避免重复性建设，以达成集成效率。企业此时的关键任务既包括从系统角度规划企业的数字化战略，还要在执行层面敢于创新、善于优化、落到实处，即对“策”和“术”优化升级。企业数字化营销策略的制定需要从组织形式变革、提高用户体验、打造粉丝经济、开展个性化定制及智能化品牌打造等维度全面展开。

6.1　组织形式变革

当下企业面临的竞争形势唯"快"不立，内外部环境的急剧变化要求企业的组织结构和决策过程必须简单化、高效化、动态化和智能化，必须要对消费者的需求变化和竞争对手的挑战及时做出响应。

著名管理大师德鲁克曾经指出："组织不良最常见、最严重的病症，便是管理层次太多。构建组织结构的一项基本原则便是尽量减少管理层次，尽量形成一条最短的指挥链。"因此，本书认为，未来的企业组织将不再是传统金字塔式的等级制结构，而是逐步向扁平化、敏捷型和共生型等组织结构演进。

6.1.1　扁平化组织

1. 扁平化组织的内涵

扁平化理论主张企业运作管理由垂直纵向转为横向发展，改变原有的自上而下的多层次管理，向精简化、高效化、灵活性发展，强调管理层次的简化、管理幅度的增加与分权。扁平化组织是指管理层次少而管理幅度大的一种组织结构形态。扁平化组织与传统的科层制组织不同，它需要员工打破原有的部门界限，绕过原来的中间管理层次，直接面对顾客和向公司总体目标负责，从而以群体和协作的优势赢得市场主导地位。在这种组织结构中，上下级互动紧密，信息纵向流动快，管理费用相对较低，被管理者拥有较大的自主权、积极性和满足感。

2. 扁平化组织的特点

（1）管理幅度加大

扁平化组织减少了中间管理层，使管理层次减少，信息化和数字化技术的发展，又使企业管理幅度加大成为可能。但是，管理幅度宽会造成权力分散，不易实现严格控制。

（2）组织边界模糊

扁平化组织实际上形成了以工作人员一条龙服务为基础的业务流程，组织由若干部门彼此协调配合的团队所组成，组织内部边界逐渐模糊化。

（3）决策权分散

由于管理幅度变宽使管理者不得不放权，企业资源和权力侧重于基层，从而将更多的现实决策权下放给直接对目标和业务负责的中层或基层员工。

（4）信息流动加快

扁平化组织管理层级减少，使信息流在组织链条上的停留时间也极大减少，信息流在链条上的流动长度缩短，信息流从发送端到接收端的转移和交互加快。

3. 扁平化组织的实现基础

（1）管理制度化

扁平化组织不是一个无序的组织，反而是一个管理有序、架构分明、层级明确的组织。也就是说，扁平化组织其实建立在组织内部制度完善、架构清楚的基础之上。通常来说，扁平化是建立在组织分权的情况下，而组织分权则必须建立在相对完整且运转顺畅的制度基础上，否则整个组织就可能会处于一种难于管控的混乱状态。因此，在扁平化实施之前，详细的组织架构分析、系统的制度建设提纲必不可少。

（2）组织信息化

信息化是当今组织发展的基石，更是扁平化组织的基础。在对信息流速以及准确性要求极高的扁平化组织体系中，强大的信息化手段，会极大提高管理者与下属员工的沟通速率，并且对干扰性的信息进行了有效过滤。如果缺乏信息化或数字化的手段，强行推行扁平化，反而会影响管理的有效进行以及信息的有效流通。

（3）管理者与员工素质

扁平化对管理者以及员工的素质提出了较高的要求。在扁平化的组织结构中，由于层级减少，管理者的管理幅度和能力值要求必然会大幅增加。一旦增加的幅度超过了管理者的管理能力，强行的扁平化非但不会提高组织效率，反而会降低组织的运营效率。除此之外，扁平化的组织对员工的素质也提出了较高的要求，员工需要有较强的自主管理能力以及信息接收与领悟能力。

4. 扁平化组织的实现路径

（1）通过组织改造实现扁平化

通过精干高效地设置管理层的机构和岗位，确定权责，减少不产生附加价值的管理者，实现管理者管理幅度增加，员工汇报层级减少，最终实现组织扁平化。例如海尔通过划分小经营单元，进行创客平台打造，实现了"人人都是 CEO，人人面对客户"。海尔推行的创客平台，管理层级不超过三级，建立对赌机制，实现"用户付薪"，改变了原来按岗位付薪、技能付薪等传统付薪模式。又如韩都衣舍通过打造"大平台+小前端"的组织，由产品小组做出决策，快速对外界市场进行反应，并且建立了与小组制组织模式相对应的薪酬与奖励机制。

相关链接 6-1　韩都衣舍的"小前端+大平台"

（2）通过流程实现扁平化

通过流程标准化，实现整体流程标准化、时限化、责任化、成果标准化、可追溯化，充分发挥流程节点"岗位"员工作用，减少部门内部二次审核，管理监督职能交由下一节点负责，减少不产生附加价值的管理者，最终实现管理者管理幅度增加，而员工汇报层级减少，有效实现组织扁平化。

（3）通过信息技术手段实现扁平化

以往公司信息收集、处理能力有限，并且监督检查手段、信息传递手段比较单一，导致"人治"为主，管理人员过多。随着技术手段的不断更新迭代，即时通信工具广泛应用，信息能够及时共享，沟通成本骤降。因此，以监督管理为主的部分管理岗位，可以通过信息化、数字化手段代替，协助全面实现组织扁平化。

（4）通过优秀员工提升实现扁平化

企业有效的组织扁平化需要优秀员工的内在支撑，只有员工和工作高效协同，才能形成内外部统一协调的有机整体。在创办小米之前，雷军每天都要花费一半以上的时间招募人才，前 100 名员工入职时，雷军都亲自见面并沟通。实际上，小米实行扁平化正是基于小米拥有大量优秀的人才，而优秀的人才本身就拥有强大的驱动力和自我管理能力。

6.1.2　敏捷型组织

1. 敏捷型组织的内涵

敏捷性是指一种企业能力，是能够帮助企业及时响应市场需求变动、快速提供新产品以满足消费者需求、争取更多市场份额的竞争能力。敏捷型组织是具备敏捷性的组织。具体而言，敏捷型组织是一个以实现敏捷性为战略目标，由符合敏捷性要求的组织结构、人员、业务、流程、子系统构成的，能够及时响应市场变化、快速满足消费者需要的产品或服务的企业组织模式。

2. 敏捷型组织的特点

（1）系统性

只有企业系统的各要素、各环节均具有了敏捷性，并形成一个有机的敏捷系统，整体敏捷性才能真正实现。整体的敏捷性依赖于系统内各要素的敏捷性的提升以及各要素之间的整合。这个特点既综合反映了企业系统由输入（如组织、技术、人员、管理、信息与知识等）、处理（如核心能力的有效集成、企业创造价值的具体过程等）和输出（企业所提供的产品和服务，如定制的产品等）三个环节构成的运行过程的敏捷性，又反映了企业内部诸多构成要素（如组织、人员、技术、管理等要素）的敏捷性，同时还反映了外部伙伴、供应商、分销商、顾客的敏捷性。

（2）多维能力属性

敏捷型组织反映了系统及其要素能力的敏感性、快速性、创新性、柔性和客户满意度等多维能力属性。敏感性，即响应、决策、行动的敏锐性、智能转换性。快速性，即在最短的时间内响应、决策和行动的属性，包括快速定制产品、快速研发、快速生产、快速交货等。创新性，即通过重组企业内外部资源和能力来实现客户所需要的任何创新，主要是新产品的创新、研发创新、组织创新、管理创新等。柔性，即具有用同样的设施生产不同产品和实现不同目标的能力，包括产量柔性、产品结构柔性、组织柔性、人力资源柔性和战略柔性等。客户满意度是指客户对定制化产品的性能、时间、成本、质量和价值的满足感。

（3）动态开放性

敏捷型组织是动态开放的。作为一个系统来讲，为了适应动态的生存环境，内部必须与外部进行不断的能量交换来维持系统的生命力，同时这种能量的交换要求内部要素之间通过不断的互动来对输入进行消化吸收，从而到达最佳状态。敏捷型组织要求企业持续关注顾客不断变化的、个性化的需求，同时从外部汲取先进的知识、理念、方法和技术，在内部不断地消化和吸收，以提升自身能力，从而找到满足顾客需求的解决方案。

（4）可重构性、可重用性和可扩充性

敏捷型组织具有可重构性、可重用性和可扩充性。可重构性是指企业所具有的能够根据变化的需要，对其组织、人员、技术等要素的数量、结构、关系等进行重构的能力属性。可重用性是指企业所具有的能够根据变化的需要，多次、反复地使用其组织、人员、技术等要素的能力属性。可扩充性是指企业所具有的能够根据变化的需要，对其组织、人员、技术等要素进行升级、扩展的能力属性。

3. 敏捷型组织的实现基础

（1）灵活的组织结构

敏捷型组织强调快速响应、快速决策、快速执行与交付，这必然要求组织结构设计要极其扁平化，减少组织中间层级、加快信息传递速度，同时减少信息传递过程中的衰减影响。组织结构扁平化、组织结构层级多寡决定了组织内部信息传递、决策链条的长短，是实现敏捷型组织的前提。

（2）敏捷的领导和团队

团队的敏捷性包括敏捷的领导、敏捷的员工和敏捷的团队氛围。敏捷型组织的自我管理导向使等级在敏捷组织中被极度减少。敏捷型组织中每个员工都是分布式网络的末端节点，是一个决策自主体，具有个人主体的自治性、适应性与协作性等特征，在充分授权自治的环境中积极主动地完成任务，同时能够随着环境的变化自主学习，持续提升自身适应环境变化的能力。敏捷的团队氛围帮助员工点燃个人宗旨和激情，每天都致力于实现增长、创新，促进健康竞争。

4. 敏捷型组织构建的实现路径

（1）具有快速的响应力

快速的响应力是指企业的组织结构能够快速响应需要。如果做一件事情都要层层审批汇报，必须得到最顶层的审批才能向下传达，这种企业，它的响应力一定不会太快。敏捷型组织倡导的是端到端的价值链打通，更需要把企业内部的组织结构打通，快速构建全功能的团队，让这些团队能够向一个创业型团队一样具备高速的响应力。

（2）具备强大的执行力

敏捷的关键点是要求管理者具备强大的执行力，能够"快""狠""准"地把战略落实到具体岗位上。快，即执行的速度。执行要将时间进度作为核心标杆来看，有紧迫感，提高做事效率。准，即执行的尺度。执行需要密切结合组织的战略目标、部门重点方向、组织的流程制度等，与组织战略目标不相符合的事拒绝去做。狠，即执行的力度。执行过程中追求卓越，达到最好甚至是更好，提高执行的效果。

（3）保有持续的创新力

企业处于动态竞争中，往往会过于依赖自己以往的竞争优势，处于相对稳定的行业地位。但在数字化时代，互联网与传统行业结合迸发出新的商业模式，给传统的组织结构带来挑战的同时也带来了创新的动力。从组织来说，最大的动力就是危机感，因为一个组织如果没有危机感就没有动力去创新。除了危机感，企业还需要一套完整的机制自上向下和自下而上融合来构建持续的创新力。

相关链接 6-2　敏捷型组织的领导力之路

6.1.3　共生型组织

1. 共生型组织的内涵

关于共生型组织的概念有很多。有学者认为，共生型组织是一种基于顾客价值的高效的、跨领域的价值网络，它使组织可以获得更高的效率。共生型组织包括四重境界，分别是共生信仰、顾客主义、技术穿透和"无我"领导。学者程煜认为共生型组织是不同组织之间相互合作的关系。在共生的过程中，各个组织都有自己的独立性和特性，但同时各组织之间又是一种共同生存、生长的状态，以共同的价值目标为合作基础，以命运共同体达成合作共识。各个组织基于整体价值创造的最高追求来选择组织合作伙伴，合理安排各个环节的组织活动，协调组织之间的分工合作、融合互动。

本书认为，共生型组织是一种基于顾客价值创造和跨领域价值网的高效合作组织形态，其网络成员实现了互为主体、资源共通、价值共创、利润共享，进而可创造任何单个组织都无法实现的高水平发展。

2. 共生型组织的特征

（1）互为主体性

共生型组织的成员间不再有主客体关系。而是彼此互为主体。这就需要每一个成员做出根本性的改变。复杂多变的环境要求组织从单一的线性协同模式转向跨组织的多维协同模式。共生型组织强调开放性和互联性，与环境形成良好的互动，从而创造多维协同模式下的跨领域共生价值体，打造开放合作式的有机生态系统。共生型组织是一种基于合作和价值共创所形成的组织资源共享、利润共赢的群体性有机系统；共生型组织相信互为主体生态网络的力量，并且为互为主体的生态网络的建构付出时间和精力。

（2）整体多利性

合作是共生型组织的本质特征之一。合作并不否定竞争的存在，但是与传统意义上的相互排斥、相互厮杀的竞争不同，共生型组织更加强调合作组织之间的相互吸引与相互补充，最终从竞争中产生新的、创造性的合作伙伴。正是这样的合作关系，让各个合作伙伴相互激发、高效互动，从而产生出了更多的价值创造，这些价值创造不仅帮助了合作伙伴，还给自身带来了超出组织原有能力所能创造的价值。

（3）柔韧灵活性

正如生物学家达尔文所讲：在剧烈变化的环境中，能够生存下来的不是那些最强壮的，也不是那些最聪明的，而是那些最灵活的，懂得适时变化的生物。共生型组织在组织内部减少了管理层级，破除了传统组织中自上而下的垂直高耸结构，简化了烦琐的管理层级，将权力下放到基层，让组织内部更具灵活性和流动性，让组织成员感受到更多的自主与发展空间。在组织外部，共生型组织展示出更强大的连接与互动功能，让基于顾客价值创造的组合更加高效，能更快捷地响应需求变化。这样建立起的组织灵活而敏捷，富有柔性和创造性，能够根据环境的变化迅速做出战略调整。

（4）效率协同性

一直以来，提高组织效率是组织管理的一个极具挑战的问题，分工使劳动效率得以最大化实现，分权让组织获得了最大化的效率，分利则充分调动个体让个人效率最大化。在组织绩效由内部转向外部的今天，组织需要解决的是整体效率，既包括组织内部效率，又包括组织外部效率，"分工、分权、分利"已经无法满足组织对整体效率的追求，整体效率的实现更大程度地依赖组织间的合作协同程度。共生型组织系统中的组织个体保留了各自的独立性和自主性，依赖于彼此之间对资源的获取、分享和使用能力，组织获得了更好地融入环境的方式，更重要的是，组织的整体效率得以提升。当组织可以拥有整体能力的时候，长久地焕发能量以及持续成长发展变得更加可期。

3. 共生型组织的实现基础

（1）具有共生信仰

提到合作往往使人们产生疑虑，这是因为对合作的结果具有不确定性。虽然人们明白组织无法独立存在，长期处于独立封闭状态更加无法应对巨大的环境变化，但还是很难坦然与别人合作。相反，人们如果知道自己的命运是与其他成员休戚相关的，确信商业文明本身，确信彼此拥有相同价值观，就会不断地努力学习、应变并开放自己。因此，当人们对自己的行动有真正的责任感时，合作的效果也会最快达成。这就是为什么共生型组织以共生信仰为首要选择。

（2）奉行顾客主义

对于现代的企业而言，因为互联网技术带来的开放可能性，使各种围绕企业的资源都在不断重组和整合，而顾客就是这一切的基础。顾客主义是指真正以顾客价值为中心，让顾客成为组织成员间唯一的价值集合点。顾客主义是一种组织成员之间价值取向的结果检验标准，它是一个组织成员合作的过程，是一种持久的要求和修炼。

（3）注重员工成长

在共生逻辑下，企业应当让所有的组织成员，无论是内部的还是外部的，都能有机会发挥作用、创造价值和获得成长。企业在此过程中所要做的就是牵引、协同、赋能，当企业能够牵引、协同和赋能的时候，必然就有更多职员愿意组合在一起。当企业之间要构建更大的价值网络时，更需要彼此能够协同、牵引和共同创造价值。

4. 共生型组织的实施要点

第一，打开员工边界。组织要能够接受员工在不同的组织之间变动。一般来说，那些能面对不确定性的组织，有一个很大的特点，就是接受员工的跨边界流动。员工边界既是一个垂直晋升通道，也是一个横向的发展逻辑，甚至会在组织内外跨来跨去的调整。

相关链接 6-3　直播带货下格力的共生模式

视频链接 6-1　中国科学院管理学博士王文周：常见的组织形式

第二，打开顾客边界。组织要能够理解和接受顾客不再是企业原有产业里所理解的顾客。对以前购买电器产品的顾客，企业现在要理解为购买智能家庭生活方式的顾客，这就要求组织打开产业的边界真正理解顾客，甚至让顾客参与到产品创新和传播营销中。

第三，打造自身的不可替代性。共生型组织要致力于发展自身的不可替代性，认同"少即是多""慢就是快"的道理。企业需要慢下来，把自己可以做的事情做到极致，对于明显不符合自身发展需要的事选择不做。如果企业无法致力于自身的不可替代性，想要与别人共生会很难。

6.2　用户体验与粉丝营销

数字化时代的营销活动要特别注重用户体验，只有用户从内心深处感觉"愉悦"，才会将这种"特别好"的感知告诉身边的朋友、家人，并推荐他们使用或消费，由此形成良性口碑自然传播、持续转化消费的裂变现象。当下，要想与用户走得久远、关系更近，仅仅让用户"喜欢"是远远不够的，还需要与用户形成更深度的关系黏性。这就需要企业开展的营销活动能与用户持续有效地深度互动，通过互动加深双方的了解，才能够让双方的情感"升温"。

6.2.1　用户体验

1. 用户体验的内涵

用户体验是一种在用户使用产品的过程中建立起来的纯主观的综合体验和感受。从用户的角度来说，用户体验是产品在现实世界的表现和使用方式，它会渗透到用户与产品互动的各个方面，既有对产品操作的互动体验，又有在互动过程中触发的认知、情感体验，包括享受、美感和娱乐。用户是整个体验过程的主体，是产品和相关服务的受益者。关于用户体验的概念，国内外学者从不同角度进行了界定，如表 6-1 所示。

2. 用户体验的影响因素

用户体验会受到很多外界因素的影响，呈现出一种不稳定的状态。用户体验的影响因素大致可分为三类，即提供的产品是否满足客户的需求、用户在使用产品时自身的状态与心理状况，以及用户在使用产品过程中外界环境的舒适度等因素（如图 6-2 所示）。用户体验的主观性与不确定性，反映了用户需求的不稳定性。因此，管理者要想了解用户的需求，可以通过分析用户的消费体验，找到用户需求的痛点，从而满足需求的用户产品。

表 6-1　用户体验的概念梳理

代表学者	代表观点	资料来源
ISO DIS 9241-210 标准（2010）	用户体验是指用户在使用产品或服务之前、期间和之后的总体感觉，包括情绪、信念、偏好、认知印象、身体和心理反应、行为和成就	Human-centred Design for Interactive Systems. ISO DIS 9241-210, Ergonomics of Human System Interaction: Part 210[S]. Switzerland: International Standardization Organization (ISO), 2010.
罗仕鉴等（2012）	用户体验指用户使用产品或者享受服务过程中所建立起来的综合性感受	罗仕鉴，朱上上. 用户体验与产品创新设计[M]. 北京：机械工业出版社，2012.
孔雅轩（2019）	用户体验是指用户在使用产品的过程中建立起来的一种单纯的主观感受	孔雅轩. 规律与逻辑：用户体验设计法则[M]. 北京：人民邮电出版社，2019.
蔡赟等（2021）	用户体验指在与产品打交道的过程中，用户的主观感受、心理状态和向外部反馈出的信息	蔡赟，康佳美，王子娟. 用户体验设计指南：从方法论到产品设计实践[M]. 北京：电子工业出版社，2021.

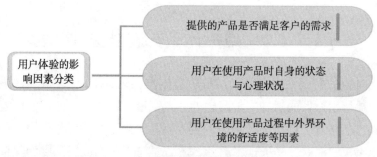

图 6-2　用户体验的影响因素分类

3. 数字时代用户体验的触点分类

触点是指企业的品牌、产品、服务等在各个方面、各个环节与用户的接触点，包括视觉、触觉、味觉、嗅觉、听觉，以及心理上所接触的每一个点，都可以叫做触点。图 6-3 展示了商家通过触点传送理念，用户通过五感感知品牌的过程。数字时代用户体验的触点的分类如下。

（1）物理触点

如实体菜单、家具、门店、产品等，它们可以通过固定标准去衡量和统一，维护难度低，但变更和替换的成本较高。有的物理触点是可以随用户进入其他场域的，是品牌在门店之外继续施加影响力的媒介。

（2）数字触点

数字触点的种类丰富，从简单的背景音乐，到 App、H5，到更复杂的 AR、VR、AI，有很多可能性。由于其无实物，数字触点的体验感受和评判标准并不容易统一。数字触点的迭代相对简单，成本也相对物理触点低。

（3）人际触点

比前两者更灵活，能动性更强。我们需要针对人际触点制定固定标准，却无法保证实施水平。

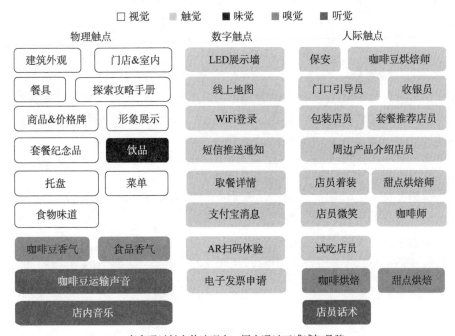

商家通过触点传达理念，用户通过五感感知品牌

图 6-3　商家触点传达与用户感知

4. 数字时代的用户体验提升

（1）从用户视角出发

在过往"以用户为中心"的转型实践中，我们多习惯于从自身视角出发，关注某一特定的客户触点，很容易造成客户体验的割裂，甚至导致"1＋1＜1"的结果。要真正形成"以用户为中心"的业务逻辑，只有以纯粹的用户视角，去感受用户在每个环节的交互体验，并将其作为一切组织架构设计、产品设计、流程设计的起点，才能准确抓住用户需求。

（2）多渠道搜集数据

在用户旅程中，我们可以通过多种方式，如移动端反馈、社交媒体信息搜集、语音互动问答、网上银行调研、呼叫中心语音分析、工单文本分析等方式，多渠道实时抓取结构化及非结构化数据，形成"体验数据库"，并利用人工智能进行关键词和情感归类与分析，快速、准确捕捉用户实时痛点及需求。通过定性、定量、主观、客观的数据分析，识别用户体验中对用户整体体验影响较大的关键"旅程"。这些关键"旅程"的满意度，往往直接影响着用户对产品的选择以及重复购买产品的决策。

（3）"零基设计"理念

"零基设计"理念是指对用户旅程的最终形式不做任何预先设想，由用户或者不熟

相关链接 6-4　宜家效应

悉该流程的员工主导，完全以用户需要和偏好为起点和持续依据点，构建一个新过程，并在用户身上不断进行验证测试。过程的变革不局限于解决用户痛点，更要努力寻找可以让用户惊艳的下一代功能。

6.2.2　粉丝营销

随着消费的升级和社会观念的转变，粉丝经济和粉丝营销已经成为了当今社会发展中不可或缺的部分。得粉丝者得天下。现如今，个人影响力的大小和品牌的发展等都取决于粉丝的数量。这是一个"无粉丝，不营销"的时代。

1. 粉丝营销的内涵

粉丝营销是指企业利用优秀的产品或企业知名度拉拢庞大的消费者群体作为粉丝，利用粉丝相互传导的方式，达到营销目的的商业理念。粉丝一词沿用了国外的"fans"的概念，通常指特别关注者。粉丝最大的特点是盲目，对产品的盲目热爱，对问题的宽容度高甚至视而不见，他们认同公司的产品和文化，热衷于不断购买公司的产品，还会主动推荐给他人。关于粉丝营销概念的界定，学者有不同的观点（如表 6-2 所示）。

表 6-2　粉丝营销的概念梳理

代表作者	代表观点	资料来源
黄钰茗（2015）	粉丝营销在粉丝经济时代中只是一种营销手段或者是营销工具，通过这种手段将明星背后的粉丝聚合在一起，利用粉丝群体的力量去吸引更多的目标群体，进而引导目标群体产生消费行为	黄钰茗. 粉丝经济学[M]. 北京：电子工业出版社，2015.
董永春（2018）	粉丝营销在于强调对粉丝（对顾客）的迎合和互动。在互动的过程中进行品牌的推广，根据粉丝的个性化需求，做好产品、服务的延伸扩展，满足粉丝需求，让他们感觉开心和满足。粉丝和商家之间互相欣赏，彼此喜欢，把"弱关系"变成"强关系"，打造持续发酵的口碑效应	董永春. 新零售：线上+线下+物流[M]. 北京：清华大学出版社，2018.
叶龙（2021）	企业利用优秀产品或者是品牌的知名度来吸引众多消费群体成为忠诚粉丝，然后借助粉丝的力量免费为产品进行宣传，最终促使企业实现营销目的的一种营销方式	叶龙. 微信公众号运营：粉丝及平台数据分析和营销[M].北京：清华大学出版社，2021
丁丁（2022）	粉丝营销指企业利用优秀的产品或企业知名度拉拢庞大的消费者群体作为粉丝，利用粉丝相互传导的方式，达到营销目的的商业理念	丁丁. 深度粉销 2.0：低成本、爆发式增长的用户运营法则[M]. 北京：人民邮电出版社，2022.

2. 粉丝群体的三角法则

粉丝营销三角法则的三个顶点分别是：顶点一是圈层化，找出核心目标用户群体很关键，因为我们不可能让所有的用户都成为我们的粉丝；顶点二是情感化，用情感共鸣打动目标群体；顶点三是参与感，让粉丝参与到我们关键点的产品讨论和品牌建设当中来。

图 6-4　粉丝圈层

（1）圈层化

粉丝圈层可以分为核心层、影响层和外围层，如图 6-4 所示。所谓核心层就是最初撬动的那一小波核心人群，他们是产品和品牌的拥趸，黏性最高。核心层是最有可能转化为铁杆粉丝的人群，也是粉丝基本盘的来源，它是整个深度粉销体系的基石。影响层是围绕在核心层外围的、更大范围的粉丝群体，其准入条件相对核心层要宽松一些，但也很聚焦，主要是相关领域的关键意见领袖。外围层通常指的是普通大众，外围层是最后被影响到的更大范围的目标人群。

（2）情感化

拉近人与人之间距离的最有效的方式，就是建立情感认同和共鸣。情感不仅有强弱，还有不同的维度和演化路径，情感降维就是情绪，情感升维就是价值观。粉丝营销的短期目标是调动情绪，引发情感共鸣；长期目标是在持续的情感互动中，形成能引发粉丝和受众广泛共鸣的价值观。

（3）参与感

互联网彻底颠覆了人们传统的工作和生活方式。消费者为王的时代已经确实到来，消费者已经当仁不让地登上了舞台，成为了主角。"第一是参与感，第二是参与感，第三还是参与感。"谈及小米手机的成功因素，雷军说："在小米内部，参与感已经被奉为圭臬，成为商业铁律。"

3. 粉丝营销的策略

面对移动互联网时代下异常激烈的竞争，企业如果只关注"流量"而忽视将其转换为"存量"的粉丝，意义是不大的。因此，对企业而言必须引起重视，要注意流量转化为用户的留存率和打开率，或者日常活跃用户，建立从流量到存量的粉丝营销模式。

（1）培养企业粉丝达人

企业要培养出粉丝达人，最好让专职营销人员成为企业品牌的粉丝大咖，在此基础上形成管理团队，还可以吸纳少量个人忠实粉丝达人，借助其对品牌的情感忠诚发挥带动作用，吸引更多粉丝。

（2）建立多平台粉丝群

企业要善于利用如微博、微信、论坛等多种社交平台的强大开放性、互动性、超大容量及快速传播等优势，用图片、文字、视频等形式形象生动地宣传推广内容，组织一些具有创意且有奖励回报的活动，积极采用行业、品牌合作方及品牌代言人等，吸引并培养出众多的粉丝，并最终凝聚忠实粉丝群。

（3）维持粉丝活跃度

粉丝营销的前提是要保持并不断提高粉丝存量的活跃度。企业要抓住粉丝的兴趣点，不断创造有价值的

相关链接 6-5　三只松鼠的成功

信息，了解粉丝想要看的是什么；企业要积极构建商业信息话题来引导讨论，设计与企业有关的具有价值的信息话题，为粉丝提供各种创造、参与甚至分享的平台，实现与粉

丝的情感互动；企业还可以设计粉丝交流激励措施，例如根据粉丝参与的活跃度来赋予其特殊的身份，以便在购买产品时得到优惠奖励。

（4）促成粉丝销售转化

促成粉丝的销售转化是粉丝营销的最大价值。企业在完成高情感粉丝认可的基础上，可以对粉丝开展销售引导。企业可以采取让粉丝全程参与的方式，来提升粉丝参与度和愉悦度，建立好的情感，以此来实现销售转化。例如让粉丝参与产品设计、测试、活动命名，在产品发布中采用粉丝福利，设计定制产品、粉丝代言等。

6.3 个性化定制与品牌智能

6.3.1 个性化定制

1. 个性化定制的内涵

个性化定制的概念起源于 20 世纪 90 年代，从此开启了学术界对于个性化定制理论的深入研究和实践探索的热潮。学者们从不同角度对个性化定制概念进行了界定，如表 6-3 所示。本书认为，个性化定制是指用户介入产品的生产过程，产品按照自己的意愿或者构思进行生产，用户因此获得自己定制的个人属性强烈的商品或获得与其个人需求匹配的产品或服务。

表 6-3 个性化定制的概念梳理

代表作者	代 表 观 点	资 料 来 源
周红志 （2014）	个性化定制是指商家根据客户的需求或指定的规格来进行产品的生产，是一种客户占据主导地位的生产体制	周红志. 关于 web 在互联网上应用与个性化定制分析[J]. 长春教育学院学报, 2014, 30(2): 62-63.
陶金泽亚 等(2015)	个性化定制又称个性化服务，是一个公司根据用户的需求而设计生产的服务，或是企业依据用户身份、爱好、品位等个人特色及购买行为、习惯等因素为用户提供特色的产品与特殊化的服务	陶金泽亚, 吴凤羽. 工业 4.0 背景下的个性化定制探讨[J]. 改革与开放, (21): 17-18.
孙琦宗 （2017）	个性化定制又称为客制化，企业根据消费者的个性化需求，制造相应的定制系统。用户介入产品的设计过程，将自己的个性化需求表现在产品上，企业制造出满足消费者需求的特定的个性化产品	孙琦宗. 在线个性化定制中的智能交互方法研究[D]. 杭州：浙江工业大学, 2017.
尹博星 （2019）	个性化定制是一种以灵敏度高和柔性集成的生产过程，以此为基础来为用户提供个性化产品和服务的生产方法	尹博星. 面向个性化定制的智能糖果包装数据分析系统设计与实现[D]. 南昌：江西理工大学, 2019.
魏毅寅等 （2021）	个性化定制是指用户为了实现自己的个性化需求，直接参与生产过程的生产模式	魏毅寅等. 工业互联网：技术与实践（第 2 版）[M]. 北京：电子工业出版社, 2021.

2. 个性化定制的意义

（1）最大化地满足顾客需求

顾客需求是支撑企业经营和商业活动的核心，提高顾客满意度是实现该目标的唯一手段。要想争取到更多的忠诚顾客，需要根据每一位顾客的特点进行个性化服务，向顾客提供更多的心理满足。个性化服务可以使生产者与顾客之间建立起学习型的、良好的合作伙伴关系，是提高顾客忠诚度的重要手段。

（2）提高企业的竞争优势

随着时代的发展，各种形式的商业模式逐渐兴起。商家通过不同的方式和技术手段开展销售，争夺标准化服务的市场，扩大自身的市场份额。随着时间的推移，标准化服务的市场逐渐受到挤压，个性化、差异化服务逐渐成为市场争夺的焦点。个性化定制体现了企业以人为本的经营理念，是现代企业提高核心竞争力的重要途径。

视频链接 6-2 "90 后"喜欢个性化的产品，为此催生了直播电商

（3）提供新的企业发展机会

在个性化定制服务中，企业必须随时和每一个消费者进行直接的信息交流，使企业得以及时准确地把握市场需求变化，抓住市场机会。个性化定制是针对每一个消费者的微营销，它能够利用最小规模的市场机会，为企业的发展提供更加广阔的空间。

（4）获得更高的经济效益

企业根据顾客的实际订单来进行生产，真正做到了以需定产，因而几乎没有库存积压，大大加快了企业资金的周转速度，减少了资金的占用。一方面，高差别化的个性化产品使产品需求价格缺乏弹性，产品售价提高，从而提高单位产品利润。另一方面，存货水平降低，流通费用减少，引起产品成本下降，还有生产周期的缩短加快了资金回流，从而增加了企业的利润。

3. 个性化定制的实施策略

目前，消费者对生产商的要求日益提高，这主要体现在两个方面：一是希望厂商能提供为自己专门设计的定制商品，二是希望定制商品能尽快送到自己手中。"顾客就是上帝"，制造商只有不断提高自己的定制营销能力，才能赢得更多的顾客，增加自己的利润。

（1）产品的重新设计

企业对产品进行重新设计时，要尽量实现产品的模块化。这时模块分为两部分：一部分是所有产品共有的，另一部分是体现产品定制特征的。实现模块化，一方面有利于厂家将共同的部分事先组装起来，一旦顾客提出自己的特定要求，便将这些满足要求的部件迅速组装上去，这样可以提高速度和效率；另一方面厂家可以在同一时间生产不同的模块，这样可以节省生产的总时间。另外，这样做还便于检查产品的质量问题。

在进行产品重新设计时，要防止其增加的成本高于定制所带来的利润。这要求营销、研究与开发、制造、分销、财务部门的通力合作。营销部门要确定满足顾客需要所达到的规模定制程度；研究与开发部门要对产品进行最有效的重新设计；制造与分销部门必须保证原材料的有效供应和生产的顺利进行；财务部门要及时提供生产成本状况与财务分析。

（2）生产过程的重新设计

对生产过程进行解剖，划分为相对独立的子过程，再进行重新组合，同样可有效地

满足规模定制的要求。

例如，涂料商店原来都是储存各种涂料成品。在这种情况下，每种涂料的品种相当有限，库存数量也不多，不一定能满足顾客的特定需要。这时，有些商店启用了新的经营方式，只储存普通油漆和各种颜料。当顾客提出具体的涂料要求时，商店当场进行调试，确定油漆与颜料的比例，最后大量配制。这样将生产过程划分后，既满足了顾客的需要，扩大了他们的选择范围，又降低了商店和库存成本，可谓一举两得。

有些公司将生产过程细分后再重新组合。如毛线衣生产厂通常将其加工过程分为两个子过程：一是先对毛线染色，二是编织成衣。现在有工厂将过程反过来了，先将毛衣编织好，然后根据顾客的需要来染色，从而极大地扩大了市场需求。

（3）供应网络的改进

通常制造商的分销中心或仓库只储存制成品，负责一定地区的产品配送。但在定制营销中，这些分销中心不仅要具有以上功能，还要具有加工工厂的职能，即它只储存各种产品模块，接到顾客的订单后再对模块进行组装。这样做具有以下优势：一是便于使分销中心尽可能靠近最终顾客，中心无须储存大量成品，可以有效地节省库存成本；二是制造商可以快捷地接受顾客的需求信息，并及时将最终产品送到顾客手中。

6.3.2　品牌智能

1. 品牌智能的内涵

品牌智能是指信息技术赋予品牌的生命特质和智慧基因，它为数字营销传播的理念和实践带来了全新的维度和空间。智能品牌具有足够的智慧和能力来管理社会资源，为人类提供自动的、便捷的服务。它就像我们每个人的专属管家一样，甚至比我们自己更懂得我们到底需要什么。

2. 品牌智能进化的三个阶段

正如生命的进化是一个连续跳跃的过程一样，品牌智能的进化有三个相互关联但具有显著差异的发展阶段（如图 6-5 所示）。

图 6-5　品牌智能进化的三个阶段

（1）品牌智能 1.0

品牌智能 1.0 的核心可归结为"生命特质"，目的是为品牌注入具有生命力的活性特质，使品牌像人类一样具备基本的生理机能和生物属性，是品牌的人性化阶段。形象地说，品牌智能 1.0 就是智能品牌的婴幼儿期，能跑会笑，可以进行简单的互动和反馈。技术赋予我们许多新的交互和感知能力：我们能够改变对现实的感知，构建多重自我表征，与虚拟代理和机器人建立关系。利用这些技术，品牌可以成为有血有肉的"人"。

（2）品牌智能 2.0

品牌智能 2.0 的核心可归结为"社会属性"，目的是赋予品牌以情感、记忆、身份和角色，使品牌进入特定消费者的朋友圈和社会网络，是品牌的社会化阶段。形象地说，品牌智能 2.0 就是智能品牌的青少年时期，开始学着与他人交往，融入社会，建立关系。从这个时候开始，品牌作为一个社会人的特质将不断丰满，它与每一个人的交互都具有特殊的意义，它的社会性格正在逐步养成。

在品牌社会化方面，杜蕾斯比其他品牌走得更远。"小杜杜"不仅是杜蕾斯微博和微信的昵称，还是杜蕾斯品牌的人格化身。"小杜杜"不仅可以在微博上充满趣味和幽默感地嬉笑怒骂，而且还可以在微信平台开展有趣的"午夜陪聊"服务。即便在午夜 2 点，它都可以陪你"谈情说爱"。因此，我们所谓的"品牌人性化"，并非真人团队的一对一服务，而是以人工智能、语义分析、大数据技术为支撑，为品牌打造专属的智能交互机器人。

（3）品牌智能 3.0

品牌智能 3.0 的核心可归结为"协同进化"。通过信息和数据技术赋予品牌高级生命体独有的智慧，让品牌会学习、懂思考，能创造性地解决问题，可以自我修复、成长甚至繁衍。形象地说，品牌智能 3.0 就是智能品牌的成年时期，它已经具备成熟的智慧、自我意识和自主能力。品牌的智慧、自我意识和自主能力来自哪里？就来自人类自己。因为，到那个时候，品牌就是我们自己，是我们塑造了自己的品牌。任何一个品牌都将具备开放的 API，广泛的人类智慧得以在品牌智能系统中汇聚，涌现出超乎想象的智慧。品牌的智慧，正是大规模协作、海量信息聚合、全球性的结构和巨大的实时社会互动的结果。这时，人类与智能品牌这类崭新的生命体，将建立一种共存共生、协同进化的全新关系。成熟阶段的智能品牌已经具有足够的智慧和能力来管理社会资源，为人类提供自动的、便捷的服务。

3. 品牌智能的表现形式

（1）品牌交互智能

品牌交互智能，指的是为品牌注入多媒体表达、交互感应和情感体验，让品牌具备与消费者交流互动的能力。

企业官网作为品牌在线形象旗舰店以及产品服务和品牌文化的在线体验窗口，担负着展示、体验、营销和服务的职能。企业官方网站作为品牌的在线形象旗舰店，首要功能是展示品牌形象和文化理念，良好的互动体验能促使消费者融入品牌中，继而提升品牌价值，高度参与还会提升用户体验。例如，在官网中设置一个游戏或分享自己的某一想法，将消费者带入品牌的建构中，大大加深消费者对品牌的认知和了解。同样，官网中展示一段视频，一个故事，也能将消费者带入品牌历史文化之旅，从而获得良好的用户体验，提升品牌的价值。此外，官网中以人为本的用户体验，处处体现用户为先的服务理念，将互动体验融入无形贴心的服务，也能提升品牌在消费者心目中的地位。

相关链接6-6 鸿星尔克：因为自己淋过雨，所以想给别人撑把伞

（2）品牌游戏玩乐智能

品牌游戏玩乐智能是为品牌引入游戏思维，用游戏机制全面再造品牌体验和营销传播活动。让品牌变得更有趣、更好玩，让消费者通过深度参与，在与品牌的玩乐中收获自由，单纯又快乐。

游戏本质是一种玩家深度参与的互动传播。与其他所有的数字网络新工具相比，网络游戏具有规模庞大的玩家市场、高度忠诚且黏性极强的用户、互动多媒体甚至立体的展示空间，以及海量多维且精细化实施的数据。品牌引入游戏机制进行营销传播活动，不仅需要深刻理解游戏的本质和玩家的心理，还需要把这些特性和广告商的意图、营销传播活动及品牌关系维护等目标紧密结合，探索游戏营销传播的各种传播创新形式。

（3）品牌的移动定位智能

品牌移动定位智能是借助移动互联网和定位技术，赋予品牌运动机能以及情景关联需求分析的能力，使品牌与消费者的每一个接触都能够做到随时随地、应需而生、因人而变。即时信息成为移动营销的重要载体。一方面，手机的便利性使移动营销可以及时与目标消费者进行沟通，这种及时性能快速提高市场反应速度。另一方面，当企业对消费者的消费习惯有所察觉时，可以在消费者最有可能产生购买行为的时间段发布产品信息，这就是移动营销的定时性，同时也需要对消费者的消费行为有量化的跟踪和调查。

（4）品牌的搜索应答智能

相关链接 6-7 阿波罗智能品牌战略升级，"IP＋智能"新玩法

品牌的搜索应答智能指的是依托搜索引擎核心技术，向有明确需求意向的消费者，针对性地提供个性化品牌应用服务，使品牌具备基于需求的响应互动的能力。

当下，在消费者做出一项购买决策之前，通常会通过搜索获取产品的相关信息，产品的功能、价格、质量、口碑、适合人群等，这些信息影响着消费者的购买决策。搜索引擎为企业和品牌接近消费者创造了一个高效模式，在所有的数字营销传播工具中，搜索引擎之所以如此特别，在于它是一种消费者主动发出需求、透露信息，从而能真正体现精准匹配广告的营销方式。一方面捕获了目标消费者，另一方面连接了品牌广告主整合营销的关键环节。现在的搜索引擎营销还只处于品牌信息展示的浅层，不能为品牌和消费者的深度互动提供更有针对性的服务。随着搜索引擎从信息的搜索到知识的搜索，再到智慧的搜索演进，与之相伴的搜索引擎营销也将展现出无限的发展空间。

【参考文献】

[1]　尼古拉斯·韦伯. 极致用户体验[M]. 北京：中信出版社，2018.

[2]　王皓. 知识逻辑下的企业组织设计与优化[M]. 北京：中国经济出版社，2018.

[3]　曹虎，等. 数字时代的营销战略[M]. 北京：机械工业出版社. 2017.

[4]　谷虹·品牌智能：数字传播时代的核心理念与实战指南[M]. 北京：电子工业出版社，2016.

[5]　陈威如，余卓轩. 平台战略：正在席卷全球的商业模式革命[M]. 北京：中信出版社，2013.

[6]　霍春辉. 云制造与敏捷型组织开启工业 4.0 时代的新未来[M]. 北京：人民邮电出版社，2016.

[7]　陈春花，赵海然. 共生未来企业组织进化路径[M]. 北京：中信出版社，2018.

[8]　丁丁. 深度粉销：高转化、高复购的用户运营黄金法则[M]. 北京：人民邮电出版社有限公司，2018.

[9]　黄钰茗. 粉丝经济学[M]. 北京：北京电子工业出版社，2015.

[10]　蔡赟，康佳美，王子娟. 用户体验设计指南：从方法论到产品设计实践[M]. 北京：电子工业出版社，2019.

[11]　董永春. 新零售：线上+线下+物流[M]. 北京：清华大学出版社，2018.

【本章小结】

　　数字时代，市场环境更加复杂多变，尤其是 2020 年，疫情带来了消费方式、生活方式、出行方式、办公方式等方方面面的改变。企业家需要意识到，新环境下的新机遇并不属于所有企业，上述很多变量是根本性的、长期的，企业家需要做的就是要在纷繁复杂之中，辨识出创新的主方向、主脉络，找到并启动下一轮可持续增长的主引擎，实现新一轮的增长。数字化颠覆了传统的 4P，企业为了立于不败之地，就必须以不变应万变，拥有自己的制胜策略，用营销技术帮助企业实现商业目标。一是组织变革，包括三个方面，扁平化组织、敏捷型组织和共生型组织。企业经历过组织内部结构优化之后还要注重用户体验与粉丝互动。二是个性化产品开发与品牌智能，向顾客提供特色优质的产品，使顾客对于产品、品牌或者企业更加认可和支持。

【理论反思】

　　1. 为什么当下企业都在倡导打造"扁平化组织"？扁平化组织有何特点？

　　2. 为什么说敏捷性已经成为企业保持其竞争优势的重要因素之一？敏捷性组织构建过程中的实施要点有哪些？

　　3. 什么是共生型组织？如何构建共生型组织？

　　4. 数字时代用户体验对于企业来说，具有什么样的价值意义？

　　5. 粉丝对于企业来说意味着什么？企业如何使客户变成粉丝？

　　6. 用户体验的特征是什么？如何打造极致的用户体验？

　　7. 个性化产品开发已成为了企业的要务，为什么会出现如此景象？品牌智能会成为品牌未来的必然发展趋势吗？为什么？

【能力训练】

以小米公司为代表和开端，让扁平化的组织模式走到了前台，越来越受到企业的青睐。扁平化组织较之传统科层制组织模式有着非常大的优越性。可是究竟多"扁"才算是达到"扁平化"标准？它是否适用于所有企业，又或者适用于哪一类型的企业呢？

百瑞源——中国特色农产品价值营销的典范

1. 面对突如其来的新冠病毒肺炎疫情，百瑞源的组织管理面临着哪些挑战？又是如何应对的？这体现百瑞源组织结构的哪些的特点？

2. 百瑞源是如何使用数字营销工具帮助降低新冠病毒肺炎疫情对企业销售影响的？这其中体现了怎样的营销思考？

3. 百瑞源为了打造用户体验，采取了哪些措施？这些措施的效果如何？请结合视频并查阅相关资料进行阐述。

企业家微访谈：银川阿凡达机器人科技有限公司总经理李流彬

1. 越来越多的企业选择多地布局产业，这对企业的组织架构提出了怎样的要求？企业应如何变革以适应这种新要求？

2. 结合阿凡达企业案例，探讨引进阿凡达机器人科技有限公司后，会如何影响宁夏本地的经济发展？

3. 智能机器人已广泛应用于多个领域，请搜集相关资料，阐述智能机器人在营销领域的应用。

实训目的：让学生明确数字时代用户体验对于企业的价值意义。

1. 明确数字时代用户体验对于企业的价值意义。

2. 找出用户体验特征及打造极致的用户体验的方法。

3. 分析个性化定制已成为企业要务的原因。

实训地点：选取当地一家大型零售企业。

实训方式：参观＋调研＋访谈。

百货商场过时了？看新光天地打造未来购物体验

1. 结合案例，请思考新光天地是如何借势电商"突破重围"的？

2. 基于消费者端的新光天地数字化升级模式具体表现在哪些方面？

3. 面对电子商务的发展，传统零售实体具有怎样的优势和劣势？又该如何"扬长避短"保持自身的竞争优势？请结合案例进行探讨。

自学自测　　扫描此码

第 7 章

应对：营销策略优化（下）

【知识目标】

1. 了解颠覆式定价的内容及方式
2. 理解 O2O 融合与全渠道营销的内涵
3. 熟悉抢夺新媒体阵地的核心策略
4. 理解超服务体系打造的内涵及构成
5. 掌握网络社群的内涵及核心要素

【能力目标】

1. 明确应用颠覆式定价策略的适用条件
2. 熟悉新媒体阵地抢夺的方法及现实运用技巧
3. 掌握社群营销的操作步骤及关键要点

【思政目标】

中国邮政的企业社会责任

【思维脉络图】

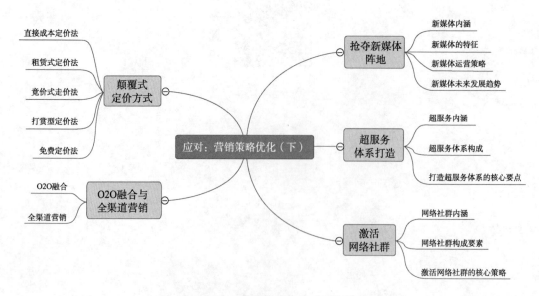

图 7-1　应对：营销策略优化（下）脉络图

【营销观察】

"治百病" 的神棍

某村有个神棍，号称能治百病。不过，村民们并不信任他。有一次，一户人家的孩子得了风寒感冒，村里的医生刚好不在。这家人没办法，只好去向神棍求助。没想到神棍恰好会治风寒，便把孩子的病治好了。村里人改变了对神棍的看法，竟也相信了他能治百病的说法，但其实，这个神棍只会治风寒一种病。

后来，有个病重的人来找他，神棍不想毁了自己的名声，又不知道该怎么治这个病，只好把风寒药的剂量加了一倍给那个病人吃。结果那个人吃了药之后病更重了，村里人来找神棍算账，神棍见情况不对，只好赶紧落荒而逃。

【营销启示】

营销也要懂得对症下药，很多店铺可能曾经依靠某种策略取得了成功，比如降低售价，或者跟风卖网红产品，但这不代表可以靠着这个战略一劳永逸。市场是在不断变化的，企业应学会随着变化而变化，及时调整优化营销策略。

【营销语录】

数字平台要以保护消费者和满足消费者的需求为出发点，这是创新的基本尺度和底线。

——阿里研究院院长　高红冰

营销是现代商业的兵家大事，中国所有企业的市场不可谓不大；特别是数字营销行业，创新层出不穷，媒体和消费者变化，就会带动营销行业变化，机会可谓颇多。

——京东集团创始人　刘强东

数字化、网络化与智能化正推动经济社会的全面发展，不断改善人类的生活品质，并带给我们新的机遇和挑战。

——腾讯公司创始人　马化腾

数字化、互联化、智能化协同升级，是接下来十年的大浪潮。未来，所有终端被连接、被数字化后，一个万物苏醒的时代将到来。

——阿里巴巴产业互联网研究中心执行主任　陈威如

【政策瞭望】

坚持面向世界科技前沿、面向经济主战场、面向国家重大需求、面向人民生命健康，加快实现高水平科技自立自强。以国家战略需求为导向，集聚力量进行原创性引领性科技攻关，坚决打赢关键核心技术攻坚战。

——中国共产党第二十次全国代表大会报告

　　定价的方式是影响营销成败的关键因素。对于大部分消费者而言，价格高低直接影响他们的购买行为。价格不仅要紧跟市场定位和产品，还要与目标市场紧密衔接。因此，优化产品营销渠道具有重大意义，直接关系企业与市场的稳定与繁荣发展。渠道的规划与建设需要对企业已有资源合理地利用，更是对资源开发能力的考验。企业要充分考虑运输仓储和库存管理的因素，避免出现销售渠道网络的阻塞或不均衡。企业真正站在客户的角度把握打动客户消费的逻辑起点，就能站在服务的制高点。随着移动互联网的迅速崛起，碎片化的实时在线沟通已经成为人们最常见的社交状态，人们基于相同的兴趣爱好、价值观等聚集在一起，形成的固定群体即社群。社群已经悄无声息地颠覆了现代经济的运作模式，它带着巨大的商机，来势汹涌，势不可挡。在这个社群经济时代，每个人和每个品牌都有机会找到与消费者连接的便捷路径。谁掌握了社群，谁就掌握了未来经济。

7.1　颠覆式定价方式

　　数字经济的发展颠覆了传统的商业模式，新技术、新平台的出现也颠覆了以往的定价模式。网络的开放性和主动性为顾客理性选择提供了可能。顾客可以在全球范围内迅速收集与购买有关的决策信息，对价格及产品进行充分比较。随着顾客对价格的敏感性增强，企业只有符合消费者的定位，才能占领市场，获得发展机会。这就需要定价方式更加多样化，目前主要有以下五种定价方式。

7.1.1　直接成本定价法

相关链接 7-1　小米的成本定价法

　　直接成本定价法是指按照产品（服务）的直接生产（提供）成本进行定价。采用此种定价法，其盈利途径主要是转价盈利，即通过此产品圈定用户，然后通过为用户提供其他产品或服务来获取利润，以此实现最终的盈利目的。例如，小米企业将硬件以接近成本价进行定价销售，然后通过提供其他服务来获取整体盈利。使用此类模式需要至少满足以下条件中的一条。

　　①产品具有热销性，可以达到规模化销售。

　　②有其他的辅助盈利产品或者服务项目。

　　③有完善的整体盈利模式或者策略。

7.1.2　租赁式定价法

　　随着社会经济的发展和人民生活水平的日益提升，人们的消费需求越来越多元化。人们想要消费的产品越来越多，产品的使用周期也越来越短，这就导致了一些耐用品的使用频率和使用周期缩短，间接造成了消费者购买成本的提升。为了迎合这一特殊的消费需求，市场中出现了各种形式的租赁服务。消费者不用刻意购买那些使用频次较低的耐用品，需要时直接付费租赁即可。这种形式直接降低了消费者消费此类产品的成本，受到了越来越多消费者的认可和支持。"共享经济"模式便是典型代表，如共享单车、共享充电宝、共享汽车等。

　　租赁方式一般有两种，按时租赁和按次租赁，相应的产品或服务定价对应采用按时定价或者按次定价。具体而言就是企业不再按照以往的整体定价模式，而是将产品依据时间维度或者使用次数维度进行"拆解"，确定小单位化的产品价格。此定价模式通常需要考虑两个方面的条件。一是产品是否具有耐用性。如果产品易损易坏或无法满足消费者多次重复使用的要求，就不具备租赁优势。二是管理系统是否完善。要想提升租赁效率和服务质量，必须具备一个非常完善、流畅的管理系统，包括数据传输系统、计费收费系统、客户管理系统等。如果系统不够完善，一方面无法为用户提供良好的服务，另一方面无法对所租赁产品进行管理，很容易造成产品的丢失与损坏，更无法及时、详细获取租赁服务费用。

相关链接 7-2：共享充电宝盈利的困局

7.1.3　竞价式定价法

　　随着互联网的发展，基于互联网孕育产生的电子商务模式越来越多样化。其模式将传统式的竞价拍卖应用至互联网之中就是一项重大突破，竞价式定价法非常好地将互联网与竞价的优势结合起来，成为了一个新的定价模式。竞价式定价法是给产品确定出一个底价，然后购买者依据产品品质、价值的认知对产品进行竞争出价，最终以不确定的价格进行成交。这样一方面可以找到对于产品价值认可度高的购买者，进而以较高价格进行成交；另一方面可以充分发挥竞争的优势，通过购买者相互之间的竞争，抬升产品成交价格获取较高的利润或者盈利。此种定价法需要产品具备稀缺性，购买者无法在其他渠道中购买到，适用于工艺品、定制化产品等。

相关链接 7-3　网络竞价

7.1.4　打赏型定价法

　　随着消费者付费意识的逐渐形成，一些互联网属性较强的产品不再确定价格，完全凭消费者个人对于产品价值的认知和衡量进行付费。最为常见的就是自媒体平台所创作的内容产品，读者们先阅读内容，然后依据自己对内容价值的评判进行金额打赏，不设定限额和标准，一切皆由自我判定，不打赏也可以。

相关链接 7-4　网络打赏

7.1.5　免费定价法

　　免费价格策略是市场营销中常用的营销策略，它主要用于促销和推广产品，这种策略一般是短期和临时性的。但在网络营销中，免费价格不仅仅是一种促销策略，它还是一种非常有效的产品和服务定价策略。具体说，免费定价法就是将企业的产品和服务以零价格形式提供给顾客使用，满足顾客的需求。

相关链接 7-5　360——永久免费

视频链接 7-1　小米为什么能做性价比？雷军教你算研发分摊成本

免费价格形式有四类。①完全免费，即产品和服务从购买、使用到售后服务所有环节都免费。②限制免费，即产品和服务可以被有限次使用，超过一定期限或使用次数后，免费权力就失效，软件、游戏的试用版本就属于这种方式。③部分免费，如很多公司提供的年鉴、调查报告等资料，前几部分可以免费，但是完整版就需要付费。④捆绑式免费，即购买某产品或服务时赠送其他产品和服务，免费的是赠送的产品部分，而原产品是需要付费的。

7.2　O2O 融合与全渠道营销

随着互联网的不断普及与广泛应用，互联网与现实的结合越来越紧密，几乎可以用高度融合来形容。这就意味着互联网与现实的边界不再那么清晰。未来要想持续做好互联网商业经营，将互联网与现实进行深度融合，打造线上线下联动式的商业模式，势在必行。随着消费者对消费时效要求越来越高，及时快捷地响应消费者即时的消费需求及其衍生要求，需要企业努力将渠道下沉，近距离接触消费者。本节将详细阐述现代营销如何实现 O2O 融合与全渠道营销。

7.2.1　O2O 融合

随着移动互联网的逐渐发展，利用互联网、移动终端设备进行网上订餐、订票等线上线下互动已经成为了人们日常生活中不可或缺的一部分，这在一定程度上得益于 O2O 融合。O2O 在数字化时代的推动下发展越来越火热，随处可见 O2O 的身影，它已影响到人们生活的方方面面。它成功连接了虚拟与现实，实现了线上线下互动，将人们的生活带进了一个前所未有的多元化模式中。O2O 不仅改变着个人的生活方式，丰富着生活的各个方面，也给企业带来了不一样的发展契机。

1. O2O 的内涵

O2O 的概念最早是由 TrialPay 的 CEO 和创始人 Alex Rampell 于 2010 年 8 月 7 日提出。Alex Rampell 最早提出 O2O 很简单，具体解读是 "online to offline"，即 "线上到线下"，意思是通过各种手段将线上的消费者带到线下的实体店中，在线购买线下商品和服务，再到线下去体验消费。O2O 的概念现已变得非常广泛，只要产业链中既可涉及线上，又可涉及线下，就都可称为 O2O，如图 7-2 所示。

图 7-2　O2O 示意图

O2O 模式因主体不同，其特点也会有所区别。以下分别从消费者、商家和平台本身三个主体视角解读 O2O 的价值。

（1）O2O 对消费者而言

O2O 可以使消费者获取更丰富、全面的商家及其服务的内容信息。O2O 采用线上线下互动的模式，利用商家行业分类、关键字查询等方式，帮助消费者浏览众多商家的信息，获得符合自身需求的服务。

（2）O2O 对商家而言

O2O 可以使商家获得更多的宣传、展示机会，吸引更多新客户到店消费。O2O 模式颠覆了传统的宣传营销模式，比如原来火锅店有新优惠活动，需要找媒体资源的平台进行广告投放。而 O2O 工具的出现，让商家可以很好地管理自己的用户，并推送消息，省去了重复的宣传投入成本。通过 O2O 营销模式，商家与客户的每笔交易都是可跟踪的，商家推广的效果也是可以查询的。商家可以通过大数据，分析交易质量和推广效果，由此掌握用户数据，然后通过与客户的交流，了解更多的客户需求，这不仅能提升营销效果，也能维持老客户对品牌的忠诚度。

（3）O2O 对平台本身而言

O2O 可以为平台吸引双边用户，带来显著的经济效益。O2O 在为平台吸引大量高黏性用户的同时，也吸引了大量线下生活服务商家加入，产生了明显的网络外部效应，带来了巨大的广告收入空间，以及形成规模后更多的盈利机会。[①]

2. O2O 融合模式

O2O 融合模式是指线上营销和线上购买带动线下经营和线下消费。O2O 通过打折、提供信息、服务预订等方式，把线下商店的消息推送给互联网用户，从而将他们转换为自己的线下客户，如图 7-3 所示。O2O 融合特别适合必须到店消费的商品和服务，比如餐饮、健身、电影、演出、美容美发、摄影等。

---

① 资料来源：谭贤. O2O 融合：打造全渠道营销和极致体验[M]. 北京：人民邮电出版社，2015.

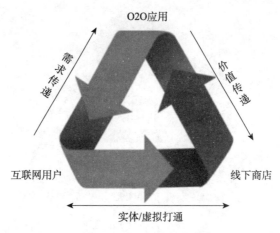

图 7-3　O2O 的营销模式

与传统的消费者在商家直接消费的模式不同，O2O 融合模式将整个消费过程分成线上平台和线下门店两部分。线上平台为消费者提供消费指南、优惠信息、便利服务（预订、在线支付、地图等）和分享平台，而线下门店则专注于提供服务。在 O2O 模式中，消费者的消费流程可以分解为五个阶段。

（1）引流

线上平台作为线下消费决策的入口，可以汇聚大量有消费需求的消费者，或者引发消费者的线下消费需求。常见的 O2O 平台引流入口包括：消费点评类网站，如大众点评；电子地图，如百度地图、高德地图等；社交类网站或社媒，如微信、知乎、豆瓣、抖音、小红书等。

（2）转化

线上平台向消费者提供商铺和产品的详细信息、优惠（如团购、优惠券）、便利服务，方便消费者搜索、对比商铺和产品，并最终帮助消费者选择线下商户，完成消费决策。

（3）消费

消费者利用线上获得的信息到线下门店接受服务，完成消费。

（4）反馈

消费者将自己的消费体验反馈到线上平台，有助于其他消费者做出消费决策。线上平台通过梳理和分析消费者的反馈，形成更加完整的本地商铺信息库，可以吸引更多的消费者使用在线平台。

（5）存留

线上平台为消费者和本地商户建立沟通渠道，可以帮助本地门店维护消费者关系，使消费者重复消费，成为商家的"回头客"。真正的 O2O 是立足于实体店本身，线上线下并重并且有机融合的，你中有我、我中有你，信息互通、资源共享，线上线下立体互动，而不是单纯的"从线上到线下"，也不是简单的"从线下到线上"。

3. O2O 的运作方式

每种运作方式的实施路径并非绝对孤立的，而是相互作用后形成线上线下融合的闭环，进而形成一个连续、完整的系统。

（1）先线上后线下

所谓先线上后线下，就是企业先搭建一个线上平台，以这个平台为依托和入口，将线下商业流导入线上进行营销和交易，同时，用户又能到线下享受相应的服务体验。这个线上平台是 O2O 运转的基础，应具有强大的资源流转化能力和促使其线上线下互动的能力。在现实中，很多本土生活服务型的企业都采用了这种模式。比如，腾讯凭借其积累的资源流聚集和转化能力，以经济基础构建的 O2O 平台生态系统即是如此。

（2）先线下后线上

所谓先线下后线上，就是企业先搭建线下平台，以这个平台为依托进行线下营销，让用户享受相应的服务体验，同时将线下商业流导入线上平台，在线上进行交易，由此促使线上线下互动并形成闭环。在这种 O2O 模式中，企业需自建两个平台，即线下实体平台和线上互联网平台。B2B 电子商务其基本结构是：先开实体店铺，后自建网上商城，再实现线下实体店与线上网络商城同步运行。目前，采用这种 O2O 模式的实体化企业居多，苏宁云商所构建的 O2O 平台生态系统即是如此。

（3）先线上后线下再线上

所谓先线上后线下再线上，就是先搭建线上平台进行营销，再将线上商业流导入线下让用户享受服务体验，然后再让用户到线上进行交易或消费体验。很多团购、B2B 电商等企业都采用了这种 O2O 模式，比如京东商城。

（4）先线下后线上再线下

所谓先线下后线上再线下，就是先搭建线下平台进行营销，再将线下商业流导入或借力全国布局的第三方网上平台进行线上交易，然后再让用户到线下享受消费体验。这种 O2O 模式中，所选择的第三方平台一般是现成的、颇具影响面的社会化平台，比如微信、微淘、大众点评网等，且可同时借用多个第三方平台进行引流，从而实现自己的商业目标。餐饮、美容、娱乐等本地生活服务类 O2O 企业采用这种模式的居多。

相关链接 7-6　线上线下的有效融合——老字号同仁堂的变革之路

7.2.2　全渠道营销

1. 全渠道营销的内涵

全渠道营销是指利用最新的科技和最有效的手段，把信息流、资金流、物流重新高效组合，把一切和消费者相关的触点发展为渠道，有机统一经营。个人或组织为实现目标，通过三流（信息流、资金流、物流）和两线（线上、线下），在全部渠道（商品所有权转移、信息、产品设计生产、支付、物流、客流等）范围内实施渠道选择的决策，然后根据不同目标顾客对渠道类型的不同偏好，实行针对性的营销定位，并匹配产品、价格等营销要素组合策略。

相关链接 7-7　拼多多的全渠道营销

2. 全渠道营销的实现路径

（1）建立数据库

数据库是全渠道营销规划过程的核心。真正有用的数据，不仅是一组客户名单或记录，还应该是客户曾经购物的详细情况，或者是潜在客户的资历与详细情况。通常，在客户参与研发、浏览、询价、购买、促销、售后和其他全接触点上的全行为信息，都是全渠道营销数据库的来源。

（2）评估与锁定价值型客户

消费者数据库可以按照客户的购买情况确定其财务价值，将客户分为意见领袖、优质大客户、中小客户、意向或目标客户和潜在客户五种基本类型，并分别为每种类型的客户，量身定制不同的营销方案，并分步骤逐步推进。

（3）了解客户接触点和偏好

全渠道营销执行之前，需要了解并评估客户能够接触到公司的各种方式与接触点，了解在何时、何地、什么环境下、用何种方法才能接触到客户，并了解客户偏爱哪种传播方式与传播渠道。只有这样做，才能根据每个接触点与客户偏好制定出未来最佳的营销与传播的组合方式。

（4）整合多种营销手段

利用多种媒体和形式，如微博、微信、论坛、奖券销售、App、电视广告和微电影等，提高企业的宣传效果。同时加强内容营销，只有那些产品有极致亮点的、内容有情感的，并且个性化的、价值观能引起共鸣的内容，才能在圈子中、社群中引起关注并获得口碑。

7.3   抢夺新媒体阵地

在各种媒体数量激增、受众日益细分的格局下，消费者的媒体接触习惯已发生了根本改变。随着网络与数字技术的深度融合，传统媒体日渐式微，一个以各种新兴通信和传播工具为基础的新媒体时代已经崭露头角。信息的承载与传递不再仅仅依靠于传统的媒体形式，更多的转向了数字化平台，由此催生了全新的媒体形式。随着现代科技水平的发展和年轻一代消费者媒体接触习惯的改变，消费者更乐于投入到方便快捷的新兴媒体之中。可以预测，未来随着年轻一代的成长，新媒体营销的趋势必将演变成为巨大的浪潮。

7.3.1   新媒体内涵

新媒体（new media）的概念是 1967 年由美国哥伦比亚广播电视网（Columbia Broadcasting System，CBS）技术研究所所长戈尔德马克（P.Goldmark）率先提出的。科学技术在发展，媒体形态也在发展，对于新媒体的界定，学者们可谓众说纷纭（如表 7-1 所示）。但严格地说，新媒体应该是指数字化时代到来后出现的各种媒体形态。

像电视就属于传统媒体，但是经过数字化改造的数字电视，又可以被看作新媒体的一种。还有传统报纸升级为数字报刊后，也是新媒体的一种。因此对新媒体的理解，需要抓住要点——新媒体是建立在数字技术和网络技术等信息技术基础之上的。基于此，本书认为新媒体是指当下万物皆媒的环境，涵盖了所有数字化的媒体形式，包括所有数字化的传统媒体、网络媒体、移动端媒体、数字电视、数字报纸杂志等。

表 7-1　新媒体的概念梳理

代表学者	主　要　观　点	资　料　来　源
刘沛彤 （2017）	新媒体是相对于传统媒体而言的，指的是包括网络媒体、手机媒体、户外移动媒体、数字化媒体，以及其他在传统媒体基础上改进的媒体概念的统称	刘沛彤.新媒体背景下的影视传播途径及传播特点分析[J].中国文艺家，2017(10)：279.
尹毅等 （2018）	新媒体是人们通过字符、文本、图片、音频等媒介进行"实时、高效、互动"的信息交换、认知分享与人际互动，形成了传播去中心化、表达内容后现代化等特征	尹毅，朱睿，唐琳.新媒体时代创新网络思政育人"有效供给"的探索[J].高校共青团研究，2018(4)：87-90.
勾俊伟等 （2019）	新媒体是指基于数字网络出现之后的媒体形态。凡是利用数字技术、网络技术，通过互联网、宽带局域网、无线通信网等渠道，以及计算机、手机、数字电视机等数字或智能终端，向用户提供信息和服务的传播形态，都可以看作新媒体	勾俊伟，刘勇.新媒体营销概论（第2版）[M].北京：人民邮电出版社，2019.
刘钰佳 （2020）	新媒体主要指的是电视、广播与报刊等传统媒体以外，基于网络信息化所构建出的新型媒体传播形态	刘钰佳.新媒体对重庆旅游产业营销升级的推动[J].现代营销(经营版)，2020(12)：154-155.
张兵杰 （2021）	新媒体以智慧媒体、移动媒体、社交媒体等"新新媒介"的姿态"飞入寻常百姓家"，为传播凸显了三个重要元素：场景、身体与关系	张兵杰.新媒体时代身体观念的多重内涵——对具身传播元概念的探析[J].青年记者,2021(5):12-16.

7.3.2　新媒体的特征

1. 双向化

从信息传播方式来看，新媒体打破了传统媒体自上而下点对面的单向传播体系。改变了传统媒体传播者单向发布，受众被动接受的状态，形成了一种每一位新媒体用户既是信息的接收者，更是信息的创造者和传播者的双向传播体系，使信息的互动传播变得更加方便快捷。通过新媒体，用户可以发表自己的见解，不同的用户之间还可以相互讨论信息，发布者也可以通过与用户互动了解用户的想法。用户与用户之间、媒体与用户之间，甚至是媒体与媒体之间形成了无门槛式的互动，在无限地拓展信息的传播方式和渠道的同时，还进一步体现和强化了用户的个性化需求。

2. 移动化

从信息接收方式来看，传统媒体需要用户在固定的时间和地点，被动地接受信息，新媒体则将用户彻底从传统媒体的智库中解放出来，用户可以自由地通过随身移动设备随时接受信息。这也导致了用户在获取信息时出现习惯化和碎片化的特点，又对新媒体发布内容篇幅和表现形式提出了新的要求。

3. 个性化

从信息传播行为上看，传统的媒体满足的是一群人的需求，而新媒体的传播方式是针对精准化用户的需求，使每一个用户都可以定制自己喜欢的节目、文章等，充分地满足不同用户个性化的需求。另外，每个用户都可以通过新媒体平台，自由地发布观点并传播信息，新媒体给使用者提供了个性化的展示平台。

4. 实时化

从信息传播速度来看，传统媒体的信息发布需要一整套专业、冗长的程序才能与受众见面。尽管信息技术和互联网的发展大大缩短了这一套流程，但还是存在一定的时滞性。而在互联网技术下，新媒体信息传播速度相比传统媒体更加迅速，还可以实时接收信息，并立刻为受众做出相应的反馈。每个新媒体用户可以随时发布所闻所见，并随时能接收到他人发布的实时消息。

5. 多元化

从信息传播内容看，传统媒体主要是以图片、文字等形式传播，而新媒体在进行内容传播的时候，可以将文字、图片、视频同时传播，呈现出多元化的特点。

6. 便捷性

新媒体的便捷性既体现在内容产生和制作上，又体现在内容接收者的使用方便程度上。传统媒体需要大量的人力物力来维系，但对于新媒体，用户就可以是一个媒体平台。比如说在微博、优酷等网站上，用户只要简单地注册，使用服务商提供的页面模板，便可以在网站上发布文字、音乐、图片和视频等信息。另外，手机等移动终端的普及，使用户可以轻松地接触到信息资源，很多信息还是免费的，加之信息传播速度快且容易携带，用户可以随时随地地获取自己需要的信息。

7.3.3　新媒体运营策略

新媒体运营需要整体的规划和布局。只有系统、全面、到位的布局，才能保障后期的正式运营顺畅，并取得良好效果。对新媒体进行布局，可以通过如下步骤进行。

1. 自我分析

新媒体运营的第一步是要对企业进行彻底、全面的分析，继而明确新媒体的具体运营策略及方向。在进行自我分析时，可以从两个方面入手。

（1）明确自身定位

明确自身定位即明确企业的方向，以此来指导后续的新媒体具体布局和实际运营。不同的定位，决定了布局与运营的策略、方式的不同。例如，定位为吸粉性媒体平台，那么在布局时就要开设尽可能多的账号与平台，只有这样才能够通过广撒网的方式圈到自己的目标受众，落地运营就要以吸粉为中心点，一切的策略、方式、内容就要完全围绕于定位。

（2）界定用户需求

不同的新媒体信息接受者对于所传播内容的喜好、兴趣点以及关注点是不同的。这就需要新媒体运营者全面了解其目标受众的喜好、兴趣点以及关注点。只有这样才能够生产策划出具有吸引力的内容，也才能够打造出成功的新媒体平台。

2. 选择媒体平台

不同的媒体平台有着不同的属性、目标受众等，一定要依据自身的确切定位和实际情况来选择，选择适合于自己当下情况的媒体平台，以作为落地运营的阵地。在选择新媒体平台时，除了类型因素的考量之外，还要考量受众或者用户群体是否相符。只有这两者相符，才能从基础角度保障新媒体的成功起步。在当下新媒体平台异常丰富的情况之下，新媒体的受众也是比较分散的，企业、品牌、产品要想通过新媒体平台取得较好的推广、宣传效果，就要布局多平台，即打造新媒体矩阵，通过广撒网的方式尽可能多面、多途径进行曝光、互动，增强新媒体的运营效力。借助不同的渠道、平台、资源将企业的相关理念、文化及产品信息推送给更多的目标用户或者消费者，力争获得消费者的内心认同。

3. 确定输出内容

在完成前面几个步骤之后，接下来要确定具体输出的内容，与受众直接接触。在确定输出内容上可以通过以下几个方面进行。

（1）选介质

常规介质有文字、图片、视频和音频。需要强调的是，视频这一传播介质对很多行业（如 VR）有独特的效用，使用得当可以获得良好效果。

（2）定格调

格调即内容风格，同样的内容所采用的格调不一样，最终呈现出来的效果也就不一样。常见的格调有专业范儿、文艺小清新、逗趣、严谨、细致等。在最终选定或确定格调时，需要根据具体传播情景因地制宜。

（3）确立内容生产方式

常见的内容生产方式有原创、转载、改编、翻译等。不同的生产方式所适用的情况和阶段是不同的。常规操作是初期做内容铺垫时必须原创。翻译也是一种原创。改编在人手有限的情况下也是常用手段。账号初期不建议单纯转载，只转载将无法获得平台的原创权限。

（4）内容用户画像

企业对外内容输出常常针对以下三个群体，一是 B 端客群（含潜在客户），二是 C 端客群，三是媒体。B 端和 C 端有些内容会重合，但是 B 端用户应该更加注重专业性描述应用场景，C 端则追求趣味性触发传播。媒体方面，初创型企业要敢于定义行业概念术语，并占领话语权，率先定义行业的一系列概念可以很快占领制高点，尤其是在日新月异的互联网行业和高新技术产业。在内容生产处理方式上，注意协同，一份素材可以经过不同加工处理，适配不同的群体。

7.3.4　新媒体未来发展趋势

新媒体是科技发展的产物，是推动社会信息化、信息传播快速化的重要动力。时代

相关链接 7-8　2020 年新媒体的发展趋势

的发展令人震惊，尤其是互联网的不断发展，使人类进入了信息时代。在互联网发展的同时，新媒体的出现使人类的发展进入了更广阔的领域，它开阔了人们的视野，使新闻传播的内容更加新颖、丰富。尤其在大数据、云计算、人工智能等技术推动下，新闻传播格局正在发生深刻的变化，新媒体的内容生产和传播呈现新的趋势。

1. 新媒体发布主体多元化

信息传播正在从专业媒体主导的精英传播向社会广泛参与的大众传播转变。从新媒体内容供给主体来看，目前已形成媒体、政务发布、自媒体三分天下的格局，传播媒体基本完成"两微一端"（微博、微信和手机客户端）布局。政务发布基本形成覆盖中央部委、省、市、县四级发布体系。同时不容忽视的是，自媒体从业人员已超过 300 万名。媒体的竞合应以专业的发布、权威的信息等为目的，同时与政务发布多协同，对自媒体则要以开放的心态，团结引领。

2. 新媒体与受众关系发生重构

新媒体时代，媒体和受众关系从单向灌输向双向互动转变，媒体和用户之间随时都要进行信息、观点、情感的交流、交锋、交融，从简单交流到深度参与，甚至出现了微信、微博、抖音、快手这样完全由用户提供内容的平台，媒体与用户的关系日益成为信息传播、价值判断、情感传递的共同体。可以说，用户的停留时长、参与程度代表平台对受众的吸附力，这是构成被媒体视为生命的传播力、引导力、影响力、公信力的基础。

3. 新媒体传播形态不断演化

从可读到可视，从静态到动态，从一维到多维，这是新媒体演进的重要方向。短视频将成为未来传播的主要形态。未来，网络速度将大幅提升，拍摄制作上传的门槛大大降低，短视频将迎来爆发式增长。移动端的短视频并不是简短的传统电视视频，其同期声、大字幕、黄金 20 秒等特点，再与移动化、社交化结合起来，社交短视频有可能引发增长的"神话"。

4. 新媒体传播内容泛资讯化

手机天然是一种伴随性、生活化的媒介形态，承载的内容注定和传统媒体不完

视频链接 7-2　新浪的发展历程见证了新媒体生态的演进之路

全一样。特别是近年来社交媒体和算法推荐的流行，助推了碎片化、消费属性的泛资讯内容快速拓展。传统意义上的新闻资讯、生活服务、健康知识、娱乐视频等泛资讯大规模进入内容生态，满足了人们信息消费的需求，同时也带来了过度娱乐化、伪科学的问题。因此，泛资讯内容的发展仍有一段路要走。

7.4　超服务体系打造

在全球经济一体化的时代背景下，市场消费已由"推力"转变为"拉力"，企业间的竞争已由产品及价格逐渐转移到对客户的争夺上，谁抓住了客户，谁就有可能在激烈的竞争中突围，成为行业的领导品牌。随着消费主权的崛起，企业对于客户的争夺已逐渐转移到关注客户真正的需求，从而提升服务品质上。这也是企业转型最好、最快捷的方式。因此，客户服务已经成为了主宰企业生死存亡的重要指标。常规性的服务已远远满足不了客户的需求，也无法获得竞争优势，超服务体系的打造成为必然。

7.4.1　超服务内涵

超服务即超级服务，或超值服务，是指所提供的服务除了满足顾客的正常需要外，还有部分超出了正常需求以外的服务，从而使服务超出了顾客的正常预期水平，进而大大提升顾客的服务感知与满意度，最终使顾客对于产品、品牌或者企业更加认可和支持。

一般情况下，超服务的表现包括以下的一种或几种方式：①站在顾客立场上，给顾客提供咨询服务；②为顾客提供其所需要的信息；③注重感情投资，逢年过节寄卡片、赠送小礼品等；④主动向顾客寻求信息反馈并提供所需的服务；⑤实实在在地替顾客做一些延伸服务，使顾客不由自主地体会到所接受服务的"超值"；⑥在业务和道德允许的范围内，为顾客提供一些办理私人事情的方便。

7.4.2　超服务体系构成

根据产品销售过程的先后顺序，可以将超服务划分为售前超服务、售中超服务和售后超服务三类。

1. 售前超服务

售前超服务是指在产品销售之前所做出的相关超出顾客期望值的服务，包括售前调研、售前培训、售前准备和售前接触四个环节的工作。如在售前邀请各方代表进行"消费者模拟定价"，以拉近客户的距离。目前，越来越多的企业在客户购买前提供免费试用、试听等活动，旨在消除客户的购买顾虑，更好地实现引流。此外，许多企业通过打造自己的社群，让客户参与到产品的设计环节，提升了客户满意度，也是为客户在售前提供超服务的一种。

2. 售中超服务

售中超服务是指在产品销售过程中或者现场所做出的相关超出顾客期望值的服务，包括客户服务人员的言行规范、各种身体语言的良好表达，以及其他超过客户心理期待的服务内容。海底捞一直以来将服务视为自己的企业"名片"，以让客户具有愉快的用餐体验为目标，提供了极具特色的用餐服务，如生日送祝福、等位期间提供美甲服务等，这套超客户预期的服务体系使海底捞在传递火锅这一饮食文化时，也为所有客户提供了独特的消费体验。

3. 售后超服务

售后超服务是指在产品销售到达客户手中后，客户服务人员向客户提供的超出其期望值的服务。而在白色家电行业，格力、海尔等率先提出"十年免费保修"的售后服务承诺，打破原有的"一年包换，三年保修"的服务承诺，在为客户提供更好服务的同时，也提升了自己品牌的知名度。

企业将售前、售中、售后三个环节进行融合，就会形成一个整体的超服务体系。但是，企业在提供超服务体系时，要与企业现有的资源和能力相匹配，避免"过度承诺"的发生。另外，企业在设计超服务体系时，各个环节的超服务体系要完善、彻底，真正地提升客户的服务质量感知。

7.4.3 打造超服务体系的核心要点

超服务的核心要点是顾客的满意和忠诚，即通过取得顾客的满意和忠诚来促进相互的利益交换，最终获取适当的利润和公司长远的发展。企业必须坚定不移地树立超值服务客户的思想。企业所做的一切，都要以消费者的需求为最终的出发点和落脚点，通过分销商将工作渗透到消费者层次上，从源头抓起，培育消费者满意度和忠诚度，坚持为消费者提供一流的产品、一流的服务。

1. 确立正确的超服务理念

一个正确的超服务理念，是整体超服务体系的基础和关键。因此，要为每一个客户服务人员树立正确的超服务理念，以此来指导客户服务人员的服务实践，进而为客户带来超"享受"的服务。正确的超服务理念包含两个方面的内容。一是正确的意识形态。不能误以为提供超服务就是巴结客户，

相关链接7-9　海底捞"变态"服务又升级，简直要把顾客宠上天

或者曲意奉承客户，更或是低声下气乞求客户，而是与客户做朋友，是关系平等而且特别要好的朋友关系。二是正确的服务行为准则。一切的超服务行为是在为客户提供其超预期的服务感知或者回报，是让客户在消费过程中更加愉悦、轻松及更加享受，而不是为客户提供所有服务，更不是在违背企业经营准则和相关法律法规等情况下为客户提供服务。

2. 提供超预期的服务态度

随着经济的发展，各行各业已经处于竞争"红海"。而当企业试图通过提供超服务来塑造竞争力时，要让客户感觉到你是真心在为他服务，而不是在敷衍。这就要求企业应对自己的工作人员进行严格的培训，在提供服务时态度一定要好，对客户的问题要及时、耐心地解答和处理。同时，企业工作人员对客户的问题进行解答时，不应该是程序化、刻板化地解答，要站在客户的角度，挖掘客户心理，真正地为客户解决其遇到的问题。总之，企业提供的超服务体系要做到人性化、细致化，不留任何死角，才能为客户

提供超预期的服务。

3. 捕捉客户的超服务需求点

超服务就是远远超出了客户心里所能够想到的服务。这就需要员工通过细心观察，了解客户关心的超服务需求点，然后给客户提供相应的超服务。这样顾客才会非常意外和感激，对于整体的消费也才会非常满意。例如，客户带婴儿去餐馆就餐，如果餐馆能够提供婴儿的专用座椅和一些小玩具以供孩子坐用、逗玩，或者在出现婴儿哭闹时服务人员能够陪孩子玩乐并照看，那么这些服务就是超出客户预期的，带给客户的服务感知也通常非常高。通过细心观察捕捉客户的超服务需求点，也是赢得客户忠诚的良好办法。

4.避免过度的超服务承诺

超服务作为企业服务管理行为的创新性尝试，虽然有着巨大的价值和作用，但是也一定要在自己力所能及的范围内进行，严禁不切实际的承诺或盲目的行动，否则非常容易造成得不偿失的结果，甚至会出现南辕北辙的结局。这就要求企业在设计超服务体系时，要根据内外部环境和自身的现状来理性地考虑，避免因做不到的承诺而造成服务成本上涨，影响企业的利润。同时企业供应商的反应能力、适应能力也在很大程度上影响企业的超服务承诺，在设计超服务体系时也应考虑进去。

7.5 激活网络社群

互联网打破了原有基于同地理位置交流的限制，让人们通过互联网可以自由交流。而人之天性喜欢群居，这便形成了网络社群。移动化的网络社群，渗透到社会生活的方方面面，如信息传递、沟通交流、工作学习、情感互动、购物消费等，对整个社会的生活方式、消费模式、商业规律、品牌营销都产生了颠覆性的影响。

7.5.1 网络社群内涵

网络社群一般指规模较小、交往密切而关系松散的群体（如开心网的圈子、腾讯QQ 群，以垂直型论坛为代表的专业群体等），并且更强调群体交流、分工协作和相近兴趣，个体之间有着频率很高的交互关系。关于网络社群的定义，学者们给出了不同的解释。郑志勇在《网络社会群体研究》一文中提出，网络社群是由网络中的个体聚集而成的集合体，是网络社群形成的基础。张华在文章《网络社群的崛起及其社会治理意义》中指出，当代中国社会形成的以个体为中心的交往结构和关系网络，其本身是一种以社会网络关系为基础的新型社群。学者盖爽认为，社会化阅读包含了内容的分享、互动、传播，并结合社会化客户体验管理理论与群体行为理论，初步整理出了网络社群下以读者为主的，包含内容、用户、平台、协议四个主要要素的社会化阅读体系。本书将网络社群定义为两个或者更多的网络用户，他们有共同的认同感，通过各类网络应用连结在一起，在建立的网络群体中，每个用户的行为都有相同而明确的目标和期望。

7.5.2　网络社群构成要素

从网络社群运营角度来总结，一个成熟的网络社群需要具备五个方面的要素。

1. 同好

同好是指社群成员对于某种事物有着相同的认知或者行为，这是社群建立的基础。简单来表达就是：为什么而聚？聚在一起又做什么？

2. 结构

结构包括组成成员、交流平台、加入原则和管理规范等，它是社群能够实现运营的基础支撑。结构做得越好，社群存活的时间越长。

3. 输出

一个社群唯有价值才能存活，而价值又唯有通过社群输出才能够获得。因此，输出直接决定着社群的生命力。

4. 运营

任何事务都离不开运营，社群也不例外。运营直接决定着存活，不经过运营管理的社群很难有比较长的生命周期。

5. 复制

一个社群要发展壮大，最为便捷和快速的方式就是复制，将一个小社群复制为多个小社群，多个小社群就组成一个大社群。因此一个成熟的社群是具有高度复制性的。[①]

7.5.3　激活网络社群的核心策略

只有具有活跃度的社群才真正有价值。因此，激活社群是社群运营的核心和关键。一般来讲，激活社群可以通过以下三个方面来完成。

1. 渠道引爆

关键意见领袖（KOL）能提高线下内容在线上的传播效率和影响力。渠道引爆的最好的方式就是用社群的精华价值吸引关键意见领袖用户主动加入，并且设定一定的门槛或者要求。这样才能够筛选出那些对于价值有着高度认可和对于社群有着较高兴趣的人群，为社群的持续活跃打下坚实的基础。

相关链接 7-10 "十点读书"的社群营销

2. 价值引爆

价值是社群存在的基础。群体愿不愿意加入一个社群，最为关注的一点就是社群价

---

① 秦阳，秋叶. 社群营销与运营[M]. 北京：人民邮电出版社，2017.

值，即是否值得加入。高价值才能够吸引到高质量群体，也才能够激发群成员的活跃度，因为唯有他们积极活跃才能够获取到社群的价值。一个社群的价值主要包括三个方面。

（1）内容价值

内容价值可以通过两个途径来打造。一是社群平台利用自身的资源与渠道。内容务必要精，需要给予群成员高质量的价值收获。二是通过发动群成员进行分享。对于内容质量的要求较低，重在发动群成员的参与，继而激发活跃度。

（2）交流价值

社群最主要的一个特点就是，能让对味、同频、具有共同话题的人互相找到对方。为这类人群的交流找到最佳的入口，那么社群对于他们来说就具有较大的交流价值。因此要想尽一切办法，尽可能多地制造让社群成员进行交流的机会和场景，大大提升社群的交流价值。

（3）资源价值

社群成员，由于调性一致，很多都意趣相合，更容易达成事业上的合作。所以对于不同行业的成员，要尽可能多地给大家创造供需资源匹配的机会，对于相同行业的成员，要尽可能地促成同业资源的联盟。如果能够把社群的内容价值、人脉价值、资源价值都尽可能地做精，那么社群成员的归属感就会大大增强，活跃度也会大大提高。

3. 运营引爆

社群是有生命周期的。运营意味着把握进度节点和时间地图，控制传播节点，从而实现多次引爆。

（1）打造社群仪式感。建立一系列严格的社群规矩和规则并严格执行。无论是谁，都按照这个规矩执行，如进群改群名、发红包、做规定的自我介绍，或参与定期的一些社群固定活动等。社群成员通过这些仪式，将会潜移默化地觉得自己加入的是一个正式组织，那么对于组织的归属感就会越来越强，最终逐步形成良好的社群参与行为习惯，为社群活跃度奠定基础。

（2）设置社群激励机制。在社群中，如果想让大家持续性地保持活跃，最好设置一定的层级，并且明确每个层级的特权和激励方案，让社群成员有竞争并愿意为升级付出行动。在激励之下，他们就会积极主动参与社群互动与活动，以此来获得自己层级的提升和相应的特权，以及身份的标签。还可以给予一些实物性的奖励，如荣誉证书、小礼品等。多种奖励形式，有助于从多个方面来满足群成员的不同奖励需求，进一步获得他们的满足感。[1]

相关链接 7-11　新儒商精神

---

[1] 作者：高兴，微信公众号：社群商业研究中心（ID：shequnshangye），《教你四个大招儿，带你破解社群微信群活跃难题》，2018.10.31.

【本章小结】

在激烈的市场竞争中，经过产品开发之后我们要对传统的定价方式进行优化。伴随着互联网时代的到来，定价方式也由传统的单一定价方式，转向了更具颠覆性、多元性的定价方式，主要包括直接成本定价法、租赁式定价法、竞价式定价法、打赏型定价法、免费定价法等。在渠道方面，O2O连接与全渠道营销成为必不可少的环节。随着科技的进步与发展，新媒体营销的趋势必将演变成一个巨大的浪潮，企业也必须紧随脚步，不断地融合新媒体，优化自身的营销策略。为了给消费者更好的体验感，企业要提供超服务，提升顾客的服务感知与满意度，最终使顾客对于产品、品牌或者企业更加认可和支持；但同时也要明确提供超服务既是一种"价格战"，又是一种"心理战"。最后，企业在激活社群时需要做好四个方面，即聚对人群、做精价值、做好仪式、层级激励。

【参考文献】

[1] 曹虎等. 数字时代的营销战略[M]. 北京：机械工业出版社，2017.

[2] 勾俊伟，刘勇. 新媒体营销概论[M]. 北京：人民邮电出版社有限公司，2019.

[3] 刘芝亮. 运营的套路：从想法到产品落地全程解析[M]. 北京：电子工业出版社，2017.

[4] 肖凭. 新媒体营销实务[M]. 北京：中国人民大学出版社，2018.

[5] 陈威如，余卓轩. 平台战略：正在席卷全球的商业模式革命[M]. 北京：中信出版社，2013

[6] 霍春辉. 云制造与敏捷型组织：开启工业4.0时代的新未来[M]. 北京：人民邮电出版社，2016.

[7] 李奇，毕传福. 大数据时代精准营销[M]. 北京：人民邮电出版社，2015.

[8] 李军. O2O移动互联网营销完全攻略[M]. 北京：清华大学出版社，2014.

[9] 尹毅，朱睿，唐琳. 新媒体时代创新网络思政育人"有效供给"的探索[J]. 高校共青团研究，2018(4)：87-90.

【理论反思】

1. 在互联网普及的今天，企业面对残酷和快速变化的定价环境，产品的定价方式越来越多样化，常见的产品定价方式有哪些？它们各自的依据点是什么？

2. O2O融合与全渠道营销，对于当前企业发展意味着什么？

3. 新媒体的长足发展对市场影响越来越大，已成为企业绕不开的一条通路，那么企业该如何来打造自己的新媒体阵地呢？

4. 何为超服务，如何打造企业自身的超服务体系？

5. 当下企业都在纷纷构建自己的社群，为什么会出现该景象？在社群构建过程中需要注意哪些方面？

【能力训练】

米粉说"因为米粉，所以小米"，请谈谈如何打破社群成员的心理防线，激发他们的参与欲望？

中国邮政的企业社会责任

1. 为什么中国邮政会做一些看起来"赔钱的买卖"？这背后体现了什么？
2. 在疫情期间，中国邮政坚持"不停摆"，体现了怎样的企业精神？
3. 面对新媒体时代的到来，中国邮政该如何应对才能让自己"跟得上潮流"？请搜集相关资料，了解中国邮政在商业模式创新方面的探索，并选择一个方面进行分析。

企业家微访谈：互联网时代的营销变革

实训目的：让学生了解 O2O 融合与全渠道营销对于当前企业发展的意义。
1. 分析 O2O 融合与全渠道营销对于当前企业发展的意义。
2. 找出企业的超服务，分析如何打造企业自身的超服务体系。
实训地点：选取当地的特色农产品深加工企业。
实训方式：参观＋调研＋访谈。

领克汽车：车市下滑，它凭什么逆势上扬？

1. 结合案例与企业信息，探讨领克汽车是如何进行全渠道营销的？

2. 在全渠道营销的过程中，领克汽车是如何提升用户体验、打造超服务体系的？

3. 结合案例，谈谈领克汽车该如何通过新媒体渠道获得更好的用户触达？如何构建网络社群提升客户感知？

自学自测  扫描此码

第 8 章

引领：营销趋势预判

【知识目标】

1. 了解大数据营销的未来发展趋势
2. 熟悉大数据时代新零售未来发展
3. 理解大数据营销的内涵及其应用
4. 理解全域营销内涵及其实施路径

【能力目标】

1. 明确大数据营销的适用条件及其实施步骤
2. 熟悉新零售的商业模式与传统零售商业模式的区别
3. 理解数字时代数据分析对数字营销的影响
4. 掌握全域营销内涵、构建原则与实施途径

【思政目标】

感受国产品牌蔚来汽车的创新精神

【章节脉络】

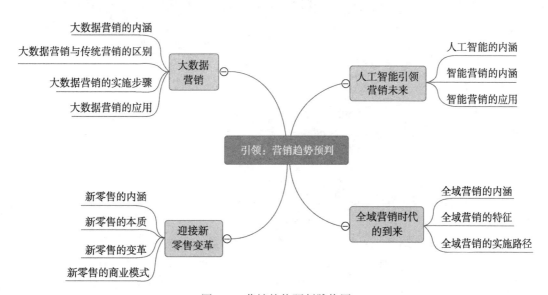

图 8-1　营销趋势预判脉络图

【营销观察】

温水煮青蛙

一位老师曾经做过一个有名的青蛙实验。他把一只青蛙冷不防丢进沸水锅里，青蛙受到刺激，一下就跃出了那势必使它葬身的沸水锅，跳到锅外的地面上，安全逃生。随后，这位老师使用同样的锅，在锅里放满冷水，然后把那只死里逃生的青蛙放到锅里，接着用炭火慢慢烘烤锅底。青蛙悠然地在水中享受温暖，等到它感觉到热度已经受不住时，它试着再次跳出来，却发现为时已晚，任凭怎么挣扎，还是跳不出这片"死海"。最后，葬身在热锅里。

【营销启示】

案例中青蛙在安逸的享受中慢慢走向危险的边缘。作为市场中谋求生存的主体，企业要紧跟时代前沿，学会跳出舒适区，通过创新占据市场经营的优势地位，进而谋取市场竞争的持续性优势。如果企业对环境变化没有高度警觉，最终将会面对和青蛙一样的结局。

【营销语录】

新零售不是一次性的交易，预测和创建客户需求，为客户提供持久的满足是非常重要的。

——波士顿咨询公司全球主席　汉斯—保罗·博克纳

现代化就是 AI 化。未来，任何企业都不可以说自己与 AI 无关。

——腾讯公司董事局主席兼首席执行官　马化腾

没有数字化，就没有数据化，就没有精细化，就没有营销体验，无体验的东西没有未来。

——《销售与市场》《成功营销》杂志撰稿人　晏涛

【政策瞭望】

我们所处的是一个充满挑战的时代，也是一个充满希望的时代。中国人民愿同世界人民携手开创人类更加美好的未来！

——中国共产党第二十次全国代表大会报告

数字技术的迅猛发展，正积极地影响着社会的各个领域，并掀起了一场全球性的发展浪潮。当商品、消费者从线下的空间被连接到一个无形、无边的网络空间时，品牌所要面临的不再是线下的有限竞争，而是海量的品牌和商品跨地区竞争的新商业时代。品牌如何快速触达消费者，如何挖掘消费者的潜在需求？消费者怎么表达个性化需求？品牌与消费者之间应该建立一种怎样的交流方式？这是所有企业值得探究的未来发展课题和必由之路。因此，企业必须探索新的营销方式，实现与消费者、供应链智能互联，还可以把消费者和服务者的平台智能互联，实现社会资源智能匹配。目前，大数据营销、新零售、人工智能、全域营销等是企业家们关注的热点领域。

8.1　大数据营销

数字化时代，基于互联网的全面普及与日常场景的深度融合，人们无时无刻不在基于网络空间和环境进行日常活动，浏览网页、刷朋友圈、追剧、刷抖音、选服饰等，这些行为被记载、沉淀下来，并且被标签、数据化，最后汇总成为一部基于个人的"大数据"体系。而数据本身是信息的载体，大数据就是一个更大的信息载体，信息也更全面、更细致，对于企业解读人们的消费行为、消费习惯、消费趋向等消费信息具有非常大的优势和巨大的价值。

8.1.1　大数据营销的内涵

营销 4.0 时代以大数据等技术为基础，连接企业与客户的线上、线下活动，将客户消费路径的各项数据完整、实时地追踪、记录下来。在大数据技术的基础上，企业营销可以借助大数据技术将新型数据与传统数据进行整合，从而更全面地了解消费者的信息，对顾客群体进行细分，然后对每个群体采取符合具体需求的专门行动。因此，不论是学术界还是企业界，都将大数据营销视为关注的热点、核心问题，而有关大数据营销的定义，相关学者表达出了自己的观点（如表 8-1 所示）。其中，曹虎等定义大数据营销是以大数据技术为基础，通过大数据独特的分析技术应用于企业营销工作，提升营销的精准性与有效度，是营销改进的手段和资源。

表 8-1　大数据营销的概念

代表学者	主 要 观 点	资 料 来 源
麦德奇，布朗 （2014）	数字媒体产生了以客户为核心的巨量数据，企业可以借助这些数据透彻地了解客户，深入了解客户有多么喜爱品牌，最终优化营销效果	麦德奇，布朗.大数据营销：定位客户[M]. 北京：机械工业出版社，2014.
李伟岸 （2015）	大数据营销是基于多个平台上的海量数据，借助大数据分析技术，重点在"互联网+行业"上广泛应用的营销方式。通过对大量数据进行采集和挖掘并进行大数据分析，可以使互联网企业具备一定的预测能力，发掘新的商业机会，更好地服务于客户，进行商业模式创新，增加企业受益	李伟岸. 大数据及其商业价值初探[J]. 中国新技术新产品，2015(9): 188.
曹虎等 （2017）	大数据营销是以大数据技术为基础，通过大数据独特的分析技术应用于企业营销工作，提升营销的精准性与有效度，是营销改进的手段和资源	曹虎，王赛，乔林等. 数字时代的营销战略[M]. 北京：机械工业出版社，2017.
陈志轩，等 （2019）	大数据营销是利用大数据技术从具有低价值密度的海量数据组合中，深度挖掘、准确分析，进而获得巨大的商业价值。具体地说就是在市场营销领域中利用大数据技术对可用的、不断增长的、不断变化的、不同来源的（传统数字渠道）、多种形式（结构化和非结构化数据）的海量数据，进行收集、分析、执行，以鼓励客户参与、提高营销效果和衡量内部责任的过程	马琦，陈志轩.大数据背景下的农村电商精准扶贫创新模式研究——以贵州省黔西县为例[J]. 现代营销（下旬刊），2019(1): 181-184.

代表学者	主 要 观 点	资 料 来 源
王棉（2020）	在移动端和 PC 端收集用户各种数据，包括网络用户的基本属性数据和网购行为数据，然后利用大数据分析工具和方法，对这些数据进行分析，据此进行用户画像，给用户的消费行为打上标签，继而针对用户不同的兴趣和需求推送不同产品或服务的商业信息并开展精准营销，实现营销效果最大化	王锦.大数据时代休闲食品电商企业精准营销——评《大数据营销》[J].食品工业，2020，41(11)：377-378.
灵犀地（2021）	大数据营销是基于多平台的大量数据，在大数据技术基础上应用互联网广告行业的一种营销方式	灵犀地.《大数据营销》简介[EB/OL]. 原创力文档，2021.11.16.

随着大数据的发展，大数据营销不再是大企业可以实施的资源模式。拥有海量客户数据的大数据平台（如电商、社交媒体、搜索引擎等）把客户数据和营销环节做成标准化产品。企业能轻易地实现"找到目标客户—分析目标客户—对目标客户进行营销推送—引导目标客户进行消费"的全闭环。首先，将目标客户根据数据分析确定下来，然后多维度了解客群特征，对市场内客群人口属性、财富属性、到访频次、到访时间段、停留时长、应用偏好、消费地以及居住地的分布等多维度分析，充分了解市场内客群特征。通过对经营数据分析刻画出消费者画像，对目标客户进行营销推送，从经营数据来看消费者偏好，从而更好地引导消费。

8.1.2 大数据营销与传统营销的区别

1. 多平台数据采集

大数据营销中的数据来源通常是多平台化的，从不同平台和不同来源采集数据能对消费者行为的刻画更加全面和准确。

2. 时效性

大数据营销强调时效性，通过技术手段充分了解消费者的需求，即使消费者的消费行为和购买方式极易在短时间内发生变化，也能及时响应每一个消费者当前的需求，让他在决定购买的黄金时间及时接收到商品信息。

3. 个性化营销

大数据营销理念已从媒体导向向受众导向转变，可以借助大数据技术，描绘消费者画像，了解目标受众的特点，充分体现了营销的个性化特点。

4. 性价比高

和传统广告的"一半广告费被浪费掉"相比，大数据营销在较大程度上，让广告主的投放有的放矢，并可根据实时性的效果反馈，及时对投放策略进行调整。

5. 关联性

由于大数据在采集过程中可快速得知目标受众关注的内容，而这些有效的信息可让广告在投放过程产生前所未有的关联性。消费者所看到的上一条广告可与下一条广告进行深度互动。

大数据营销与传统营销之间的区别见表 8-2。

表 8-2 大数据营销与传统营销之间的区别

	大数据营销	传统营销
含义	大数据营销基于多平台的大量数据	传统营销为一种交易营销，强调将尽可能多的产品和服务提供给尽可能多的顾客
特点	大数据的数据来源通常是多样化的	传统营销消费者在消费过程中的现场交流性更强
运营方式	大数据营销是在大量运算基础上的技术实现过程	传统的普通市场营销策略是由迈肯锡教授提出的 4P 组合
时效性	大数据营销也具有很强的时效性	广告成本大且有时间和地域限制，时效性相对较低
个性化	借助于大数据技术可以得知目标受众的特点，充分体现了有效的个性化特点	传统营销活动往往是以媒体广告为主，其个性化特点并不明显
性价比	大数据营销让营销对象更加精准化	传统广告投放的时候属于散弹式投放，缺乏精准性，容易造成一定程度上的广告费用浪费
关联性	大数据营销的一个重要特点在于网民关注的广告与广告之间的关联性	企业广告之间的关联性较弱，无法迅速及时获悉顾客的消费偏好与意愿

8.1.3 大数据营销的实施步骤

1. 数据信息的收集

当前社会的信息化程度加深，智能手机的使用人数增加，几乎每个人都与网络信息技术有联系。平台会借助包括社交软件在内的互联网工具来采集消费者数据，形成专业的数据库，为营销活动的开展提供基础。

2. 数据信息的分析

对所收集的信息数据加以汇总和分析，信息智能工具在这当中起着重要的作用。它能够将收集到的信息挖掘分析，从而建立模型，当私人数据库中的数据达到一定的数量，就可以进行用户画像分析，进而形成消费者的个性化标签。

3. 数据信息的应用

经过分析和汇总的信息数据应用到营销策略中，可以提高营销的精准度。这一环节非常关键，企业通过分析出来的数据用来制定符合用户的营销方案，会结合目标群体的不同特征，产生不同的营销宣传内容，提升消费者对营销内容的认可度，从而获得更好的反馈，用产品来解决用户的痛点，建立有效消费。

8.1.4 大数据营销的应用

数据应用是让数据变废为宝并产生价值的重要一步。目前大数据的应用已经涉及许多领域，主要体现在以下几个方面，如图 8-2 所示。

图 8-2　大数据营销的应用

1. 基于用户数据的产品设计

用户数据具有非常大的潜在价值。例如，用户的评价数据是企业改进产品设计、产品定价、运营效率、客户服务等方面的数据基础，也是实现产品创新的重要方式之一。有效采集、分析和评价用户数据，将有助于企业改进产品、运营和服务，有助于企业建立以用户为中心的产品创新，而这一切要建立在大数据之上。

2. 符合用户消费能力的产品定价

产品的定价很大程度上取决于商品的成本，但是，用户的消费能力也是决定商品价格的重要因素，所以，通过分析用户的消费能力数据来为产品进行合理的定价也是大数据技术的核心应用。要确保产品定价的合理性，需要先进行数据试验和分析，主要研究客户对产品定价的敏感度，将客户按照敏感度进行分类，测量不同价格敏感度的客户群，对产品价格变化的直接反映和容忍度，通过多次实验找到合适的定价范围，最终为产品定价提供决策参考。

3. 基于数据分析的广告投放

广告是产品面向用户的一扇窗户，通过数据分析进行精准的广告投放，将会产生不一样的广告效果。例如电视广告，各大卫视黄金时段的广告费是最贵的，因为想要在这个时段打广告的企业特别多，通过数据分析不难发现，每天吃完晚饭之后看电视的人数最多，说明这个时段接收广告信息的

相关链接 8-1　大数据告诉你，不同的外卖人群都点啥吃啥　

人数是最多的，所以企业要在黄金时段打广告。再如互联网广告，根据广告被点击和购买的效果数据与广告点击时段分析等，进行有针对性的广告投放，这些都需要建立在大数据的数据分析基础之上。

4. 基于客户行为的产品推荐

根据客户信息、客户交易历史、客户订购和购买过程的行为轨迹等客户行为数据，以及同一商品其他访问或成交客户的客户行为数据，进行客户行为的相似性分析，为客户推荐产品。通过对客户行为数据的分析，产品将更加精准、个性化地推荐给客户。

5. 基于社区热点的趋势预测

基于网络社区中的热门话题，搜索引擎中的热点分析能够成为一种流行趋势的预测工具。例如，一款新型号的手机上市必然引起该型号手机壳的热卖，而这些手机壳的热卖要基于用户对此手机的依赖程度，这些都是数据的产物。

视频链接 8-1　联通大数据精准营销

6. 基于环境数据的外部研判

基于市场竞争者的产品、促销等数据，从外部环境的数据，例如天气（如雾霾）、重大节日（如"618""双11"）、时政要闻、热门话题、社交媒体上人们的情绪（如快乐、焦虑）等中找到对外部形势演变的先导性的预测，帮助企业应对环境变化。

8.2　迎接新零售变革

8.2.1　新零售的内涵

2016 年 10 月，阿里巴巴创始人马云在阿里云栖大会上第一次提出了"新零售"，自此，无论业界还是学术界，掀起了一股新零售热潮。

不同学者从不同的角度对其进行了界定。国内知名电商意见领袖、中国电子商务研究中心主任曹磊对"新零售"给出了定义：新零售以互联网为依托，通过运用大数据、云计算、物联网、人工智能等技术手段，基于"线上+线下+物流"数据打通，其核心是以消费者为中心的会员、支付、库存、服务等数据的全面共享，从而实现线上线下深层次融合，对商品的生产、流通、展示、销售、售后等全过程进行升级，进而重塑业态结构与生态圈。因此，新零售在业界也被称为"第四次零售革命"。杜睿云等指出，新零售是指企业基于互联网和大数据、人工智能等信息技术，对商品从制造、流转到销售环节进行全面改造升级，并对线上服务、线下体验和物流配送系统进行深度融合的新型零售商业模式。他们认为新零售商业模式的核心是实现线上线下一体化，使线上渠道功能与线下实体店力量协同配合，形成合力。常明哲和苏剑提出，新零售之新，就在于渠道的创新与融合，通过渠道融合搭建消费新场景，随时随地满足顾客的消费需求。

通过对新零售概念的回顾与梳理，本书认为新零售指的是企业在人工智能、互联网等技术的帮助下，以消费者的体验为中心，对零售系统的资金流、物流和信息流不断地进行优化、升级，构建能够快速反应的柔性供应链和全渠道，实现运营转型升级。新零售是一种线上、线下深度融合的运营管理新模式，可以为用户提供极致的消费体验，满足用户日益升级的消费需求。

8.2.2　新零售的本质

探求零售的变革，要回归零售的本质，要关注"场—货—人"核心三要素。传统零售的步骤是找场、整货、销售。这是传统零售的规则。新零售的本质是人、货、场的重构，新零售的规则不是"场—货—人"，而是"人—货—场"。

首先是人。传统零售中，顾客与商家的关系更多的是随机关系或者弱关系。随机关系是指顾客买完即走，商家也难联系到顾客，因此之前开店旺铺很抢手。弱关系是指通过短信、微信等方式联系顾客，但是若顾客没看到信息就难以展开销售。新零售中，顾客与商家之间构建了一种强关系，即商家与顾客间建立联系通道，满足消费者任何时间、任何地点、任何方式接触商品，商家也可以随时随地触达消费者。

其次是货。传统零售商家只能出售店铺中现货，不满足消费者的个性化需求。在新零售中，商家重塑供应链。零售商与生产制造商和供应链紧密合作，产生一个变革的生态系统。另外，商品也在改变，有实物商品、虚拟商品、服务等，甚至课程、知识都可以是商品。

最后是场。当商家将消费者聚集起来，根据需求为其提供相应商品与服务之后，场就完全改变了。消费者可以到店内消费，也可以在 PC、App、智能音箱上消费，场所与场景完全改变。

8.2.3　新零售的变革

零售业走入了新阶段，而且正在经历着一场巨大的变革。在这场零售业的变革中，关键性的几个环节将出现变化，如图 8-3 所示。

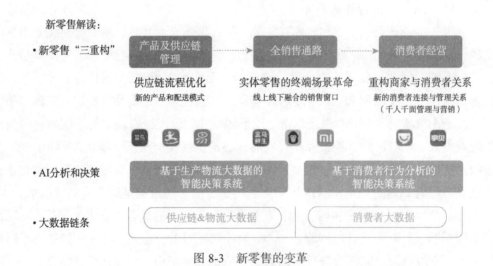

图 8-3　新零售的变革

1. 供应链流程优化

新零售时代，供应链管理的本质其实并未发生改变，还是要集成和协同链条上的各个环节，如供应商、各个销售渠道、仓库、门店等，使消费者需要的商品以准确的数量，在最短的时间内送到消费者手中，从而实现在满足服务水平的同时，使整个系统的成本最小化。在数据和技术的助推下，供应链流程变得迅捷高效，供应链流程的建设与改进甚至会成为未来商业的胜负手。以阿里旗下的菜鸟裹裹为例，数据化的物流信息整合能力、立体式智能化的仓储条件、标准化的品控管理，正是菜鸟裹裹在阿里新零售布局中发挥作用的原因。再以淘工厂为例，工厂跟消费者已经直接互动，工厂的生产能力可以在互联网上直接售买，通过网红、内容和互动，成为生产和消费的连接器，形成新的供应链生产制造模式。

2. 实体零售的终端场景革命

对传统实体零售而言，它们通过建设漂亮时尚的商场、购物中心，以丰富的商品、礼貌的服务给顾客美好的体验。但是，这样的场景几十年来已经过度"商业化"，体验雷同，对消费者日渐缺乏吸引力。新零售下的场景革命，以"娱乐、互动、体验"为主诉求，将商业环境极大地融入娱乐、艺术、人文等主题，将商业嫁接上更多跨界的元素，给予消费者人性化的关怀，丰富多元化的体验，形成新的商业空间和氛围。盒马鲜生选中餐饮业作为新零售的一个重要突破点，是因为新零售业态下的餐饮不单是最直接的体验中心，更是最直接的流量中心。除了专注于"吃"场景的盒马鲜生，永辉的"超级物种"、世纪联华的"鲸选未来店"、上品折扣的"上品+"等新销售空间也都集中了多元场景。

3. 重构商家与消费者关系

零售最本质的定位是一切行为都以消费者需求为导向，打破技术和渠道等壁垒，创造最好的品牌体验。不管零售业的生态怎么变，这一根本出发点不会变。在新零售时代，商家和消费者关系的重构核心之重就在于数据。将顾客的所有支付偏好、消费路径、消费习惯、

相关链接 8-2　未来中国零售企业的七大战略布局

会员信息、储值信息等数据全部收集，并利用大数据整合能力，将数据进一步分析、整理，便能够做到运营、营销、服务体验等方面的优化升级。

从零售到新零售，多的不仅是一个"新"字，而是多了新的销售场景、新的商家与消费者关系、新的供应链流程。在产业变革的同时，消费者也将从新零售中获益，享受更高效的服务、更优质的产品。只有关注效率和消费者体验的商家，才能真正乘着新零售的东风尽情翱翔。

8.2.4　新零售的商业模式

1. 单维体验的商业模式

用户的消费体验来自于三个方面。一是消费场景。零售企业的关键业务是消费场景打造，所有资源全部投入到终端建设上，以此吸引流量和促成交易。这也是零售企业的传统打法，就是设计好门店、规范好陈列、标准化流程。这种商业模式认为门店是一个流量的入口，必须以门店为主导，和客户建立更紧密的联系。消费者与产品直接发生连接，愉悦、轻松、舒适的购物环境让消费者更容易产生购买欲望，也让他们更加认可这

家门店，愿意再次或多次来，从而形成更大的流量。二是数据赋能。通过场景的数据采集和云端的数据分析可以让商家更加了解消费者，从而进行更精准的营销和更精细的服务，让消费者获得更全方位、更个性化、更贴心的服务体验。新零售企业的关键业务是云计算，所有资源全部投入到数据算法上，这也是核心竞争力。三是会员营销。通过建立会员体系，让消费者形成一个社群，大家有共同的标签，形成一致的价值认同，且更有归属感的体验，最终获得一种被关爱、被尊重、有互动的体验。通过会员积分、等级制度等多种管理办法，增加用户的黏性和活跃度，使用户生命周期持续延伸。企业做好会员营销，让用户有情感上的投入，使用户拥有独一无二的个性化体验。这样，不仅会使用户被产品牢牢地黏住，甚至还愿意为这种体验支付高价。

2. 升维体验的商业模式

新零售要实现体验的跨越式提升，必须升维思考，形成对旧零售和纯电子商务的降维打击，这就需要在传统单维体验的商业模式基础上进行叠加，形成升维体验的商业模式。升维体验商业模式通常有 4 种：消费场景+数据赋能，即终端＋算法；消费场景＋会员营销，即终端＋社群；数据赋能＋会员营销，即算法＋社群；消费场景＋数据赋能＋会员营销，即终端＋算法＋社群。

（1）终端+算法

零售企业打造消费场景和用数据赋能，是新零售升维体验商业模式的典型之一，转型后的素型生活馆、宏图 Brookstone、良品铺子、王府井百货等就是这样的模式代表。在这一种升维模式中，零售企业利用消费场景作为端口导入用户吸引流量，再通过云端数据赋能更加精准地满足用户诉求，并实现再次的精准推荐，促成二次和多次交易，同时，基于消费画像的精准服务也增加了终端的吸引力。

（2）终端+社群

零售企业在终端上打造消费场景和实行会员营销打造社群，宜家家居、兴隆大家庭、名创优品等就是这样的模式代表。在这一种升维模式中，零售企业利用消费场景作为端口导入用户吸引流量，再通过会员营销做好优质的社群服务，充分挖掘忠实消费者的价值，促成二次购买和多次购买，甚至是唯一购买（在同类商品上只在这里消费）。有数据显示，开发新客户的成本是维护老客户成本的 6 倍，足见服务好这些会员能产生事半功倍的效果，也能促进成本效率的快速提升。

（3）算法+社群

零售企业通过数据赋能和会员营销，是便利店等小型业态和没有体验终端的互联网零售业态的升维体验商业模式，这些业态没那么注重消费场景打造，终端上主要基于便利和快捷，或者干脆没有实体终端门店，主要是通过打造平台撮合交易，用算法和社群打造升维体验，孩子王、拼多多、百度糯米等就是这样的模式代表。在这一种升维模式中，零售企业通过会员营销做好优质的社群服务，发展一批忠实消费者，最好成为铁杆粉丝。在获取足够信息后，通过数据赋能为之提供更好的服务，并通过打造双边平台，用算法高效地匹配供给和需求，并促成交易。

（4）终端+算法+社群

企业通过消费场景、数据赋能和强化会员营销，设计一种三维体验的商业模式，打造三位一体的用户体验。双维体验的模式能够产生"1 + 1 > 2"的协同效应，那么，三维叠加的升维体验模式能够达到"1 + 1 + 1 > 3"的效果吗？盒马鲜生、国美零售、王府井百货等就是这样的模式探索者。在这一种升维模式中，零售企业利用消费场景获取流量并提供体验，通过会员营销做好服务，发展自己的粉丝社群，基于获取的数据为终端建设和会员服务赋能，做好精准营销。体验层层叠加，不是物理式累加，而是化学式的融合，为用户提供三位一体的极致服务。

8.3　人工智能引领营销未来

8.3.1　人工智能的内涵

1. 人工智能的定义

人工智能（artificial intelligence，AI），最早由约翰·麦卡锡于 1956 年提出。美国斯坦福研究所人工智能中心的 N.J.尼尔逊对人工智能所下的定义是：人工智能是关于知识的学科——怎样表示知识以及怎样获得知识并使用知识的科学。1978 年，贝尔曼认为人工智能是与人的思想、决策、解决问题和学习等有关活动的自动化。我国李德毅院士给人工智能下了一个比较详尽的定义："探究人类智能活动的机理和规律，构造受人脑启发的人工智能体，研究如何让智能体去完成以往需要人的智力才能胜任的工作，形成模拟人类智能行为的基本理论、方法和技术，所构建的机器人或者智能系统，能够像人一样思考和行动，并进一步提升人的智能"。从上述定义可以看出，尽管目前学界对于人工智能没有一个统一的定义，但是其核心在于人工智能是模拟人的所思、所想、所学、所行的机器或系统，即模拟人类智能活动的智能机器或智能系统。

2. 人工智能的层次

人工智能的主要发展方向为运算智能、感知智能、认知智能。

①运算智能，即发展快速计算和记忆存储能力。人工智能所涉及的各项技术的发展是不均衡的。现阶段计算机具有比较优势的是运算能力和存储能力。1996 年 IBM 的深蓝计算机战胜了当时的国际象棋冠军卡斯帕罗夫就很好地说明了这一点。

②感知智能，即发展视觉、听觉、触觉等感知能力。人和动物都能够通过各种感知能力与自然界进行交互。自动驾驶汽车就是通过激光雷达等感知设备和人工智能算法实现这样的感知智能的。

③认知智能，通俗地讲就是"能理解、会思考"。人类有语言，才有概念，才有推理，所以概念、意识、观念等都是人类认知智能的表现。

8.3.2　智能营销的内涵

经过多年的发展，人工智能技术在许多领域的应用已经取得了显而易见的进步，如智能制造、智能家居、智能医疗、智能交通、智能教育、智能安防等，在营销领域也取得了较为成熟的进展。智能营销是通过人的创造性、创新力以及创意智慧将先进的计算机、网络、移动互联网和物联网等科学技术的融合应用于当代品牌营销领域的新思维、新理念、新方法和新工具的创新营销新概念。智能营销讲究知与行的和谐统一，人脑与电脑、创意与技术、企业文化与企业商业、感性与理性的结合，创造以人为中心、网络技术为基础、营销为目的、创意创新为核心、内容为依托的消费者个性化营销，实现品牌与实效的完美结合。它将体验、场景、感知、美学等消费者的主观认知建立在文化传承、科技迭代、商业利益等企业生态文明之上，最终实现虚拟与现实的数字化商业创新、精准化营销传播、高效化市场交易的全新营销理念与技术①。

8.3.3　智能营销的应用

营销发展阶段重心从触达、交互、精准到效率，营销技术已经进入 AI 营销阶段。

相关链接 8-3　人工智能助力营销发展

一方面行业自身痛点将驱动 AI 技术在营销应用上不断深化，另一方面政策监管的逐渐加强和资本市场的探索尝试也为 AI 营销的长期发展提供了利好条件。通过数据挖掘、NLP、机器学习等关键技术，AI 对传统营销各环节进行优化，在用户洞察、内容创作、创意投放、效果监测及行为预测等领域做出了巨大贡献。

1. 用户洞察：多方数据库全面涵盖，个性标签组精准定位目标用户

在各类营销活动中，确定用户兴趣和定位目标用户是一切活动的前提。通过对用户进行分析，可以准确地判断用户是否是本次营销活动的目标受众。在传统营销中，因为人力有限以及营销人员的主观性，无法对用户特征进行详尽的判断，同时，对于数据的处理能力亦远逊于机器。而 AI 通过自身强大的处理能力可以对多方汇集的大量数据进行快速的分类处理，迅速建立用户样本库，更好地定位目标用户群。同时，在用户时间碎片化、行为多元化的背景下，AI 通过深度学习可对自身进行迭代和进化，与用户行为和习惯保持同步变化并追踪，有效地降低投放成本，提升营销效果。当前的 Look-alike 正是人工智能技术在用户定位场景的典型应用（如图 8-4 所示）。

2. 内容创作：结合用户标签，输出个性化内容

在传统营销中，大量的营销创意和素材均通过人工思考制作，因此制作周期较长，

相关链接 8-4　个性化内容/产品推荐：亚马逊在线商务系统

同时由于生产力的桎梏，稀少的创意数量无法满足不同用户的兴趣。通过 AI 对已有的大量素材进行整合和分析，可以在短时间内迅速根据活动内容生成大量不同形式、不同内容的营销创意，大大缩短了创意的生成时间，同时提高了用户兴趣，增加了用户点击率和转化率（如图 8-5 所示）。

---

① 贾丽军. 智能营销：从 4P 时代到 4E 时代，中国市场出版社，2017

图 8-4　用户洞察

图 8-5　内容创作

3. 创意投放：精确识别用户感兴趣渠道，提高用户触达

随着互联网的发展和移动设备的不断普及，越来越多的用户将更多的时间和关注投入到在线社交以及短视频等新型平台上，这也将营销场景拓展至更多新的方向。在旧的营销模式下，广告主很难做到量化筛选适合自身的投放平台和投放方式。而人工智能技术可以在已分类完毕的用户群中准确识别出目标用户，并通过定量分析遴选出这类用户的媒体和场景偏好，从而帮助广告主在投放方式、场景及时间等方面做出最优化的选择，有效控制成本的同时提升营销效果（如图 8-6 所示）。

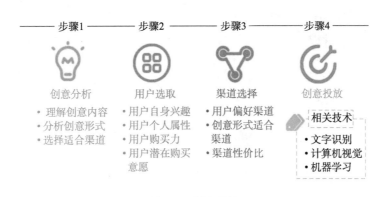

图 8-6　创意投放

4. 效果监测：有效识别过滤虚假流量，带来更真实的营销结果

AI 不仅可以在投放前以及投放中发挥作用，也可以充分对投放后的效果进行监测、分析以及对环节进行优化。如今广告主对于投放出去的营销活动的结果愈发重视，对于一个透明、真实的结果也越来越渴望。而 AI 技术凭借自身庞大的数据库，可以准确识别出投放效果中的作弊行为，同时对用户后续行为跟踪分析，以判断是否存在人为的"刷效果"行为，并对上述两类虚假流量进行反制，打破产业链角色间在营销效果间的信息壁垒，为广告主节约投放预算，并提升品牌宣传度和安全性（如图 8-7 所示）。

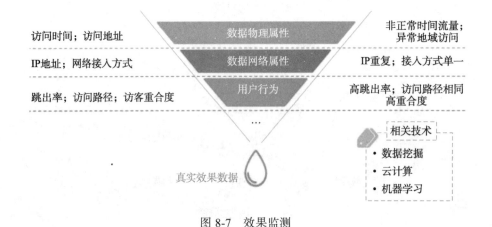

图 8-7　效果监测

5. 行为预测：提前预测用户未来需求，全方位满足用户需要

通过分析用户特征和行为确定用户兴趣，并进行有针对性的营销活动，会有效提高营销效果。然而许多用户的需求会随着时间的推移而转变，因此更多的广告主希望更准确地发现在未来一段时间内对自身产品有需求的潜在客户。在过去的营销之中，商家很难获取客户的——尤其是在不同领域中的消费行为，更难从中发现规律。而基于 AI 的数据存储以及对用户的洞察，商家可以对相似用户的消费行为进行对比，获得不同时期客户对于不同需求的意愿——无论是同行业或是跨行业的，并以此为依据制定有针对性的营销手段，从而提前占据市场有利位置（如图 8-8 所示）。

视频链接 8-2　人工智能新营销时代

图 8-8　行为预测

8.4　全域营销时代的到来

8.4.1　全域营销的内涵

伴随数据处理技术和运算能力的提升，出现了数据思维，进而催生了智能营销。数字化转型是所有品牌商无法回避的大势。2016 年底，出现了全新的数据赋能的营销方法论。

阿里巴巴商学院王鹏等在《电商数据分析与数据化营销》一书中提到，全域营销往往能深刻洞悉人性，掌握市场趋势，能够给客户提供超过预期的产品和服务。阿里巴巴集团市场部全域策略中心总经理陆弢提出，全域营销的本质虽然还是营销，但是基于数据赋能，营销的应用不再断层，它变得可视化、可优化、可量化。全域营销的一大核心价值就是帮助品牌方找到销售数据与消费者沉淀之间的营销逻辑。阿里巴巴 CMO、阿里妈妈总裁董本洪也表示，全域营销不仅能够指导品牌的营销投放，还能让消费者的行为数据进一步影响和倒逼品牌商做出更有利于市场的改变。

根据业界人士对全域营销的理解，本书赞同阿里巴巴提出的全域营销的定义，即在新零售体系下，以消费者运营为核心，以数据为能源，实现全链路、全媒体、全数据、全渠道的营销方法论。该方法论旨在帮助品牌商以消费者为中心做数字化品牌建设，通过数字化地管理消费者关系，并分析消费者行为，最终把消费者跟品牌的关系用数据表达出来。

相关链接 8-5　九阳：线上线下跨端融合，品牌花式拥抱全域营销

8.4.2　全域营销的特征

①全数据：拥有以 Uni ID 为基础的消费者唯一身份识别体系，可以打通生态系统中所有的行为数据，积累人群触达的价值。

②全链路：在从认知、兴趣、购买到忠诚的整个营销关系链路上，消费者只要在任何平台有过行为，都将留下痕迹。

③全媒体：娱乐、购物、社交、移动出行等各个重要消费者触点的全媒体矩阵以及合作媒体资源，都可以无缝对接全域营销产品。

④全渠道：通过线上、线下的配合，打造服务打通、产品打通、商品打通、会员打通的系统，借由数据实现全渠道运营。

8.4.3　全域营销的实施路径

1. 数据中心

数据中心主要是收集和整合不同渠道、不同维度的客户信息，描绘出客户画像，从而根据客户的群体性特征，判断出用户偏好。以阿里巴巴为例，阿里巴巴的品牌数据银行就是一个数据中心，旨在把品牌消费者数据视为资产，帮助品牌建立全面的消费者数

据资产管理，品牌数据银行能够实时回流、沉淀品牌在线上、线下与消费者的每一次互动，帮助品牌持续累积消费者资产并催化品牌与消费者关系。品牌可以把自有数据与阿里巴巴独有的 Uni ID 匹配，实时融合成品牌自己的消费者数据资产。通过数据全链路透视，消费者数据资产变得可评估化、可优化、可运营化，最终实现消费者数据资产的激活和增值（如图 8-9 所示）[①]。

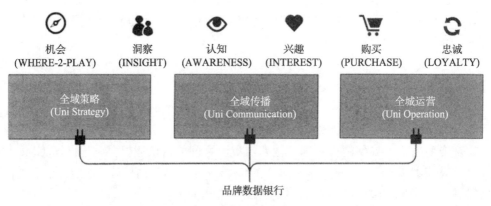

图 8-9　品牌数据银行产品构架

2. 策略中心

策略中心是对客户画像进行不断完善，对营销内容不断优化，并实现精准触达。目前，全域营销在汽车、快消等传统行业已经有了较佳实践，银行零售业务与客户在很多生活场景中都可以找到适合的触点。

以阿里巴巴的策略中心为例，它是一款通过阿里大数据赋能品牌，基于全网消费者，制定相应策略，并能迅速验证并优化的系统。策略中心提供市场格局、消费者细分、态度及行为、追踪优化，驱动品牌业务决策方式的变革，促进品牌市场份额和渗透率的提升。

3. 流量中心

流量中心需要根据各个渠道触点的数据回流，追踪客户的转化途径，并对营销策略做出动态调整。全域媒介工作台作为阿里巴巴全域营销品牌全域营销方法论下的核心产品，是以数据赋能代理商，用于策划、投放及投放后数据沉淀优化，以提升品牌广告效能、效率的工作台。核心价值包括用阿里数据进行品牌数字化媒体投放，为品牌扩充、沉淀可运营消费者；用后链路兴趣行为衡量品牌广告的真实影响力，开放生态共建，支持代理商 DMP 数据融合，帮助代理商更好地服务品牌主，实现全链路、全媒体、全数据和全渠道的营销。

视频链接 8-3　宝洁邓胜蓝破立之间，定义全域营销"i 时代"

全域营销颠覆了碎片化的数字营销格局，将碎片化的营销格局逐步统一起来，通过统一身份体系，触达全媒体、全渠道、全链路。一次数字营销结束后，要有第三方监测

---

① 阿里巴巴商学院. 电商数据分析与数据化营销[M]. 北京：电子工业出版社，2019.

数据，有媒体的展示数据、点击数据等，一方的数据资产就在一方的 DMP（数据管理平台）里，到最后总要有一个地方把这些数据储存起来，允许对消费者重新运营、管理、提取，然后再去投放和应用，这就是数据积累阶段。全域营销将创造开放合作的生态。把品牌商的市场、电商、媒介、IT 等部门汇集在一起，并且把代理商的策略、研究、创意、媒介等部门聚在一起。全域营销未来的发展将以数据和技术作为核心，不断推动营销升级——以数据和技术为驱动的产品和营销升级的理念，实现"以消费者运营为核心"的"消费者生命周期的品销全链路"。

【参考文献】

[1]　付峥嵘. 触·心：DT 时代的大数据精准营销[M]. 北京：人民邮电出版社，2015.

[2]　张毅. 颠覆营销：移动时代的大数据精准营销[M]. 北京：人民邮电出版社，2017.

[3]　约翰·哈蒂. 可见的学习——最大程度地促进学习[M]. 金莺莲，洪超，裴新宇，译. 北京：教育科学出版社，2015.

[4]　董永春. 新零售：线上+线下+物流[M]. 北京：清华大学出版社，2018.

[5]　范鹏. 吹响第四次零售革命的号角[M]. 北京：电子工业出版社，2018.

[6]　陈欢，陈澄波. 新零售进化论[M]. 北京：中信出版社，2018.

[7]　阿里巴巴商学院. 电商数据分析与数据化营销[M]. 北京：电子工业出版社，2019.

[8]　韩东，陈军. 人工智能商业化落地实践[M]. 北京：清华大学出版社，2018.

【本章小结】

伴随着大数据、云计算、人工智能、区块链、5G 等数字技术的持续创新，企业的营销环境正在发生根本性的变化，企业营销已迈入 4.0 时代——数字时代。数字化、智能化已经成为企业提升自身竞争力的核心力量和关键驱动因素，同时也成为企业商业模式和营销战略的重要组成部分。相较于传统零售，新零售以互联网为依托，通过运用大数据、云计算、物联网、人工智能等技术手段，基于"线上＋线下＋物流"数据打通，对商品的生产、流通、展示、销售、售后等全过程进行升级，进而重塑业态结构与生态圈。企业只有抓住机遇，拥抱数字化和智能化，制定与企业目标和资源相匹配的营销战略，基于数据赋能，才能使营销的应用不再断层，甚至变得可视化、可优化、可量化。全域营销的一大核心价值就是帮助品牌方找到销售数据与消费者沉淀之间的营销逻辑，并在瞬息万变的市场中不断地调整和创新，打造企业市场竞争力。

【理论反思】

1. 基于大数据的分析，企业可以在哪些方面做到精准营销？

2. 什么是大数据营销？企业实施大数据营销的途径有哪些？

3. 新零售的本质是什么？它给零售行业带来了哪些变革，以及它对于传统零售行业具有哪些机会？

4. 新零售变革对整体零售行业的影响有哪些？

5. 人工智能是如何为营销赋能的？它在处理消费者关系时需要经历哪几个阶段？

6. 人工智能技术对于营销的改革体现在哪些方面？它与营销融合的途径有哪些？

7. 什么是全域营销？全域营销的核心产品是什么？

【能力训练】

1. 在移动互联网时代，每个人都是历史的主角，因为每个人的每个动作都将留痕，并被挖掘、运用。人将从人群中分离，更加个性化、情绪化，更具有独立感和存在感。根据以上内容谈谈大数据营销与传统营销的区别及其对于数字化时代的小微型企业来说，是否能够应用？若能够应用，又将如何来应用？

2. 2019 年"双 11"，上海家化实施了消费者区隔和全域传播计划。活动当天以冠名方式进行品牌传播后，通过数据发现线上 9 个旗舰店关键词搜索量飞涨，且销售同比增长非常快。线下门店的销售竟然也出现同步增长，上海家化迅速对这次活动期间产生的数据进行了分层，一方面对新用户进行有针对性的信息推送，另一方面又利用这些数据为今后的线下驱动做准备。正是基于这次活动，上海家化随后展开与阿里巴巴的深度合作，共建了一个预算房和新品实验室，通过数据分析了解不同年龄消费者的喜好，在此基础上进行新品研发，真正做到洞察和挖掘消费者的需求。通过此事件，谈谈你对全域营销的价值和意义的理解。

一个中国自主品牌从创立到纽交所上市的历程

1. 蔚来作为中国唯一一家全电动豪华汽车品牌，其在创新精神方面有哪些表现？

2. 在人工智能时代，与特斯拉相比，蔚来汽车品牌是如何赢得消费者信任的？

3. 请搜集相关资料，探讨蔚来是如何借助大数据的力量开展营销活动的？这对汽车行业企业有何借鉴意义？

实训目的：让学生明确企业实施大数据营销的途径。

1. 找出企业实施大数据营销的途径。

2. 分析全域营销的核心产品。

3. 明确企业全域营销需哪几类角色协调配合才能实现。

实训地点：选取当地的集研发、种植、加工、营销、文旅、生态"六位一体"的现代企业

实训方式：参观 + 调研 + 访谈。

盒马鲜生：新零售样本研究报告

1. 搭乘"互联网+"的快车，零售业出现了哪些新变化？

2. 结合案例，你认为盒马生鲜的新零售业态模式体现在哪里？

3. 请搜集相关信息，探讨盒马鲜生在打造新零售过程中，面临的外部竞争环境，并为盒马鲜生制定竞争策略提供一定的思路。

自学自测　　扫描此码

教师服务

　　感谢您选用清华大学出版社的教材！为了更好地服务教学，我们为授课教师提供本书的教学辅助资源，以及本学科重点教材信息。请您扫码获取。

➤➤ 教辅获取

本书教辅资源，授课教师扫码获取

➤➤ 样书赠送

市场营销类重点教材，教师扫码获取样书

 清华大学出版社

E-mail: tupfuwu@163.com
电话：010-83470332 / 83470142
地址：北京市海淀区双清路学研大厦 B 座 509

网址：http://www.tup.com.cn/
传真：8610-83470107
邮编：100084